悦楽のクリティシズム

2010年代批評集成

金子遊
Yu Kaneko

論創社

悦楽のクリティシズム　二〇一〇年代批評集成　目次

第三章　映像のエロス

第四章　リアルへの誘惑

第五章　老いの悦楽

まえがき

平成という時代が終わることに何の感慨も持たないが、二〇一〇年代が終わることには少なからず動揺させられる。

そのあいだ絶えず美術館やギャラリーの展示室で、試写室のスクリーンの前で、ひざの上にのせた書物を前にして、あるいは旅先の船のデッキの上で、目前に開かれた光景に恍惚としていた。９・11ではじまった二〇〇〇年代は、大学を出たばかりで右左もわからず、手当たり次第に文章を書き散らした時期だった。３・11であけた二〇一〇年代には、自分の前を通りすぎていく時代を何とか書きとめようと必死になった。もう、そのような書き方ができる日々は二度と戻ってこないだろう。本書には二〇一〇年代に書いた批評文のほかに、その前史にあたる時期に書いた文章もおさめている。

結局のところ、大胆でいて臆病な、社交的でいて人嫌いな、感激屋のくせに皮肉屋な「わたし」という、ちっぽけな矛盾した存在が世界とつながるためには物を書くしかなかったのだ。その行為を改めてフランス語風にクリティークというのも気恥ずかしく、英語風にクリティシズムと呼んでおこう。大きな主義や思想が潰えたかのように見える二一世紀初頭において、身のまわりで遭遇したアート、映像、文学、書物、文明、文化について書くことで自分を形づくろうとする「イズム」があるとすれば、それのことだ。むろん、その都度の原稿依頼に応じて書いた文章が大半であるが、通読することで、今後回顧的に考察されていくであろう二〇一〇年代の時代精神の片鱗が見えてくるかもしれない。

ときどき他人から多彩な仕事をしているといわれるが、実のところ、ひとつのことしかしていない。それは「つくること」だ。書物をつくり、雑誌をつくり、映画をつくり、旅をつくり、場をつくる。何かをつくりだすことにしか関心がない。そのためには批評も書けば編集もするし、撮影もやれば照明もやるし、翻訳もすればコーディネートもする。刻一刻と死へとむかっている肉体を抱えながら、世界と呼ばれる無定形の集合体から、自分がどれだけの悦びと祝祭を引きだすことができるか。そこが勝負なのだ。

世界とのあいだに響きとわななきを生みだし、自分の身体や感覚を呼応させること。その行為の残滓が、本書ではそれぞれ「欲望するアート」「文学のタナトス」「映像のエロス」「リアルへの誘惑」「老いの悦楽」「背徳の書棚」と名立たれた各章になっている。人は年をとるほど、天使を身近に感じるようになるという。この書物は、やがて最大の悦楽とともに消滅をむかえる「わたし」が、世界から贈られた恩寵を前にして、何かに恍惚となるたびに書きとめた文章の記録である。

†

この場を借りて、初出時に掲載してくださった各媒体の編集者のみなさんにお礼を申しあげる。それから、本書の刊行を承諾してくださった論創社と、編集者の志賀信夫さんに心から感謝したい。志賀さんには「老いの悦楽」の章の元になった雑誌の連載時からお世話になり、本書を創造するためのあらゆる努力をして頂いた。本書は編集の志賀さんや、他に関わってくださったすべての方々との協働によって実った果実である。

第一章　欲望するアート

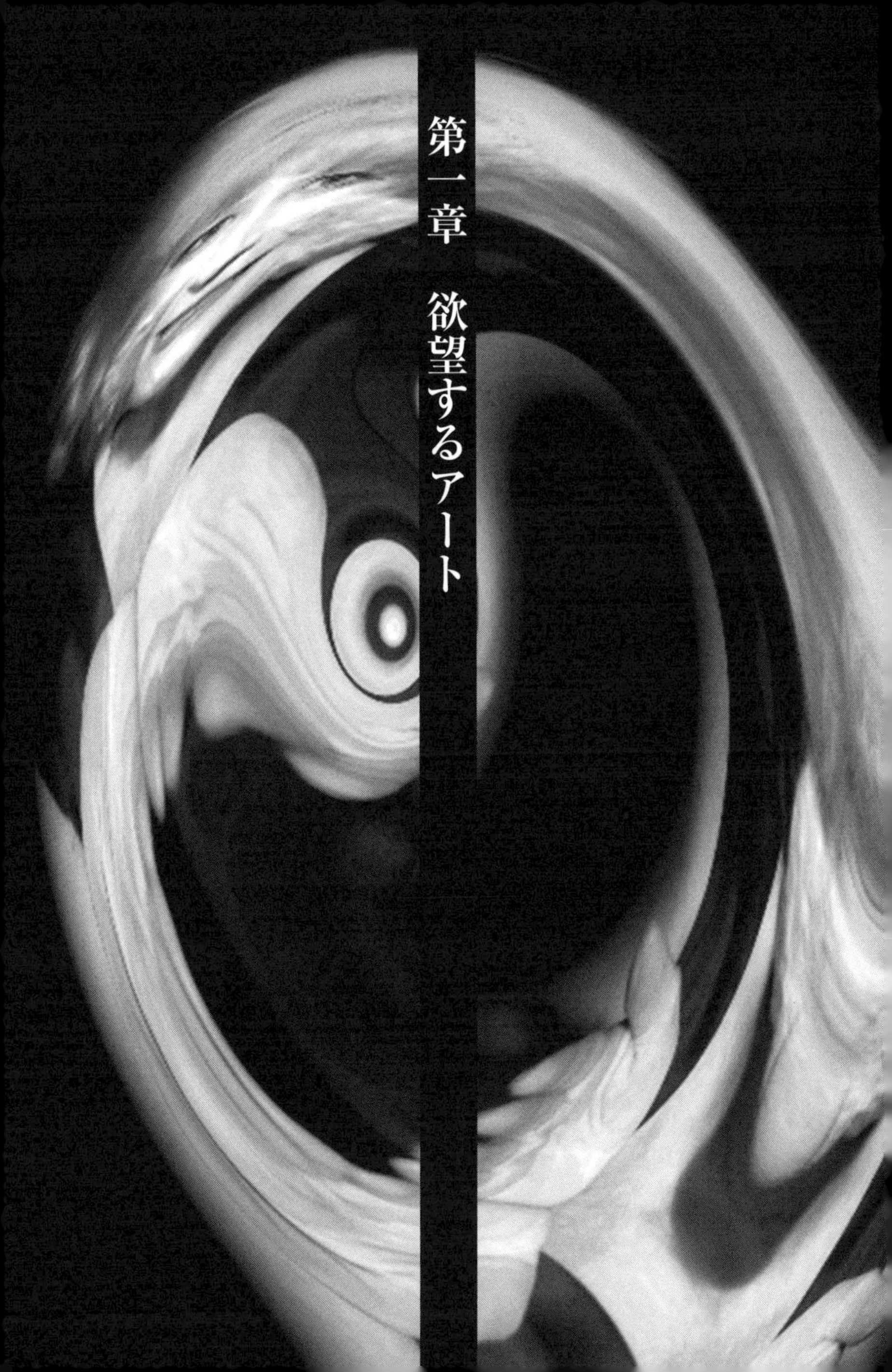

フランシス・ベーコンとデイヴィッド・リンチ

一九六五年、画家を志していた二一歳のデイヴィッド・リンチは、フィラデルフィアのアートスクールに入学した。父親の仕事の関係で幼いころからアメリカの各地を点々としてきたリンチは、二年後にそこで知り合ったペギーという少女と二三歳の若い身空で所帯を持つことになった。望んだのではない、ただ子どもができたからだ。学生だったふたりは、生活費が足りなくなると双方の親から金を借りてしのいでいた。ペギーは赤子にかかりきりで、リンチは昼間ずっと版画を刷る仕事をして、それが済んだあとの夜に絵を描いていた。

元妻のペギーによると、リンチの画風が暗いものに突然変わったのは結婚後のことであった。ペギーが娘のジェニファーをあやしている横でリンチは、自分で中絶を行う女性の姿を描いた絵に「花嫁」という題をつけた。当時のことをリンチはインタビューの中で振り返っている。恐怖と希望がせめぎ合う日々のなかで、「僕はフィラデルフィアにいない、僕はフィラデルフィアにいない」と、ずっとつぶやいていたという。だからといって、それは現実からの逃避にはつながらなかった。リンチは現実と少しズレた位置に立ち、ものごとの奥底にあるデロリとした感触に耳をすます。すると、やがて日常のうすい皮膜に小さな傷がつき、そこから臓物や昆虫が這いでてくるのだ。

その頃、リンチは人生を決定づける絵画と出会うことになった。六八年にニューヨークのマールボロ・ギャラリーでフランシス・ベーコンの展覧会が開かれた。そのオープニングにはロンドンから初めて大西洋を渡ってきたベーコン自身の姿もあった。ベーコンはリンチのヒーローとなったが、その頃からリンチの興味は絵画を離れ、急速に実験映画へと傾いていく。才能のある人間ほど、他人の才能を率直に認めてしまうものだ。リンチは、「ベーコンが映画を作っていたら、どこへむかっていっただろう」と考えた。この瞬間、デイヴィッド・リンチは画家から映画作家に生まれかわったのだ。

ドロドロの腐った肉の塊が、十字架の上を滑り落ちるキリストの磔刑図。凄まじいヒステリーの頂点で叫ぶ法王の肖像。象皮病か原爆病のように顔が醜く歪んだ人々の肖像群。ベーコンの絵画が二〇世紀後半の精神に落とした波紋は小さくない。映画界では、エイドリアン・ラインやデビッド・クローネンバーグ、そしてベルナルド・ベルトリッチなどがそれに敏感に反応した。この影響力の背後にはベーコンの「私たちは肉であり、いつかは死骸になります」、「肉屋に行くといつも驚くのは、そこに横たわっているのが自分ではなくほかの動物だということです」という徹底した現実認識がある。この認識が、ものごとを写実的にとらえず、直接的に生々しく描くため、意識レベルで自分を失ってまでも偶然をくみ尽くそうとする、ベーコンの創作スタイルを形作ったのだ。過剰なまでに生々しさを欲望するこの姿勢は、そのままリンチ魔術の根本に触れている言葉のようにも聞こえる。

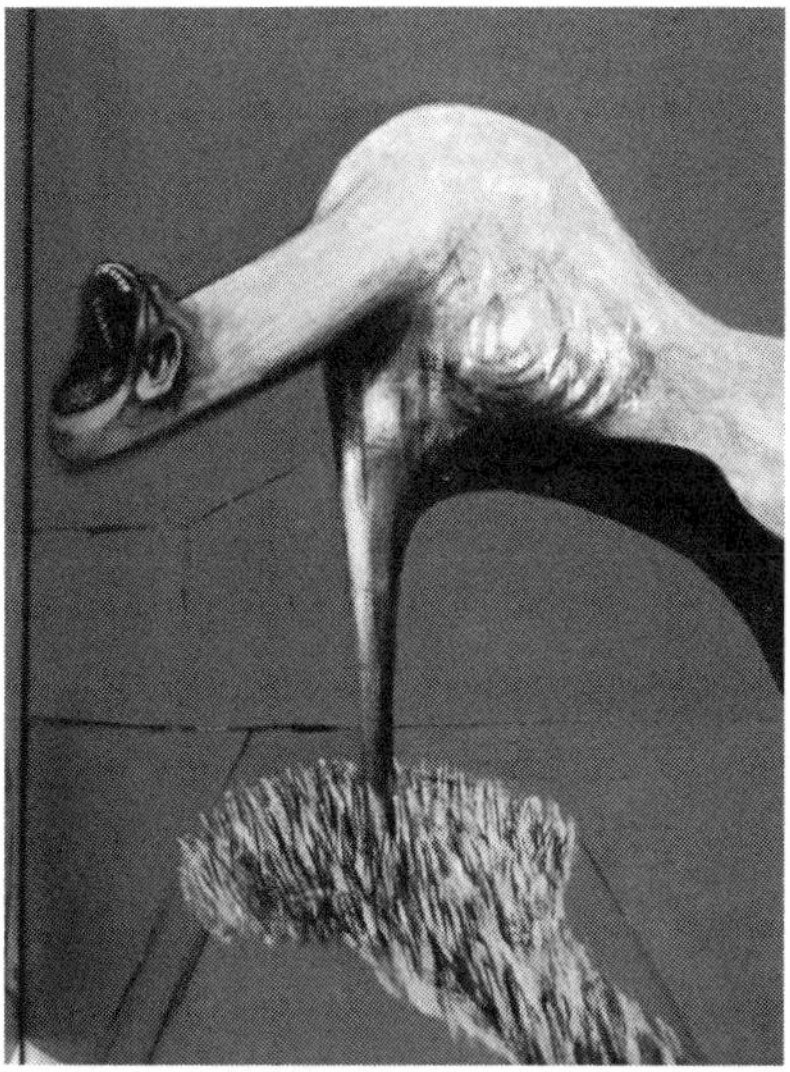

『キリスト磔刑図を基盤とした３つの人物画の習作』
フランシス・ベーコン（1944年）

　一九七〇年にリンチは家族を連れてロサンゼルスに移る。新しい映画の資金をＡＦＩ（アメリカ映画協会）

から得るためだった。翌年から処女長編『イレイザーヘッド』の準備に入っているが、完成したのは五年後の七六年のことで、その間リンチは昼間に新聞配達の仕事をし、夜は映画の撮影を続けた。そんななかで、結局離婚というかたちで妻のペギーがリンチの元を去っていった。『イレイザーヘッド』は、恋人に赤ん坊を産んだといわれたヘンリーが、胎児そのままの奇形児と新婚生活をはじめ、迷ったあげくそれを殺害するという話だ。ここにリンチの自伝的な反映をみようとするのは無意味であろう。リンチは私小説家の目ではなく、オブジェを見つめる画家の目でこの映画を構成しているからだ。ベーコン的な肉屋のリアリズムを駆使して、リンチはデフォルメされた非写実的な空間を映画に持ちこんだのだ。

ベーコンのいうように、人間が血肉でできた肉団子にすぎないのなら、リンチ映画の住人に決して救いはないのだろうか。無神論がすっかり定着した現代では、病気や死の脅威にたいして、人はただ動物のように怯えるだけしかないのだろうか。リンチは曖昧だが、確実にそれにこたえている。『イレイザーヘッド』のラストシーンで工場地帯が光に包まれ、ラジエターの中の女がヘンリーに抱きつく。「僕はフィラデルフィアにいない」とつぶやいていたリンチに、別世界からの使者が降臨するのだ。むろん、それはすべての宗教とは無縁の存在だ。なぜなら、その女は両頬にコブをぶらさげた、つまりは肉塊の顔をした守護天使なのだから。いうなれば、リンチ映画の幕が下りるとき、映画館の座席では、まったく宗教的ではない人間救済の模索がはじまっているのだ。

北西部の風土をインスタレーションする　デイヴィッド・リンチ

わたしはテレビドラマのシリーズ『ツイン・ピークス』(一九九〇〜九一年)の舞台となった町の近くに一年ほど住んでいたことがある。ワシントン州のスポケーンという人口二〇万人の町だ。アメリカの北西部《ノースウェスト》というと、シアトルやポートランドといった都市が頭に浮かぶが、オレゴン、アイダホ、モンタナ、ワイオミングの各州は自然が豊かで農業や林業が盛んである。海洋性気候のおかげで緯度のわりには、夏は暑く、冬は徹底的に寒く、ロッキー山脈のふもとに深い針葉樹林の森が広がっている。この地域のほとんどの住民が白人であり、伝統的に労働組合が力をもっていたせいか比較的リベラル色がつよい。だが、町外れのトレーラーハウスなどに住むホワイト・トラッシュも少なくない。

北西部のなかでも特にワシントン州には、多くの先住民の部族が暮らし、インディアン保留地《リザベーション》が広い土地を占めている。シアトルやタコマといった英語的ではない地名は彼らの言葉に由来している。『ツイン・ピークス』でFBI捜査官のデイル・クーパーと協力する地元警察には、トミー・ホーク・ヒルというネイティブ系の警部補がいる。ホテルとデパートを所有する富豪ベンジャミン・ホーンのオフィスの壁には、先住民の伝統的な模様や絵画が描かれており、ここから、北西部の風土を利用して金もうけに結びつけているホーンの偽善性を見抜くことはむずかしくない。

デイヴィッド・リンチ自身はモンタナ州に生まれ、子どものときの一時期をワシントン州第二の都市スポケーンで過ごしている（リンチが監督した映画版『ツイン・ピークス ローラ・パーマー最後の7日間』［一九九二年］に登場するＦＢＩの鑑識員サム・スタンリーはこの町の出身だ）。リンチは五〇年代に経験した少年時代における記憶から、さまざまなアート作品や映画的なイメージ、深層心理の感覚を引きだしてくる達人だといっていい。カナダ国境に近い片田舎にある五万人ほどの「ツイン・ピークス」という架空の町を、リンチ（とマーク・フロスト）が創造したときに、リンチの少年時代の北西部の記憶が影響していないと考えるほうが不自然であろう。

二〇一六年に完成した『デヴィッド・リンチ アート・ライフ』（ジョン・グエンほか監督）というドキュメンタリー映画で、彼はスポケーンで過ごした頃の記憶を語っている。[註1] 夜、家の外で弟と遊んでいたときに突然、暗闇のなかから何も身にまとっていない女の姿が現われた。「彼女は青白くて美しい肌をしていた。そして、口からは血が垂れていた」とリンチはいう。裸の女が近づいてくると巨人のように見えて、弟は恐怖で涙目になった。女は曲がり角にしゃがみこみ、顔を手でおおって泣きだした。リンチは女を助けたいと思ったが、まだ小さすぎて何もできなかったという。ほとんど彼の映画のワンシーンをそのまま取りだしてきたかのような逸話だ。リンチの原体験的な記憶は彼の映像作品のさまざまなイメージにつながっており、それが北西部のスポケーンという町で起きたことに、わたしは何か因縁めいたものを感じてしまう。

ドキュメンタリー映画『デヴィッド・リンチ アート・ライフ』の特徴のひとつは、彼が芸術家人生を自身のモノローグで語りおろしているところにある。そこから見えてくるのは、リンチがフランシス・ベーコンらに影響を受けた、現代的な画家からキャリアをスタートしたことだ。リンチが処女長編『イレイザーヘッド』（一九七七年）の前に、さまざまなアートフィルムの短篇を製作したことは知られている。それらは「絵画を動かして、そこに音を重ねてみたい」という欲望に突き動かされてつくったものだという。それゆえに物語映画の作家とはかなり異なる、アートやインスタレーションの方法論に彼の映像作品におけるイメージは根ざしているといっていい。

デイヴィッド・リンチが二二歳のときに完成した一六ミリフィルムの処女短篇『病気になった六人の男』（一九六六年）は、文字どおり「動く絵」と形容するのがふさわしい四分間のアニメーション映画だ。六人の男たちの頭部と胸部、それにあらわになった胃の内側が平面に描かれ、彼らが気分が悪くなって嘔吐をくり返す一分間のアニメーションが四回ループする。時代的にはアメリカの実験映画にも位置づけられようが、フィラデルフィアの美術大学に通って絵画を描いていた頃の作品であり、本人がいうように美術作品として製作されたと考えるほうがしっくりくる。『病気になった六人の男』では絵画としての枠を保持するかのように、カメラは固定され、映像のフレームが動くことはない。そのなかで、ひとつの悪夢的な絵画が動きだす。「動く絵」というコンセプトも、四回ループするという方法も、映画館の暗闇でスクリーンに投影して見せるというよりは、ギャラリーや美術館の白い壁に投影して、その空間全体を作品として提示するインスタレーションに適した作品になっているといえる。

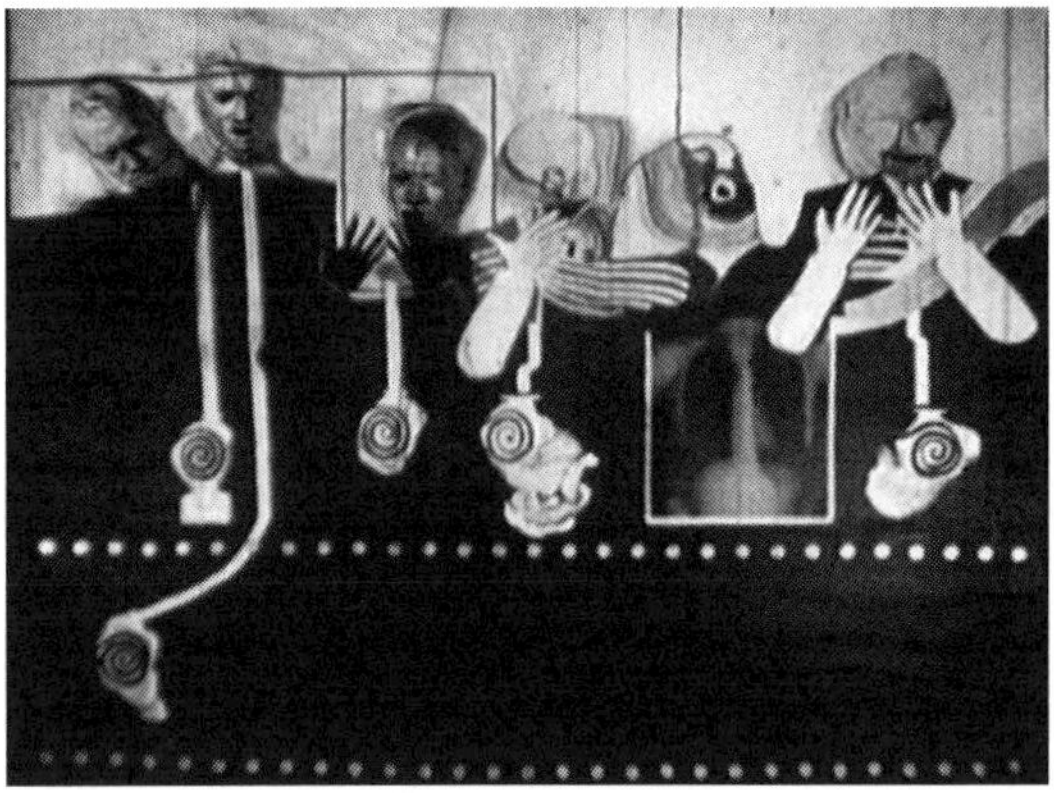
『病気になった六人の男』

インスタレーションという言葉は、英語の install（設置する）からきている。室内や屋外に、絵画、立体、彫刻、写真、映像、音声などの美術作品を設置して、その展示空間そのものをアーティストの作品として提示するジャンルだ。次に制作された一六ミリの『アルファベット』（一九六八年）もまた、実写と絵画のアニメーションを組み合わせた、四分のインスタレーション的な発想をもつ作品である。「妻のペギーの姪が夜いやな夢を見て、うなされながら苦しそうにアルファベットを唱えたんだ。それが『アルファベット』を作るきっかけになった」とデイヴィッド・リンチはいう。(註2)顔を白塗りにした少女がベッドのなかで、アルファベットを復唱する勉強にうなされる実写部分があり、徐々に絵画ができあがる過程をコマ撮りで撮影したアニメーション部分が、彼女が見る不安な夢の一部として提示される。そこに赤ん坊だったリンチの娘の泣き声や、子どもがうたうアルファベットの数え歌がかぶせられる。『ツイン・ピークス』のテレビシリーズでは、殺害されたテレサ・バンクスやローラ・パーマーの爪に、アルファベットの紙片が残されていた。それは犯人にたどり着くための謎というよりは、記号が人間に押しつけてくる強迫観念を表現していた。最初期の作品から、リンチはアルファベットを物語映画とはちがった美術家的な手つきで扱っていた。

それと同時に、次の中編『グランドマザー』（一九七〇年）や、製作に五年をかけた処女長編の『イレイザーヘッド』もそうなのだが、彼の初期の映画の多くが、美術家がアトリエにおいて想像力を純粋培養するようなやり方でつくられている。そこには外部の風景や社会といった要素が入りこむ余地がない。作品の舞台は室内であり、撮影をして編集するのも室内である。ここに、デイヴィッド・リンチの映像作品が、画面内に映りこむもののすべてを自らのトーンに染めあげ、デザインした空間そのものを体験させるインスタレーション性をもつことの由縁があろう。それは『ツイン・ピークス』のようなテレビシリーズでも変わることはない。たしかに屋外のシーンや風景カットは、ロケ地のワシントン州スノクワルミ町で行われた。だが、俳優が登場して会話をやりとりするシーンはすべて屋内のスタジオセットで撮影されている。テレビ番組の製作という多額の資金、多くの人手がかかるプロダクションをも、ひとりの芸術家がアトリエのなかで自由に薄暗い空想をこねくりまわす、そんな空間に変えてしまっているのが『ツイン・ピークス』のテレビ番組と映画の独創性ではないか。

わたしの考えでは『ツイン・ピークス』は、デイヴィッド・リンチが幼少期をすごしたアメリカ北西部の土地にまつわる記憶と、子どもがうなされる悪夢や無意識の世界への想像力が合流した稀有な作品である。たしかにローラ・パーマーの殺人事件の謎解きというプロットはあるが、その映像をじっくり見つめれば、五〇年代の北西部での記憶が、アーティストのなかのさまざまなフィルターを通過したうえで、空間芸術として提示されているような場面がいくつもある。

まずは屋外を見てみよう。多くの美しい湖をもつワシントン州であるが、湖の岸辺にビニールに包まれたローラ・パーマーの死体が打ちあげられるイメージは、デイヴィッド・リンチが突然思いついたものだという。あるいは、雪山を背景にした貨物列車しか使わないようなさびれた線路の鉄橋を、ぼろぼろに破れたシュミーズ姿のロネット・ポラスキーが裸足で歩いてくるイメージ。『ツイン・ピークス』の世界観を決定づけるにいたったショットだが、どちらも北西部の自然や風景と深いつながりをもっている。

デイヴィッド・リンチが演出した序章から登場し、その後何度もくり返されることになった、つり下げ式の信号機が風にゆれるイメージも看過できない。設定上では、ジェームズがローラと最後に会ったスパークウッドと二一号線の交差点だということだ(註3)。しかし、序章では場面と場面のつなぎのショットとして唐突に出てくるので、視聴者にはその文脈や意味はわからず、何か不吉な予兆だけを感じさせる。つくり手にはつよい意味をもつイメージであるのに、鑑賞者にはそのことを伝えないかたちで使用して無意識にうったえることで、イメージの強度を手に入れる手法は、むしろ映像を使ったアート作品やインスタレーション作品などに見られるものである。

『ローラ・パーマー 最後の七日間』

デイヴィッド・リンチが監督した映画版『ローラ・パーマー最後の七日間』では、重要な夢や幻想のシーンは、インスタレーション的な空間によって提示される。それは外部を排除した「部屋」の中で起きる。映画の中盤で、ローラは自室の壁にドアが半開きになった「部屋」の絵画を飾り、夢のなかでその絵画の中に入る。ドアの先にある部屋を進むと、手招きする老婆や少年がいる。そして、赤いカーテンが垂れ下がり、ギザギザの波模様をした床のある「赤い部屋」の小人のもとへ導かれる。その部屋が夢なのか何なのか、クーパーが登場することから物語を超越したメタ空間なのか、意味や文脈を特定することはむずかしい。ひとつだけいえるのは、リンチがそのような幻想的なシーンを壁、床、家具、登場人物の衣裳の細部にまでこだわったインスタレーションの空間として見せていることだ。いうなれば、アート作品がもつ多義性が、映画の幻想シーンに重層的な意味を与えるために利用されている。この「赤い部屋」のインスタレーション空間が、映画のラストにおいて果たす役割の大きさは指摘するまでもない。

こうして見てくると、デイヴィッド・リンチの独創性のひとつは、映像のなかに美術的なインスタレーション作品を設置していることにあることがわかる。それは、商業的なCMやテレビ番組になっても変わることはない。インスタレーション的に提示された空間の映像に、アートとしてどれほどの価値があるのかは定かではない。それを物語的な映像作品と結びつけたところに、リンチのインスタレーションのオリジナリティがある。

あるいは、次のようにいえるかもしれない。リンチが少年期の悪夢や無意識の世界におりていき、それをイメージで表現しようとするとき、それはどうしても美術的な表象にならざるをえないのだ、と。なぜなら、彼はアーティストの魂を内側に秘めた映画監督であるのだから。

註

1 "David Lynch: The Art Life" Directed by Jon Nguyen and Rick Barnes and Olivia Neergaard-Holm, 88 min, USA and Denmark, 2016

2 『デイヴィッド・リンチ』クリス・ロドリー編、廣木明子+菊池淳子訳、フィルムアート社、一九九九年、六一頁

3 『デイヴィッド・リンチ』二二三頁

武満徹とラフカディオ・ハーン　耳という身体器官

ラフカディオ・ハーンの原作を映画化した『怪談』（一九六四年、小林正樹監督）という映画がある。四話から成るオムニバス映画だが、ここでは特に「耳なし芳一」の話で強調される「耳」という身体器官を中心に考えてみたい。耳なし芳一は琵琶法師であり、盲目で教養もない人物である。彼は一種の呪術師で、全盲であるがゆえに敏感な耳によって異界の物音を聴き取り、心が震えるような演奏を人々に聴かせている。彼が法師の姿をするのは、中世の芸能民が自らの安全を確保するために宗教的なより所を必要としていたからだ。

原作には「阿弥陀寺の和尚は、詩歌や音曲が好きだったので、たびたび芳一を寺にまねいて、琵琶を弾唱させた。のちに和尚は、この少年のすばらしい妙技にひどく感心して、寺へ住むようにと言いだした」（田代三千稔訳、角川文庫）とある。和尚は芳一という天才少年のパトロンなのだ。ところがある日、琵琶の音に魅せられた平家の亡霊が芳一に取り憑き、彼は瀕死の状態に陥ってしまう。和尚は芳一の身体に般若心経を書いて、悪霊からその身を守ろうとする。これは、僧侶が文字の所有者として特権的な知識階級にあり、芸能民や呪術師の庇護者となっていたことを示している。

映画では、文字の書かれた芳一の身体を半透明にし、小僧が書き忘れた耳だけが宙に浮いている映像で表現していた。どうして般若心経なのか。映画では芳一を演じた中村嘉津雄の顔がアップになるショットがある。よく見ると、右の額から頬へかけて「無眼耳鼻舌身意」とある。これは「色即是空空即是色」に続く一節で、

「眼耳鼻舌身意」は五感と判断作用のことを意味し、これら「六根」が無になる悟りの極意を説いた部分である。数ある経文の中から和尚は般若心経を選んだのだが、一切が空になるというその内容とは裏腹に、耳を千切られた芳一はさらにその聴覚を肥大化させる。耳を殺《そ》がれることで音楽の名人として、より一層充実するのだ。映画はこの逆説を可視化することで、「耳なし芳一」の耳の物語としての特徴を際立たせている。

原作の『怪談』を書いたラフカディオ・ハーンも徹底的に耳の人だった。ハーンは若い頃から近眼で、事故で左目を失明し、常に全盲の恐怖に怯えていた。幼いときに両親と生き別れ、アイルランドでゲール語を話す乳母に育てられた。この乳母はケルト民話や怪談を幼いハーンに語り聞かせ、そのなかには「魔法のフィドル」という耳なし芳一にそっくりな話もあったという。大人になったハーンは移民船でアメリカへ渡り、新聞社の通信員としてニューオーリンズの街で過ごした。フランス移民、アフリカ系、ヒスパニック系の混血人種が住むこの街で混淆文化の洗礼を受けた彼は、クレオールに纏わることわざ集、コント、料理の本を書いた。マイナーな言語に光を当てるべく、言語収集家としてその敏感な耳を使ったのだ。その後、カリブ海のマルティニーク島に滞在したときは、フィールドワークのなかで音楽と民話の収集に精を出した。「悪魔からバイオリンを盗みとって、姉が悪魔の牙にかかるのをバイオリンの演奏で防いだ姉思いの弟の話（「掻足少年」）や、笛吹きの少年が妖怪たちに襲われそうになり、笛の腕前によって何度も命拾いするが最後に食われてしまう話（「ペラマンルーの話」）などは、〈耳なし芳一〉に通じるところがある」と西成彦は著書『ラフカディオ・ハーンの耳』（一九九三年、岩波書店）で指摘する。これらのクレオール民話に共通するのは「音楽の呪術性」であり、強い霊力を持つ音楽をめぐる話だということである。

マルティニークで過ごした翌年、四〇歳のハーンは横浜港へ到着し、松江で英語教師をはじめた。土地の語り部の声に耳を傾ける習慣を身につけていた彼は、家へ世話にきていた小泉セツと出会い、彼女が語った昔話を採録して『怪談』という本を著した。昔話や伝説を表現し直して、それらを芸術作品にまで高めていった。書名が「Kwaidan」となったのは、出雲の言葉の響きを大切にしたからだ。このようにハーンの耳には、幼少の頃に聞いたケルトの民話、ニューオーリンズの混淆文化、マルティニーク島のクレオール民話がわないておおり、それらが口承文芸としての『怪談』へと流れ込んだのだ。ハーンは「言語聴取の器官としてよりは、純粋な雑音にむかって開かれた器として耳を用い」、人々がノイズとして抑圧し、耳を傾けることのなかった言葉や物語を丁寧に拾っていったのである。

映画『怪談』の音楽を担当したのは作曲家の武満徹だが、クレジットは「音楽音響」となっている。琵琶、尺八、胡弓、三味線、プリペアード・ピアノ、木質の音、青竹を叩く音、諏訪湖の結氷が裂ける音などを使い、音楽と効果音の区別がしにくいサウンド・スケイプを作っている。特筆すべきなのは、「耳なし芳一」における壇ノ浦の合戦の場景や、芳一が平家の亡霊を前に語り聞かせるシーンでの、琵琶の弾奏を交えたミュジーク・コンクレートであろう。芳一が平家物語を語ることが得意だったのは、壇ノ浦の合戦の段を鬼神すら泣きだすほどうまく語り聞かせたからだ。琵琶一本で、船の櫓の音、兵船の進む音、兵士の雄叫び、足音、太刀の響き、風や波の音などの効果音を表現したと伝えられる。これを、歌が中心だった薩摩琵琶に大胆な奏法を取り入れて、独自の鶴田流を作り上げた鶴田錦史《きんし》が見事に再現している。

さらに武満は琵琶や三味線の演奏に、能楽のかけ声や電子加工音をかぶせることで呪術的効果を引き出している。武満はそれまで音楽として認識されていなかった雑音を使用し、環境音、具体音、音声としての台詞までが音楽と相互に溶け合うような音像空間を創出し、それを「音の河」や「音の海」という言葉で呼んだ。そのように、あらゆる音が平等に共存する武満の音楽は時間芸術としての映画に近い試みであり、その類まれなる耳で映画を撮っていたといえるかもしれない。「耳なし芳一」の真髄は、平家の亡霊の迎えにたいし、芳一が聴覚に全身全霊を集中させる場面にある。映画では、武満が長めの無音状態を配しながら、尺八を電子加工した音で緊張感を高める。そして、映画は耳がふたつ宙に浮いている様を映し出す。いわば、このショットにおいて、武満徹の音楽とラフカディオ・ハーンの耳が相対するのだ。武満は西洋音楽が雑音として退けた音に耳を澄ます人であり、ハーンは西洋文化がノイズとして抑圧したマイナー言語や口承文芸に耳を傾ける人だった。そんなふたりの遭遇がクライマックスを構成するところが、『怪談』という映画のひとつの魅力となっているのだ。

土方久功のフォークロア芸術

常夏の気候のなか、海底まで見とおせるコバルトブルーの環礁や白い砂浜からなるパラオの島々をめぐっていると、ハッと驚かされるのが各集落のア・バイという伝統的建造物の美しさだ。草ぶき屋根の二等辺三角形のかたちをした、かつての女人禁制の集会所である。無文字社会のパラオでは、ア・バイの壁板、柱、梁に伝説や歴史をモチーフにした彫刻絵をほどこし、集合的記憶をイメージと口述で伝承した。一九二九年に若手彫刻家の土方久功《ひじかたひさかつ》がパラオにわたり、最初にしたのはア・バイの絵を模写することだった。ピカソにとってのアフリカ美術、ポール・ゴーギャンにとってのタヒチのように、土方は「日本+原始」の美術を追求しようとしたが「そこにはフリー・ハンヅの面白さ、快さが忌憚なく現われている」とその自由闊達さに感心した。彼はア・バイの絵を解読するうちに民族学の仕事に没頭していき、南洋生活のなかで、職業的な彫刻家を志す道からどんどん逸れていった。

二年半の滞在でパラオ諸島をくまなく歩き、押しよせる文明化の波に絶望した土方久功は、本島の北三〇キロにある人口二〇〇人弱のカヤンガル島を愛した。筆者も土方の足跡をたどってこの島に滞在したが、干潮になると砂の道が海から浮かびあがり、島と島をつなぐ絶景はこの世のものとは思えなかった。土方はのどかに暮らすパラオ人にかこまれて、ヤシの木蔭で読書をし、好きなときに絵を描き、無人島で魚とりや海亀の卵をとって安らかにすごしたという。詩人、画家、彫刻家、民族誌家。彼の芸術や学問は、何かの「専門家」になることを拒み、そのときどきに湧出するものを刻んでいった生の営みであった。大海原のなかの孤島という広大なコスモスに取りまかれた環境に身をおき、感覚や感情を外界と調和させながら「私」というミクロコスモスを解放していったのである。

バベルダオブ島（パラオ）のア・バイ（筆者撮影）

そのことは一〇数年におよぶ南洋時代に土方久功がつくった木彫レリーフによく表現されている。土方が物語絵を多くつくり、四角のフレームに装飾文様をほどこしたのはア・バイの彫刻絵の影響だが、彼にはそれらを描いた無名のフォークロア芸術家になること自体を目ざしていたふしがある。『砂浜』（一九七五年）、『樹蔭』（一九七〇年）といった作品は大自然のなかのパラオ人女性を描き、顔の安らかな表情が印象的である。これはタヒチの女性を緊張感と尊厳のある表情で描いたゴーギャンにはみられない特徴だ。ゴーギャンは西欧とは異なるタヒチの信仰や風習を自分ひとりで理解するしかなかった。ところが奄美や沖縄という南方をもち、産小屋や虫送りやシャーマンの習俗をもつ日本列島からきた土方にとって、南洋行はタイムトラベルの末に自分たちの先史時代に出会うことであり、母型に身をゆだねる安堵感があった。その後、カヤンガル島で出会った青年に導かれ、土方はさらに辺鄙なヤップ離島のサタワルへ移住する。原始的な生活と信仰が残る島で暮らすことは、無名でありたいと願った彼にとって自己を解放するための当然の帰結であったからだ。

窃視者は蝶を夢みる　寺山修司の『蝶服記』

　寺山修司の映画の多くには、作者の分身にあたる人物が登場する。『蝶服記』（一九七四年）という実験映像では、帽子をかぶって半ズボンをはいた少年がそれだが、なぜか大人の男性が白ぬりの顔で演じている。寺山自身の解説によれば、『蝶服記』は少年期の「思い出の精神分析化」として撮ったものであり、ここには彼にとって根源的なものが映像に託されているようなのだ。この作品ではサドマゾ行為や同性愛の場景を寺山少年がのぞき見るシーンと、「かすかに欲情した少年」の眼帯から死んだ蝶がはみだして、視野をさえぎるショットが強迫的にくり返される。眼帯の片目で虚空を見つめる寺山少年の姿。この印象的な映像で思いだすのは、寺山修司が四五歳のときに、渋谷区のアパートの敷地でつかまり略式起訴をされた「のぞき魔事件」のことだ。寺山は市街劇のリサーチ中だったと容疑を否認したが、その映像作品に「窃視」の要素が随所に見られることまでは否定しないだろう。

　ふつう寺山修司の実験映像は「観客論」の文脈で語られることが多い。『ローラ』（一九七四年）ではスクリーンに切れ目を入れたトリックを使い、映画内で三人の娼婦にもてあそばれる自分を助けるために、実際の俳優が客席から映画のなかへ飛びこむ。『審判』（一九七五年）は釘と人間の欲望に関する映画だが、最後のシーンで観客はまっ白になったスクリーンの板へ実際に釘を打つ行為を求められる。つまり、スクリーンと観客席のあいだの安定的な関係を揺るがし、複製芸術である映画をライブアクションによって反復不能の「事件」に仕立てるのだ。それは寺山がいうように、「作家側が半分世界を作って、受け取る側がもう一つの半分の世界を作」り、観客に創造的な参加を迫るプラットフォームとしての作品だといえる。またそこには、映写行為のメカニズムを明らかにする構造映画の側面もあるだろう。

しかし、これらの解説は、寺山修司が「どうしてスクリーンと観客席の関係を攪乱することにこだわったのか」には答えていない。そもそも観客論には「演出家」の位置が欠けている。『ローラ』で娼婦たちが映画内から「立ち会いを許された覗き魔」である観客を嘲弄するとき、観客と共にドキリとする演出家＝寺山の存在が再考されるべきなのではないか。たとえば『蝶服記』に登場する寺山の分身は、トリックのネタを知っているのに見世物小屋にくり返し通う、ひとりの少年に戻った姿のように見える。エッセイ集『悲しき口笛』（一九九三年）によれば、少年時代の寺山は人間ポンプ、怪力、ヘソなし、ロクロ首、蛇娘や異常に毛深い熊娘など、不具や畸形が見られる神社の境内の見世物小屋に恐怖を覚えつつも足しげく通っていた。寺山少年が衝撃を受けるのは、出し物自体よりも、彼がのぞき見ることで虚構が引きはがされ、現実が露わになる瞬間のほうであった。彼はパラノイアのようにその体験ばかりを書いている。

たとえば、見世物小屋の裏にいくと、「鱶女は、鱶の下半身を脱ぎ捨てて、あぐらをかいてザルソバを食べていた。私はムシロのすきまから、鱶女のムッチリした《人間の足》を見出し」たという話。あるいは、お母さんに捨てられた寺山少年が旅役者の女形にほれこみ、「お母さん」と呼びたくて楽屋へいくと、女形が顔を洗いながら「ワシが女でないから、驚いてるんだね」といった挿話。これには別のパターンがあって、裏手にいくと女形が死んでおり「毛布をめくると、着物の裾の乱れから、お松さんの下半身の裸が見えて、そこに〈お松さんにある筈のないもの〉が見えた」というのだ。いずれにせよ、寺山少年はそれが虚構や幻影だと知りながら、それから目を離すことができない。なぜなら、それはグロテスクでありながら魅惑的で、その虚構が自分の覗き行為によって崩れ落ちるとき、この窃視者に最大の快楽がもたらされるからだ。

寺山修司は映画をノゾキカラクリと呼び、スクリーン上での三文悲劇が自分の実人生とは「ぷっつり切れていて、どこでもつながらない」ことに強い不満を覚えていた。観客は映画を「のぞき見る」ことで世界と関わり、すべてを「暗箱の現実」に翻訳するが、そのために自分を疎外して、触る、嗅ぐ、味わうといった直接的な経験から遠ざけられてしまう。そして疎外された観客と同様、演出家もまた自分のつくりだした虚構の一部になりたいと羨望しながら、そうすることができず、窃視者のようにのぞき見をして、その虚構が崩れる瞬間を待つことしかできない存在なのだ。

このような演出家に強いられる倒錯は、『蝶服記』では美しくも死んだ蝶が少年の片目をさえぎる映像に、喩《たとえ》として形象化されている。この作品で寺山は再撮影を使って、スクリーンと観客席のあいだに空間をつくり、そこに観客や物を入れて、映写する光をさえぎる行為を介在させた。だが、そのことよりも根源的なのは、眼帯をした寺山の分身＝演出家の影がスクリーンの外へと出てきて、ウロウロして為すすべもなくスクリーンを見上げることのほうにあるだろう。その蝶でさえぎられた片目の主観が、実はこの映画の全体を為しているのであり、それゆえに『蝶服記』の映像は、蝶の羽根のようにカラフルに染め上げられているのかもしれないのだから。

圧巻のラストと脱出口の浮上

モレキュラーシアター

その夏、震源地は八戸だった。豊島重之も『悍』創刊号で書いていたが、『68-72*世界革命*展』（八戸市美術館、二〇〇八年）は岩手北部地震と共に開幕した。

わたしは八戸に着いて、展示物の修復を終えた館内を見て歩いた。個々の作品の強度はあるが、あらかじめ統一的なトーンが瓦解しているような印象を受けた。そこで絓秀美《すがひでみ》、稲川方人《いながわまさと》、鴻英良《おおとりひでなが》ら講師陣が、「国家権力と芸術家」の問題を大阪万博、天皇制、収容所のテーマに沿って過激に論じるのを傾聴した。だが主題系がリゾーム状に増殖するばかりで、写真映像展の全体を貫く展望は得られなかった。だからこそ行われた全国フォーラムでは、写真家らが、「なぜ思想的タームばかりを弄し、目前にある写真作品を論じないのか」と講師陣にたいして叛乱を起こし、議論の場が空中崩壊した。絓は「写真が展示されたこの空間で対話するとき、直接批評しなくても言説は写真作品の影響を受けている」と反論した。

そのとき、わたしにもようやく写真映像展の企図が見えてきた。ロラン・バルトがいうように、写真作品は「彼らが紛れもなくそこに存在した」という事実を指し示す。月舘敏栄《つきだてとしえい》の東北大闘争や比《ひ》嘉《が》豊光《とよみつ》の沖縄闘争の写真では、過去の痛ましい傷口が開いたまま人々の怒りが滞留している。北島敬三がソ連崩壊直後に現地で撮った労働者、軍人、司祭、移民二世らの写真は、意図的に紋切り型の肖像写真のスタイルを使うことで、人間の生を鋳型に押しこめる全体主義社会で犠牲になった人々の姿を浮き彫りにする。過去から現在に逆流する「亡霊」たちのまなざしが、写真という無時間的な場所からわたしのことを見つめ、彼らに敬意を見せて何か応答をするようにと求めていた。それが豊島重之のキュレーションによって美術館内に発生した磁場だった。それに気づいたときにはすでに、わたしはこの写真映像展における直下型の縦揺れに脳の髄まで揺さぶられていた。

激震による揺り戻しは秋にやってきた。わたしはモレキュラーシアターの『イリュミオール・イリュシオール』の月島公演（二〇〇八年一一月）を目撃した。それは演劇というよりも事件だった。

最初にわたしたち観客はイリヤ・カバコフ的なハエの羽音と共に、四方を白壁にかこまれた現代都市における収容所のような空間に置かれた。開演と共にダンスアーティストの大久保一恵が二重に投影されたビデオプロジェクターの白光の中に姿を現し、全身を震わせながら体を起こしてくる。そこへ高沢利栄らの喉をしぼった声が「メイエルホリド主義に反対するメイエルホリド」という弁明文を重ねていく。

ロシア・アヴァンギャルドを牽引した演出家のメイエルホリドは、晩年は形式主義者としてスターリン体制下で批判され虐殺された。大久保の威圧的な動きは抑圧者を思わせるが、拷問的なサーチライトを当てる秋山容子の手が震えてくる頃には、大久保の身体運動はメイエルホリドのそれに変わる。四角いフレーム内に次々と現われる六つの「上演的身体」は、写真世界から飛び出してきた亡霊であり、彼女たちはいくつもの役を残像のように身に纏いながら意味づけを拒み続けていく。メイエルホリドは古代演劇における遊びの身体を通じて、演劇の根源的魅力である「俳優の身体」を再発見したことでも知られる。苫米地真弓《とまべちまゆみ》の水平方向への引力を意識させるダンスと、四戸由香《しのへよしか》の手足で同心円を描きつつ垂直的な高低を見せるダンスは、いかに上演的身体が演出家の統御から自由であるかを物語っている。舞台という空間では短時間に厖大な数の事件が凝集するのだから、メイエルホリドがいうように「それぞれの俳優は音楽的でなければならない」のである。

モレキュラーシアターを語り出すと、そんな風にとめどもなく言葉と解釈が溢れてくる。このときわたしたちは演出家の意図に易々とはまっている。豊島重之は形式と内容を分離する「絶対演劇」を提唱する。俳優の身体運動やその影の動きが朗読の言葉とシンクロする時もあるが、基本的にダンスと朗読の両輪は断絶したまま進行する。そして、それらが舞台上で破綻する寸前のところで奇跡的な均衡を保つのだ。舞台は白い壁と二台のプロジェクターという禁欲的な装置で進行するが、俳優はそれぞれ髪を原色に染めて、無表情を仮面のように顔に貼りつけている。

ロラン・バルトはインドや日本の原始演劇を踏まえて、顔に仮面を施すのは「身を生きながら死んだ肉体」として示すためだと指摘した。写真と演劇は死者信仰という点で同根であり、いわばモレキュラーの舞台は写真世界を具現化したものである。朗読がパレスチナ人たちの虐殺をつぶさに描写した「シャティーラの四時間」へ移行する頃、田島千征《たじまちゆき》が光を利用して顔の明暗を強調する所作が示唆的に見えてくる。田島の顔のバリエーションは表情の豊かさではなく、むしろ複数の死者の到来を意味している。虐殺という歴史的な題材が読まれるなかで、その悲劇的な結末を知っているわたしたち観客はどうしても、田島の身体の上に「彼らはこれから死ぬ」と「彼らは既に死んでしまった」を同時に重ねて見ることになるのだ。

メイエルホリドは形式と内容の分離の後には、第三の要素「いかにして形式と内容を融合させるのか」という問題があると考えていた。朗読が物語的な脈絡を持たずに、ジャン・ジュネがジャコメテッィの素描について書いた「ジャコメッティのアトリエ」へ移行するとき、俳優の造形的な側面、壁の「白」が持つ空間の感覚が前景化する。このように演出家はメイエルホリドがいう「骨組」だけを順番に提供して手の内を明かす。なぜなら朗読とダンスの二つの流れを並列進行させるだけで、人間には記憶力があるために両者のあいだに相関関係が生まれるからだ。観客こそが形式と内容を融合する者なのだ。モレキュラー演劇の全体性は一、二度見ただけでは把握できない。むしろわたしたちを理解の不可能性という居心地の悪い、開けた場へと招き入れるのが豊島流のコンポジションなのだ。

さらに形式と内容の融合はトークの場でも試みられる。これも演劇の一部なのだ。詩人の瀬尾育生《せおいくお》の言葉を借りれば、そこには「清潔な抽象性」があり、観る者に「思考を喚起させる」強烈な力が働いている。その証拠に、鴻英良、絓秀実、稲川方人、瀬尾育生、鵜飼哲《うかいさとし》らによって行われたトークでは、作品によって喚起されたさまざまな思考の軌跡が披瀝された。特筆すべきなのは「歓待」に関する論議である。普段わたしたちは墓地を遠ざけ、死者への責任を断片化することで権力を全体化してしまっている。『イリュミオール・イリュシオール』を一言でいうならば、自分に直接関係ないように思える戦争や政治的暴力の犠牲者たちに、写真や演劇を通してわたしたちが向き合うとき、彼ら死者に対する応答の責任が発生するということを突きつけてくる経験だった。鵜飼はデリダを引用しながら、国家間の条約のような条件的な歓待ではなく、他者（死者）に対する無条件の歓待こそが権力への抵抗と一致することを示そうとした。そしてこの無償の贈与が掟として残るカフカース地方が、実はメイエルホリドを虐殺したスターリンやベリヤの故郷であるという事実をもう一度考え直さなくてはならない。なぜなら最後に読まれる年譜の一節は、「私の神経組織はきわめて私の体皮に近いところにあり、皮膚は赤子のように弱く感じやすいものであることがわかりました」という粛清されるメイエルホリドの言葉であり、わたしたちは演劇を通してそれへの応答責任を肉体的に実感しているからだ。

フィルム・アンデパンダンの時代　大林宣彦

フィルムに触れる手の記憶

大林宣彦監督には、ふたつの顔がある。ひとつは『転校生』（一九八二年）や『さびしんぼう』（一九八五年）などの尾道三部作に代表される、リリシズムあふれる青春映画の名手としての顔。もうひとつは、初期の『EMOTION＝伝説の午後・いつか見たドラキュラ』（一九六六年）や、近年の『この空の花 長岡花火物語』（二〇一二年）に見られるような、撮影や編集において超絶技巧を駆使するアヴァンギャルドな作家の顔である。わたしは後者のほうに強く惹きつけられるのだが、その映像の魔術師としての淵源をたどっていくと、彼の幼少期のフィルム体験へとたどり着く。

子どもの頃、我が家にあった三五ミリフィルムの活動写真機のおもちゃをいじっていました。三五ミリといえば、映画館でかかるのと同じサイズのフィルムですね。それを創意工夫で切り刻んだり、フィルムに絵を描いたり、映画ごっこをして遊んでいたんです。だから、僕自身は映画館で映画を見る前に、子ども部屋で活動写真のつくり方を、プラモデルを工夫してつくるのと同じように覚えていました。

金子遊『ドキュメンタリー映画術』論創社、一〇〇〜一〇一頁これはわたしがインタビューしたときに、大林監督が話してくれたエピソードである。尾道で医業を営む大家族の家に生まれ育った大林宣彦は、小学生のときに暗い納戸の中で丸い缶を見つける。その中に三五ミリのセルロイドフィルムが入っており、それを「活動大写真機」にかけて遊んでいた。一コマ一コマに描いてある絵を消したり、インクで絵を描いたり、いわばシネカリグラフィーのような手法で戯れていたという。さらには父親の三五ミリの写真機を借りてきて、一枚ずつ実写のアニメーションを撮って現像し、そのおもちゃにかけて投影していたのだ。

大林映画の本質的なところに、映画フィルムの最小単位である一コマのスケールで撮影や編集をほどこし、誰も見たことがないようなイメージを生みだすという営みがある。同じことは、高校を卒業して地元の尾道を離れるときに、父親が趣味でやっていた八ミリフィルムのカメラをもらった挿話にも見られる。フィルム代や現像料が高いので、東京に出てきてからは父親にもらった三本のフィルムを大事に一コマ一コマ、コマ撮りで撮影して作品をつくっていた。「鏡の前で一コマずつ撮っていき、自分の髭や髪の毛がいろんな形に伸びていく姿とか、そんなものを三分のフィルム一本におさめるという手法でしたね」と語っている（前掲書、一〇一頁）。幼少期からフィルムに触れていた手の記憶、そしてフィルムを一コマずつ大事に撮っていく方法が、二〇歳前後に撮った『だんだんこ』（一九五七年）や『木曜日』（一九六〇年）といった八ミリ映画における、数コマ単位の編集やコマ撮りアニメーションなどの前衛的な手法につながっていったのである。

フィルム・アンデパンダン結成

六〇年代に入るころの日本では、八ミリや一六ミリなどの小型映画が富裕層の趣味として定着し、アマチュアによる「山・川・地蔵」映画が盛んにつくられるようになった。大林宣彦も自分の撮った八ミリ作品をアマチュア映画組織のコンテストに応募したが「個性的すぎて受け入れられない」といわれ、いつも上映を断られたという。そんなとき雑誌『小型映画』の編集者をしていた高橋徳行が、「大林さんみたいに落選ばかりしているつくり手が三人いるから、一緒に上映したら評価されるのではないか」といって、高林陽一と飯村隆彦の三人を集めた。京都の西陣出身の高林は、すでに八ミリの『石ッころ』（一九六〇年）で海外のアマチュア映画祭で賞をとっていたし、現代美術家と交友のあった飯村隆彦は、新橋にある内科画廊のギャラリーの壁に八ミリフィルムを上映するという、実験映画の先駆的な試みをはじめる時期だった。

美術の世界では毎年、通称「読売アンデパンダン」展が東京都美術館で開催されていた。無審査・無償の出品方式をとったため、従来のアート作品の概念から逸脱する「反芸術」的な作品が集まり、前衛的な作家にとっては唯一無二の発表の場となった。だが六三年の展覧会において、わいせつで汚く、危険かつ不快な作品は、規格基準に照らしあわせて締めだすことが決められ、すべての応募作品を展示するアンデパンダンのルールが破られた。そして、一九六四年の展覧会を前に主催者側は中止を決めていた。

映画の世界では、松本俊夫の著書『映像の発見』（一九六三年）が刊行されて「映像」という言葉がブームになっていた頃のことだ。読売アンデパンダンが開催中止になったことを受けて六四年に結成されたのが、個人映画の上映集団「フィルム・アンデパンダン」だった。映画評論家の佐藤重臣やドナルド・リチー、飯村隆彦や高林陽一らとともに二六歳の大林宣彦も参加した。この年にできた新宿の紀伊國屋ホールが「前衛的な催しがやりたい」という意向で、そのこけら落としがフィルム・アンデパンダンになったのだ。これを発案したのも、一二〇秒の映画を無審査公募で集めようと言いだしたのも飯村隆彦だった。彼らの連名で発表されたマニフェストには、次のようにある。

たとえばあなたは二分間の映画というものを今までに夢想だにしたことがあるであろうか。二分間。一二〇秒。コマ数にすると二八〇〇コマである。カメラのフレームに切り取られた一二〇秒の光景は無限の内容を持つこともできるし、もちろん何も言わないことも出来る。
フィルム・アンデパンダンはこうしてあらゆる制約を排除することで、映画をもう一度商業主義、政治主義の拮抗から解放し、真に創造的な作家の手元に返そうとする試みに繋がっている。しかも今まで夢想だにされなかったこの完全な自由映画は一方で撮影機の普及によって映画製作が誰にとっても可能な存在となった。このような状況において、何も創造的な仕事をし得ない作家というのはその怠惰を示す以外の何ものでもない。個人的映画、映像言語による思考はもはや誰にとってもペンや原稿用紙、あるいは絵具やカンバスと同様の一つの身近な素材ですらある。

「フィルム・アンデパンダン・マニフェスト」『日本読書新聞』一九六四年九月四日

高らかに謳いあげられた宣言文であり、個人映画・実験映画が市民権を得ようとしていた時期の熱気が伝わってくる。ここに集められた作品も興味ぶかい。映画界からの参加者は少なく美術家がほとんどだった。赤瀬川原平による『Homology』（一九六三年）は、顔に写真機を埋めこんだ石膏の胸像を固定ショットで撮り、最後に五回、閃光電球のフラッシュが光る作品だ。前衛音楽家の刀根《とね》康尚《やすなお》の『2,800K=120″』（一九六四年）は六〇秒のストップウォッチが二周するのを撮ったコンセプチュアルな作品で、スクリーン上の映像とリアルタイムが一致する経験を提供する。映画にはない発想でつくられているところに、同時代のアメリカのアンダーグラウンド映画との共通点も見られる。そして、フィルム・アンデパンダンの第二部で大林宣彦が発表したのが、

『Complex＝微熱の玻璃あるいは悲しい饒舌ワルツに乗って葬列の散歩道』（一九六四年）だった。

感傷的なアヴァンギャルド

フィルム・アンデパンダンの会場となった紀伊國屋ホールでは、八ミリ上映をするには広すぎるので、一六ミリで上映することが決まった。赤瀬川原平や刀根康尚らの作品といっても、彼らのアイデアやコンセプトに従って実際に撮影したのは主催者側の飯村隆彦たちだった。その撮影で余ったフィルムの端尺で高林陽一や飯村隆彦も作品を撮ることになり、大林宣彦は一四分の『Complex』を撮って、アンデパンダンでは二分間の予告編を発表した。飯村が「彼特有のセンチなところがなくて予告編はおもしろい」といったように、この作品には実験精神があふれている。一六ミリのカウントリーダーが不規則にカウントダウンされ、フィルムの膜面を引っかいた文字が飛びかう。たしかに本編に使用されたフィルムも引用されるが、数コマの短さでショットでつながれて、イメージの奔流が目の前を過ぎ去っていく感じだ。非常にドライで機械的な編集がなされており、アンデパンダンで上映された他の作品と比べると、いかに大林が緻密に映像を構築していたかがわかる。

その予告編と比べると『Complex』の本編には、ドラマという明確な形はとってはいないものの、さまざまな感情や未生の物語が流れている。たしかに、中年男性が座った姿勢のまま階段をおりたり、ブランコで遊ぶ子どもが空中で静止しているように見せたり、大林宣彦のコマ撮りアニメーションは他を寄せつけない技巧にまで達しているように見える。しかし、それだけでは物足りないと思ったのか、男性が座布団に座ったまま住宅地を移動するシーンやガンマンの決闘の場面では、映像の実験性よりも、スラップスティック喜劇のおかしみのほうが前景化されている。それだけにとどまらず、この作品には美しい女優陣が登場する詩的で感傷的な場面も入れられており、タイトルの通り「複雑な」映像世界を織りなしているのだ。

大林監督はインタビューで、「映画をはじめる前は文学少年」だったと教えてくれたが、この六〇年代を代表するアヴァギャルドの映像作家が、作品に感傷的な少年の心を持ちこむようになったのもこの時期のことだった。次の『EMOTION＝伝説の午後・いつか見たドラキュラ』（一九六六年）をいま観ると、技巧派の個人映画作家の顔と、純文学的なリリシズムを得意とするストーリーテラーの顔とがひとつに合わさっている。だからこそ、この時代の若者を中心に熱狂的な支持を受けたのだろう。フィルム・アンデパンダンが機縁になって、大林は広告業界の仕事を本格的にこなすようになり、二〇〇〇本近いCMを撮りあげるディレクターになっていった。彼が『HOUSE ハウス』（一九七七年）で映画界にもどってきて、コマ撮りアニメーションを駆使したホラー映画で世間を驚かせるまでには、まだあと一〇年余の月日を待たなくてはならなかった。

ニコトコ島はどこにあるのか？

大力拓哉と三浦崇志による映画作品の作風を説明するのはむずかしい。映像ユニットを組む二人組だが、ユニット名はない。大阪府出身で小学校からの幼なじみのふたりが出演し、映画のなかでは大阪弁で軽妙なダイアローグをくり広げる。前衛的なお笑い芸人の影響でもあるのかと思うが、対話の内容は禅問答か哲学的な存在論のようだ。相原コージや吉田戦車などの不条理ギャグマンガの世界を志向しているのかと勘ぐるが、ロングショットを多用する精緻な絵づくりは芸術的な映画のそれに近い。それでは、彼らはアキ・カウリスマキ映画のなかのレニングラード・カウボーイズのようなオフビートな存在だというのか。何かその形容もぴったりしない。結論からいうと、ふたりの才能を他の誰かと比べることはムダな努力に終わるだろう。彼らの映画作品はきわめてオリジナルなものであり、突然わたしたちの前に差しだされた現代の寓話といった趣きなのだ。

フランツ・カフカの『家父の気がかり』（一九一九年）という掌編小説に、オドラデクと呼ばれるふしぎな物体《オブジェ》が登場する。星形の糸巻きのような形をしていて、グチャグチャと糸がもつれ合っている。二本足を持つかのように立つことができ、家の玄関や階段や屋根裏部屋に現われては、ジッとしている。すばしっこいので、捕まえることはできない。名前をたずねると「オドラデク」と答え、どこに住んでいるのかを聞くと「住所不定」といってカラカラ笑う。主人公の「わたし」はそれが死ぬことなく、子や孫の代になっても出てくるのではないかと心配しているのだ。

『ニコトコ島』

人間は物ごとに意味を求める動物である。オドラデクのように、わかりそうでわからないものがあると、それに好奇心をそそられ、必死でその秘密を解明しようとする。あるいは、作者の意図やその作品にこめられた真意を探ろうとする。澁澤龍彦によれば、オドラデクは完全に無意味な存在であり、それゆえにわたしたちを途方に暮れさせるのだという。その意味に考えをめぐらせても、虚無のなかに放りだされるだけだ。それは何かの象徴や寓意ではない。その裏側に意味や文脈はない。「だから、この物体は現象によっては何としても説明がつかず、また説明がつかないから一層刺激的なのだ」。ナンセンスをナンセンスとして楽しむ必要があることを澁澤はいおうとしたのだろう。そんな簡単に思えることが、わたしたち現代人には案外とむずかしい。

大力拓哉と三浦崇志のユニットよる映画作品は、オドラデクのような物体《オブジェ》だと考えればいいのではないか。『ニコトコ島』（二〇〇八年）では、大力と三浦に松田圭輔を加えた三人の若い男たちが、フェリーに乗って謎の島へと旅をする。フェリー上で子どものような遊びに興じる姿には、少し異様な影がつきまとう。どこか、いい大人になっても、ぶらぶらと遊んでいる社会からはみだした者たちのように見える。それゆえ、彼らが遊びに夢中になっている姿は、エレクトロニカ調の音楽と相まって、大人が少年時代へ退行している雰囲気をかもしだす。フェリーがとりあえずの目的地である島に到着するまでの間延びした時間には、ニヒリスティックな暇つぶしといったニュアンスが漂う。

ニコトコ島と思われる島に到着してからの道行きが秀逸である。いったい地球上のどこで撮影したのかと思うほどの絶景が広がる。岩山、草原、森、火山の噴煙と思われる火口などを、スタンダードサイズのモノクロームの映像で切りとっている。固定カメラによる超ロングショットを多用し、人物は豆粒のように小さく示されることが多い。ふつうであれば、このようなショットは圧倒的な自然にたいして、人間存在の小ささや弱さを表現する場合に有効だ。しかし『ニコトコ島』では、そこにオフヴォイスで（観客のすぐ横で話しかけているかのように）三人の大阪弁によるおしゃべりが被せられる。登場人物の遥けさとその声の身近さが、矛盾した視聴覚空間をつくりだし、観ている者にめまいをおぼえさせる。仲間のひとりの大力君が毒草を食べて死んでも、残りの圭ちゃんと三浦君のふたりは「死ぬときはすぐ死ぬもんやなあ」、「ぼくらもいつ死ぬかわからへんで」、「仲良くせなあかん」、「もっと遊ばななあ」と話しながら歩き続ける。有限の生を持つ登場人物ではなく、オドラデクのように彼らの死後も存在し続ける、山や岩や砂や土といった無機物からなる自然の風景こそが、この映画の真の主役だったのではないかと気づき、ハッとさせられる瞬間である。

モノクロームの映像にこだわってきた大力拓哉と三浦崇志が、はじめてカラーに転じた『石と歌とペタ』（二〇一二年）を観ると、ふたりの作品が映画というよりも美術でいう「オブジェ」に近いことがわかる。この映画には、小学校からの幼なじみのふたりが遊びの延長から一緒に映画をつくりはじめたというルーツがよく感じられ、シナリオを書かずに即興性にこだわったという点でも、さらに自在さが増している。「石」と「歌」と「ペタ」と名乗る三人の男たちは、ゆるい大阪弁の会話でおかしみをたたえながら、『ニコトコ島』から一歩進んだ試み、つまり目的地をまったく定めない旅へと出る。雨の中を車で出かけたり、道に迷ったり、プロットらしきものがなくはない。しかし、映画の大部分を占めるのは、大人の男たちが森や道ばたや車のなかで、少年期の遊びに興ずる姿であり、ときどきヴォイスオーバーで展開する三人の他愛ない会話やつくり話である。

『ニコトコ島』で映画が前へ進むためのとりあえずの推進力を担っていた「歩行」は、『石と歌とペタ』という作品では無目的にどこかへむかう旅になっている。
映画の冒頭で、落書きのようなコンピュータグラフィックスの絵が示され、そこに三人の登場人物の自己紹介が順番にモノローグで被さる。

石 俺は石です。今は石ですが、元々は星でした。気がついたら星でした。
長いあいだ、1人で真っ暗な宇宙にいました。
気がつくと俺は隕石になっていて、知らない星の山に落ちました。
山と合体して、俺は山になりました。それから長いこと、俺は山でした。
あるとき、雨がずっと降り続きました。
すごい土砂崩れがおきて、山が半分崩れました。俺は岩になりました。
それからも色々あって、今はちっこい石です。
では、俺の得意なつくり話をします。

この「石」と名乗る登場人物が話す「つくり話」は、子どもが話すデタラメのようであるが、よく練られた絵本の物語のような深さを持つ。次に登場する「歌」という人物は、どんな言語にも属さないデタラメな言葉で、つくり歌をうたう。オドラデクが登場するカフカの掌編にも、こうした子どもが遊戯的につくりだす寓話のおもしろみがあった。そうはいっても、ただ遊んでいるばかりでは、それが小説作品になることも映画作品になることもないだろう。粘土をこねる手の指が、爪が、手のひらが素材と出会い、それを凹ましたり、尖らせたり、伸ばしたりして遊びながら、心のおもむくままにオブジェをつくりあげるように、それなりに練りあげる必要があるのだ。

そのオブジェを見る者が「一体これは何なんだろう」、「理由はわからないが強く惹かれる」というところまで、そのオブジェを端正に仕上げなくては美術品にはなれない。それは映画作品であっても同じことだ。『石と歌とペタ』を観て、わたしたちは「この遊戯的な作品に、一体何の意味があるのか」と自問する。その時点で、意味の病いに囚われていることを自覚しなくてはいけない。この作品に通底するテーマや文脈を追っても仕方がない。それは映像で形づくられたオブジェとしてあり、観る者の一人ひとりが自由に感じ分けできるところにまで作品として高められている。『ニコトコ島』をそのままのかたちで受け止め、『石と歌とペタ』を在るがままの姿で、心から楽しむことができるかどうか。試されているのは、わたしたち観客の感性の方である。

アピチャッポンのアートと映画

聞き手・構成：長谷部友子

アピチャッポンって何者？

――アピチャッポン監督の故郷であり、多くの映画の舞台となっているタイ東北部・イサーンに行かれたそうですが、いかがでしたか？

金子　自分のなかであまりに衝撃があって、まだ言語化できていませんね。いずれ書けるときがきたら、文章化するつもりです。アピチャッポン（アピチャッポン・ウィーラセータクン）がアメリカのシカゴに留学したのが一九九三年、翌一九九四年から実験映画を撮りだして、ジョナス・メカス、スタン・ブラッケージ、アンディ・ウォーホルといった実験映画作家たちから影響をうけています。僕は二〇一二年の東京フィルメックスで、アピチャッポンと話をしたのですが、すごくシャイな人という印象でした。タイ語は柔らかいイントネーションの言葉なので、彼がよりマイルドな人に見えるというか、この人が「映画監督」というのは非常に難しいような印象を受けました。いわゆる「映画監督」みたいな長谷川和彦とか井筒和幸とか、ああいう監督のイメージとは対極にある、アーティストとか詩人とか、そんな類の人に見えたんですよね。アピチャッポンの経歴を辿っていくと、シカゴ美術館附属シカゴ美術学校に留学したわけですが、映画を大勢で撮るのはちょっと難しいなと思ったらしく、ひとりでカメラを回して編集して完成できるような映画をつくりたいということで、実験映画に出会ったみたいですね。

僕らがアピチャッポン的と思うときのショットって、実は八〇年代の大きな地図の中でのアジア、さらにいえば台湾ニューシネマから影響を受けているものです。つまりどういうことかというと、最近の欧米圏の映画理論のなかで「映画の外部」という問題があって、アメリカ映画だと役者が出てきて顔がきれいに映っていて、ストーリーを邪魔しないように映像自体を透明化して、物語に人がどんどん引き込まれるようにしています。台湾ニューシネマやアピチャッポン映画は、その映画のナラティブの外側にあるものが色々と立ちあがってくる。そして映画を見ている人たちが、それらを感じられるようになっている。そのためにフレームは、人物を遠くでとらえるようなロングショットで、アピチャッポンであれば森を含む全体性というのも出てくる。それをもっといってしまうと、劇映画の外側にある、カメラがどうしようもなくとらえてしまう記録性、ドキュメンタリー性みたいなものが画面の中に入ってきて、それを映画の中で生かそうとしているといえると思います。

アピチャッポンはタイに帰ってきて、『真昼の不思議な物体』（二〇〇〇年）を撮ったわけですが、あれはイサーンだけではなくて、タイ全土、南の方の離島まで行って撮っています。アピチャッポンの作家としての流れでいうと、自分が生まれ育ったタイ東北部（イサーン）の街であるコーンケンや、ラオスとの国境になっているメコン川といった、あの地方の独特のものに近づいていって、少しずつ学びながらそれを自分の映画に取りこんでいくプロセスというか。それで僕もタイ東北部に行かなきゃという感じになってきました。タイの人たちはとても信心深いと同時にリアリストというか、ヒンドゥーの神様、バラモンの神様、中国のお香をたいたり爆竹をやったりというのをうまく柔らかく自分たちのなかに吸収し、その多様性を自分のものにしている。バラモン神をあがめて、金持ちになれますように、恋愛が上手くいきますように、とかいってるんだけど、その後けろっと忘れてるみたいなね。そういうところがあるんですよね。

アピチャッポンの映画『トロピカル・マラディ』（二〇〇四年）のタイトルは、日本語にすると、「熱帯による弊害」みたいなことなんだけど、その熱帯による弊害がその忘れっぽさとしての感覚としてありつつも、タイの人たちにはうまく外から来たものを取り入れるしたたかさがあるのかな。タイのピー信仰の「ピー」って、精霊とか妖怪という意味なんですけど、良い神様も悪い神様も、外国からきた神様も土地の神様も、全部含んだ概念みたいなものでもあります。その森に分け入っていかないと、新作の『光りの墓』（二〇一五年）の、ジェンジラーさんとアメリカ人の旦那がお祈りをして、二人のラオスの神様が実体化して、何気なくベンチで会話するっていう、あのシーンの謎が解けないいんじゃないかと思っています。

アピチャッポンはなぜアート作品をつくるのか？

――アピチャッポンの実験映画、劇映画、インスタレーションといった多様な表現形態について、お話をうかがいたいのですが。

金子　アピチャッポンは劇映画を撮っている一方でずっとビデオアートや実験映画を撮っています。僕の考えだと、彼のなかでは実験映画を撮って、短編映画を撮って、ドキュメンタリーを撮って、最終的には劇映画を撮って名を馳せるというヒエラルキーがない。短編のアート作品も、劇映画も分け隔てなく撮っている感じがある。劇映画もアート作品も、領域横断的にうまく混ざって、実験作品の方では劇映画的なことをやってもいる。たとえば『ヴァンパイア』（二〇〇八年）では一応物語性があって、タイ東北部のジャングルにいる謎のヴァンパイア鳥を探しに行って、裸に血とか塗っておびき寄せるみたいな、物語映画的な撮り方で二〇分くらいの作品を撮っている。

反対に『ブリスフリー・ユアーズ』（二〇〇二年）という劇映画は、ものすごくストーリーがない映画というか、主人公の男の子とガールフレンドとジェンジラーさんが演じる中年の女性の関係も、なんだかよくわからない。最初に主人公の男の子が皮膚病になって、医師に診察してもらい、最後に川で癒されるというストーリーの軸しかなくて、あとは車でひたすら空間やそのアンビエンスを見せている。二部構成になっていて、前半は街で後半はジャングルなんだけど、ジャングルに入ってからはほとんど会話もない。むしろアートの文脈のほうで、インスタレーションとして二部構成にして、一部と二部を二面マルチスクリーンで見せるスタイルに近いのではないか。あるいは、二〇一五年一〇月から東京国立近代美術館で開催された「Re:play 1972/2015 映像表現，72展、再演」の展示みたいに、一つのアクリル板に両側から照らして観客が好きなふうに見られるような作品を、わざと劇映画のフォーマットにしているのかもしれない。それらが混ぜこぜになっているからこそ面白い、ということはあると思うんですよ。

インスタレーションがどういうことかを考えると、六〇年代の実験映画から七〇年代にインスタレーションが出てきた頃によくいわれたのは、映画館の暗闇の中で九〇分の映画を見る、九〇分のあいだ、拘束されるのが映画だというところから、その芸術を台座から解放しようという運動があったんですね。美術館やギャラリーで、映像を、その頃はフィルムを映写機で投影して、それをマルチ画面にすることによって、観客は自分のなかで作家や映画から強制されていた九〇分という単線的な時間の流れから解放されて、各人が歩きながら好きなときに好きな場所で好きな映像を見るという、複雑で自由な自分に固有の時間の流れを作品とのあいだにつくることができる。だからこそ映像がより親密に感じられて、自分のペースで映像とつき合えるといわれた。

アピチャッポンの映像作品やインスタレーションはまさにそれで、「プリミティブ」プロジェクト（二〇〇九年）は全体で八面か九面の画面があった。その中の『NABUA SONG』という作品だったら、東北タイのナブアの村において、共産主義者たちが虐殺された歴史的な六〇年代のできごとを歌にした曲がかけられている。別の作品では、少年たちがつくった気球のようなオブジェが、彼らの溜まり場になっていて、内部を赤いライトで照らして撮っている。また別の映像では、その気球のようなオブジェをつくるプロセス自体をドキュメントしている。まるで仮想のナブア村を歩きながら、九面マルチの画面によってプロジェクト全体を見渡し、再体験するできるようになっていた。インスタレーション作品には、鑑賞者がその空間やアンビエンスやアトモスフィアに取り囲まれる「環境性」がある。環境芸術としての映像インスタレーションを、映画でやったらどうなるのか、シングルスクリーンでやったらどうなるのかという問題意識をアピチャッポンは持っていると思います。

アピチャッポンの映画は東北シリーズといえるのか

金子　長編映画『トロピカル・マラディ』の冒頭のシーンに死体が登場して、タイ軍の兵士たちがそれと一緒に写真を撮りますよね。よく見ると、その死体は男なんだけど、暴行されたような痕跡がある。アピチャッポンは、別の映画においてその男に関するエピソードを出しています。あるいは『トロピカル・マラディ』において、主人公のトンとケンというゲイ・カップルがデートを重ねて、休憩所で『ブンミおじさんの森』（二〇一〇年）の話をします。前世の記憶を持っているおじさんが云々といっている。『トロピカル・マラディ』は二〇〇四年の映画で、『ブンミおじさんの森』は二〇一〇年の映画です。つまり、アピチャッポンがこれからつくる映画の主題について、登場人物たちが会話しているんですね。アピチャッポンの映画同士には、他にもそのようにディテールがつながっているところがあります。

『Apichatpong Weerasethakul』（James Quandt 編著）という本によると、アピチャッポンの『真昼の不思議な物体』（二〇〇〇年）は一本の映画として成立しているが、それ以降の『ブリスフリー・ユアーズ』から『光りの墓』までは、一本の「東北タイ・シリーズ」といえるようなつながりがあるという。オノレ・ド・バルザックの小説で言うところの人物再登場に近いといえるでしょうか。アピチャッポンの映画でも、東北タイの人たちが何度も出てきます。『真昼の不思議な物体』で、女性の医師が初老男性の患者を診察するシーンがありますが、その同じ患者が『ブリスフリー・ユアーズ』の冒頭に再度登場します。その段階では病気が進行していて、より悪くなっているんですね。

アピチャッポンは実際の東北タイの人たちに、それもプロフェッショナルな役者ではなくて、その場で生活している一般人に、自分の名前で出演してもらっています。もっとも頻繁に出演しているのはジェンジラー・ポンパットで、『メコンホテル』（二〇一二年）では、彼女はメコン川沿いにあるラオスの首都ヴィエンチャンの対岸に、タイのノーンカーイという町があるんですが、そこのお土産屋さんで民芸品をつくっている人です。映画では「ヴィエンチャンからラオスの難民が来て、ここは大変だったのよ」と若い人たちに伝える場面があります。その後の『光りの墓』（二〇一五年）のジェンジラーは、コーンケンにある公園の林のなかを歩きながら、「戦争があったときに、ここに逃げこんだ難民の人たちがいたよのよ」と話をする場面もあります。それが、アピチャッポンが書いたシナリオなのか、それともジェンジラーが個人的な記憶を話しているのか、すぐに判別することはできません。アピチャッポンがジェンジラーにその話を聞いたことがあり、「では、この場所であの話をしてください」と演出しているのか、それともジェンジラーが自発的に話しだしたのを撮影したのか。いずれにせよ、アピチャッポンの劇映画の世界は、バルザックの世界のように互いにつながってきた。文学ではわりと普通に行われていることでしょう。中上健次の「路地」にしても、くり返しオリュウノオバという語り部が登場して、その土地に住んでいた人々について語るという体裁をとっていいます。どうもアピチヤッポンは『真昼の不思議な物体』を撮ったあとあたりから、未完の東北タイ・シリーズを撮ってきたのではないか、と僕は考えています。

『トロピカル・マラディ』について

――わたしは『トロピカル・マラディ』という映画が、アピチャッポンの転換点となっているのではないかと思っています。ただ、これまで金子さんはあまり『トロピカル・マラディ』に言及されていない印象もあるので、この作品についておうかがいしたいです。

金子 その前に『トロピカル・マラディ』が転換点だと思うのはなぜなのか、教えてもらっていいですか。

――『ブンミおじさんの森』（二〇一〇年）や『光りの墓』では、映画としての総合力がすごく出ていて、物語も練られているし、すごく進化している気がします。それに比べて『トロピカル・マラディ』は二部構成になっていて、前半と後半で登場人物が同じなのか異なるのかもよくわからない。場所も熱帯雨林のジャングルの中で、映像的にも荒々しさが目立つ作品のように感じます。

金子 主人公の名前がなぜ「トン」なのかというところから考えてみましょうか。まあ、タイ人にはある普通の名前なんですけど。アピチャッポンもいっていますが、この映画は中島敦の『山月記』（一九四二年）をベースにしている。中島敦は戦前から横浜の高校で教えていて、戦中にパラオに行って、そこで役人のような仕事をしました。その土地で土方久功《ひさかつ》という民俗学者であり彫刻家の人と出会うんですけど、中島敦は「敦」という名前だから、ニックネームで「トン」や「トンちゃん」と呼ばれている。『トロピカル・マラディ』を原作の『山月記』との関係で考えるとおもしろい。あるインテリが役人になってこき使われるよりは、百年残る詩人になりたいといって、田舎に行って偏屈に詩を書き続ける。だけど、それに失敗して官僚ではなく、田舎の小役人になってしまう。彼はプライドがすごく高くて、他人と交わらなかったので、彼の内側にある頑固さや頑なさや自尊心が虎になって、本当に虎に姿を変えてしまうというストーリー。『トロピカル・マラディ』でも最後のシーンが、その虎と彼を探しにきた男が見つめ合うシーンになっている。映画の後半で突然姿を消してしまうトンは、中島敦のニックネームにかけているのかなと思います。

重要なのは、『トロピカル・マラディ』が二部構成になっていて、一部と二部のあいだに一幕もののシャーマンの物語が入っていることです。そこを素直に考えるべきだと思います。シャーマンの話は、わざわざ「クメールのシャーマン」といっています。コーンケンの東北タイは、歴史的に小さな王国が領土を取りあってきた土地です。ラオス的な要素が入りこんでいたり、カンボジア的なクメール王朝の要素が残っているのでしょう。そのなかでも、クメール的なシャーマンの民話を使っているのだと思います。

僕のフォークロア的な興味でいうと、アジアやシベリアのシャーマンの特性に、踊りをおどってトランス状態になって神がかると、シャーマンは動物になって、いろいろなところに飛んでいくことができるという言い伝えがあちこちにあります。鳥になって空を飛んだり、跳躍して天上世界へ行って死者たちの話を聞いて降りてきたり。もちろん、日本列島にもシャーマニズムはあるし、中国にも、モンゴルにも、朝鮮半島にも、タイにもあります。そのように考えると、中島敦が中国の古譚を使って書いたものが『山月記』であり、その『山月記』の物語の映像化に際して、アピチャッポンがシャーマンの挿話を入れたというのは正しいともいえる。

――それはどのような意味で正しいのでしょうか。『山月記』では古い民話的なものを、近代的な時代背景のもとに、自分の自尊心の高さとか頑固さといった近代的自我のありようにたいして下される罰として虎になることが描かれている。その一方で、アピチャッポンの『トロピカル・マラディ』においては、トンが虎になったことの説明がわからなくなっています。森のなかを彷徨っているシャーマンが、虎に乗り移ったということをどのように解釈していいのか。

金子　中島敦の限界は、近代的自我の話にしないと古譚を扱えなかったことでしょう。けれど、アピチャッポンの映画では、単にシャーマンという能力のある人たちがいて、それは虎になったり森を彷徨ったりして、ときには自分の恋人を奪い去り、ジャングルに連れていってしまう。そのようなアニミズムの世界観を直接的にあつかえるわけです。それから、気づいたでしょうか。ケンがトンを探し歩いているときに、うっすらとダブルイメージで、森の夜の画面にほかのテクスチャーを重ねている。全然見えないんだけど、ときどきふっと入ってきて、ふっと消えたり、映像的な操作をしている。中島敦の小説ではできなかった古譚の世界を、森の中で本来のシャーマニズムのほうに戻そうとしている。そう考えると『トロピカル・マラディ』のわからなさは、僕たちには俄《にわか》にはわからないものであるというか。わからなくてもいいんだ、ということがわかる。

――なるほど。中島敦は近代的なもので括ろうとして、ある意味わかりやすくしましたが、そこから溢れ落ちたものをもう一回アピチャッポンは戻してくれているということですね。

金子　新石器時代、日本でいうと縄文ぐらいまでのアニミズムの世界観、あるいは宗教というのは動物＝神なんですよ。たとえばアイヌの熊祭りは、熊が自分たちの祖先であり、毛皮を被って降りてきてくれた。それをわたしたちは食べるから生きていけるんだ。その感謝のために、熊にご馳走を与えて歓待し、最後は殺して、もう一度神の国に戻してあげる、という考え方が根底にあります。『トロピカル・マラディ』の虎との出会いのシーンを見ていると、仏教やヒンドゥー教が入ってくる前の東北タイでは、アニミズムのあり方がこのような感覚だったのかなと思いながら見ました。あの虎はシャーマンであり、恋人の成りかわりであり、精霊や神のたぐいであるのかもしれないんだけど。死者をさがしに行った冥界の中で、ギリシャ神話やイザナミ・イザナギにも似ていますが、探していた相手は霊的な存在になっている。あるいは、祖霊となっている。それが、虎という表象をもって顕現していると理解してもいいのでしょう。

アピチャッポンのグローカル性

——次の質問は、端的にいうと、「アピチャッポンはアジア的なのか」です。アジア映画のニューウェーブといわれていますが、むしろ西洋的なのではないかという部分も見受けられます。西洋から見たエキゾティックさが狙われている点があるのかなと。また、アピチャッポンはシカゴの美術大学でキャリアをスタートさせたので、グローバルに撮ることもできたのに、タイに戻って映画制作を続けています。

金子 アピチャッポンがアメリカという英語圏の世界で、台湾映画を再発見することがなかったら、おそらくコーンケンやノーンカイがあるような東北タイで映画を撮ろうというアイデアは出てこなかっただろうね。それは僕たちも同じで、日本列島における土着性を再発見するときがある。あるいは、東北の人が東京へ出てきて自分の東北性を考えること、沖縄の人が沖縄性を考えることは、避けて通れない道です。ヴァナキュラーな習慣の内側にいる人が、そのヴァナキュラーなものをとらえることはできないですよね。それを見るためには、ある一定の距離感が必要なんですよ。映画では、それがカメラと対象の距離としてあるというアナロジーで考えることもできるかもしれない。ある一定の距離をとらないと対象を撮影することができないのと同じように、アピチャッポンにとってはタイのイサーンがそうだったのでしょう。それも最初から彼のなかにあったわけではなく、やはり『真昼の不思議な物体』あたりから主題化しています。

アピチャッポン自身はバンコクで生まれて、両親が医師なので、幼年期に東北タイのコーンケンに移ったんですね。そのコーンケンが自分のなかの再発見の場であり、ここが自分の芸術の根源的なリソースになるんだと気づいたのは、『真昼の不思議な物体』の旅以降だと思うんですよね。外国人が喜びそうな土着的な要素が出てくるようになるのは、やはり『ブリスフリー・ユアーズ』や『トロピカル・マラディ』あたりから。それと同時に国際的な評価も高まっていく。あるとき、田村正毅《まさき》さんという映画カメラマンと話したことがあります。小川プロでずっと小川紳介さんとドキュメンタリーを撮っていて、その後は河瀬直美や青山真治の劇映画を撮ってきたカメラマン。彼の話でおもしろかったのが、「ヨーロッパ人を感心させるのは簡単なんだよ」といっていた。「どうやるんですか」と訊いたら、「登場人物の映ってないところで、草木とか森とか草原とかが、風でざわめく映像を長く撮っておくと驚くんだよね」といっていました。要するに、近代以降のヨーロッパ人にはないような、森羅万象に神が宿るということを映像で見せるんでしょうね。河瀬直美がずっと奈良で撮り続けるのにも、そういうところがあるのでしょう。それは何かというと、グローカルなんです。グローバルな世界で多くの人に作品を見てもらうためには、やはり自分が根ざしているローカルに目を転じなきゃいけない。それは実際の土着的なローカルさではなくて、グローバルな目で再発見された土着性であり、それは「グローカルもの」と呼べるのでしょうね。

『光りの墓』について

――最後の質問ですが、『光りの墓』はいかがでしたか。すごくよくできていて面食らってしまって。すばらしい映画だと思う反面、この作品をどのように考えていいのかがよくわからなくなりました。

金子　私見では、アピチャッポンは、ジェンジラーや他の東北タイの人たちから歴史を学びながら、どんどん東北の奥へ分け入った。そのプロセスで考えると『光りの墓』はいまのところ最高傑作だと思う。特にすばらしいなと思うのは、オカルトのほうに思いっきり舵を切ったことですね。タルコフスキーの『ストーカー』（一九七九年）というのは、キリスト教の神秘主義の思想が背景にありますよね。M・ナイト・シャマランの

『光りの墓』

『レディ・イン・ザ・ウォーター』（二〇〇六年）にも神秘主義の影響があると思います。

神秘主義は、ある精神状態におかれた人や、ある信仰を信じる人たちには、僕たちの目に見えないものがはっきりと見えて、その存在がありありと感じられるということです。それを劇映画にしたらどうなるかという、かなり大変なところをアピチャッポンが切り開いているのが『光りの墓』だと思う。それは土地の記憶を掘り起こすこととつながっていて、たとえば『ワールドリー・デザイアーズ』（二〇〇八年）では、延々と昼間はメロドラマの撮影をし、夜はミュージック・クリップを撮っている撮影隊が、昼と夜で同じ森の中で交差する映画でした。ですが、最後のシーンで、森のなかの自然にできた、神の道みたいにトンネルになっている風景が出てくる。そこを長まわしでずっと撮っていると、フレーム内には誰も映っていないのに、むこうから楽隊の演奏する音やマーチのリズムみたいなものが聞こえてきて、それで終わる作品です。そうやって目に見えないもの、不可視のものを映像で表象しようとしている。『ブンミおじさんの森』であれば、あの地域やその森には共産主義者をみんなで虐殺した歴史があるんだけど、それをどうやって表現するのか、ものすごく工夫してやっている。ハリウッド映画のように、ものすごい資金をかけて過去の情景を再現すれば、歴史的な過去や記憶が映像に撮れるかというと、そんなことはないわけです。もしアピチャッポンが、アピチャッポンのような作家ではなかったら、彼が普通の映画監督であったら、同じシーンでも音だけじゃなくて、そこに実際に鼓笛隊が登場してしまうでしょう。それをやらないで、まったく関係ない作品のように撮っておきながら、ふっとその土地の過去の記憶が頭をもたげるところがすごい。『光りの墓』もそういう映画だと思っています。

それと、もうひとつ神秘主義の絡みでいえるのは、『光りの墓』には、前世を見ることができる少女、眠り続ける兵士イット、それを看病するジェンジラーが登場します。映画の終わり近くで、イットが乗り移ったシャーマンのような少女と、ジェンジラーさんが語る場面がありますよね。少女の肉体を借りたイットは、かつてその土地にあったという宮殿を、ジェンジラーのために案内してまわる。あのシーンは『レディ・イン・ザ・ウォーター』に似ていますよね。能力の高い宗教者が「啓示」を受けることによってしか見えない、ある法則のようなものがあって、それを一般の人に知らせてあげて、導いてあげるときの行動に似ている。タルコフスキーの『ストーカー』を思いだしていただいてもいい。呪術師が「ここには精霊がいるから、花輪を置いておけば、この先は無事に進める」というような呪術。おまじない。アピチャッピンは呪術的な行為を、東北タイの土地にある歴史的な記憶の文脈で見せてくれる。実際には宮殿は存在しないわけだから、映画では彼らがパントマイムをしているようにしか見えないですよね。それはアニミスティックな呪術や神秘主義のなかで、呪術師がやってくれることがそれなんですよ。だから僕は感動したんです。ちゃんと現代映画でも神秘主義ができるんだって。

アピチャッポンがわたしに映画批評を続けさせた

金子　最後にひとつ言いわせてもらうと、二〇代後半の頃、映画評論や映画理論に一生を捧げる甲斐がないんじゃないかと思い、ちょっと絶望していた時期がありました。要するに、他の芸術や学問と比べると、映画とか映像は浅いのではないかと疑った時期がある。それで文学を読み、フォークロアを一生懸命勉強していた。

でも、もう一度映画のほうに戻してくれた契機がいくつかありました。ひとつはアレクサンドル・ソクーロフの映画です。『精神《こころ》の声』（一九九五年）という、辺境に送られたロシア兵たちを撮ったドキュメンタリー作品があります。その映画に撮られた兵士たちは、その戦場でほとんどが死んでしまって、映画のなかでその人たちの魂がよみがえってくるような奇跡的な作品です。ソクーロフの新作が製作され続けるのなら、映画批評を続けてもいいかなと思いました。

それから、英語版で一部は読み進めていましたけど、ジル・ドゥルーズの『シネマ1』（一九八三年）と『シネマ2』（一九八五年）の邦訳が出て（二〇〇六年、二〇〇八年）、やっと全部を読み通すことができた。その序文でドゥルーズが、「言語を使った哲学は、プラトンの時代から二千年の歴史があるけれど、私たちが見ている視覚やイメージの歴史はまったく解明されていないので、それを記号論として整理してイメージの哲学をつくる必要がある。それを僕はこの本ではじめた。映画にはここ百年程度の歴史しかないけれども、彼らはただの映画監督ではなく、記憶とか意識とかのヴィジョン、あるいは、夢で使われるようなイメージを探索して、私たちに示してくれる哲学者なのだ」という言い方をしていました。そのときに「そうか、そのように考えれば、もう一度オーソン・ウェルズやイングマール・ベルイマンといった映画作家たちを、ひとりのイメージ哲学者として再考していくという作業に一生を捧げてもいいな」と思ったんですね。クリス・マルケルのＤＶＤが二〇一〇年くらいから出はじめたことも大きかったですけど、最後に自分のなかにあったのは、やっぱりアピチャッポンです。彼の新作が見続けられるのであれば、また映画批評をできるかなと思わせてくれた。

アピチャッポンは、いろいろな、僕がいうところの「プラットフォームの映画」や「プロジェクトの映画」を撮り続けていて、端的にいうと、彼の作品は僕たちが映像を見る目を鍛えてくれる。自分自身の思考を更新し続けていないと、アピチャッポンの作品は理解できないぞ、と思わせてくれるような新作を撮り続けていてくれる。批評家や映画ファンを燃え立たせるような映画を、ほのめかしと寸止めでやってくれているので（笑）。本当は中身は空虚なのかもしれないけど、自分が燃え立たせられる以上は考えずにはいられない。アピチャッポンは偉大な映画作家であり、かつイメージの哲学者でもあって、その人が生きていて、実際に会って話すこともできて、新作を見続けることができる。その喜びは大きいと思います。

——最後にアピチャッポンへの熱い思いも聞かせていただき、感動しました。長い時間、貴重なお話をありがとうございました。

第二章　文学のタナトス

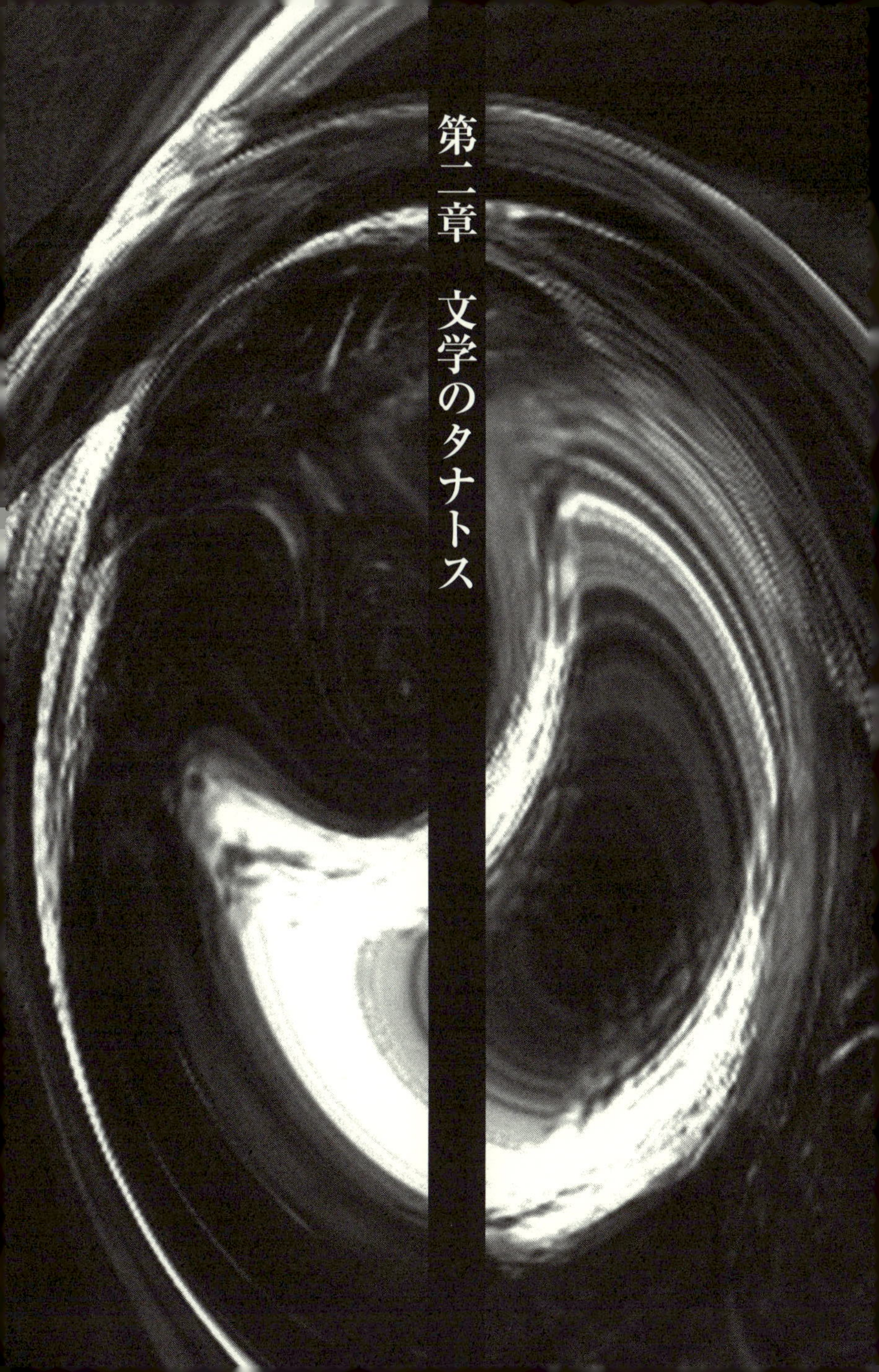

キートンの身体、ベケットの沈黙

最近になって、サミュエル・ベケットが手がけた唯一の映画『フィルム』(一九六五年)を見る機会があった。これは二〇分ほどのサイレント映画で、七〇歳のバスター・キートンが主演したものだ。元々ベケットはダブリンでの学生時代に映画館へ通い、『キートンの探偵学入門』などを熱心に観ていたファンだったという(『ベケット伝』J・ノウルソン)。また、一九四九年の映画『愛すべきイカサマ』で、キートンはゴドー(Godat)という不在の人物を待ちわびて途方に暮れる債権者の役を演じたというが、三年後の五二年にはベケットがまさに戯曲『ゴドー(Godot)を待ちながら』を発表している。ベケットが『愛すべきイカサマ』を観たのかどうか定かではないが、二人の芸術に何らかの近接性と呼応関係があったのは確かである。

バスター・キートンは生粋の身体パフォーマーだった。旅回りの劇団を稼業とする両親のもとに生まれ、一歳のときに舞台デビューしている。赤ん坊の頃から父母に舞台の上で体をキャッチボールされていて、市民団体が児童虐待だと訴えたが、父親は「あれは子どもではなく小人だ」と平然と答えたという逸話も残っている。その父親のジョーと共演した映画が、二四年の『キートンの探偵学入門』だった。キートン扮する探偵に憧れる映写技師が、恋人の娘と結ばれるために、数々の障害を乗りこえていくストーリーである。

『探偵学入門』には、映画館で映写をしながら居眠りするキートンが、夢の中でスクリーンの中へ入っていく映画史的にも有名なシーンがある。映画と夢が二重化されたスクリーンの上で、キートンが庭の椅子に座ろうとすると、彼を残してカットが切り替わり、道路に転倒してしまう。次にキートンが立ち上がると、そこは身を乗りだす絶壁へとかわり、ライオンのいるジャングルとなり、砂漠で鉄道に轢かれそうになる。その後、キートンが腰かけたサボテンは大波が襲う岩となり、海へ飛びこめば雪に覆われた土地になり、木によりかかろうとして転倒すれば、もとの庭へ戻っているといった具合である。

実際に、夢とは場所から場所へ自在に移行し続けるものだが、夢の中にいる主体がそれをコントロールできないという点で、夢は一方的に流れる映画の時間とも似ている。キートンは持ち前の強靭な足腰と驚くべきバランス感覚で、夢のイメージの洪水に押し流されながらも、アクロバティックな身体運動でそれらを泳ぎ切る。そのとき、画面内でキートンの位置はほとんど動かないが、動く歩道にのっているかのようにカメラが風景のほうを動かしていく。ジル・ドゥルーズは『シネマ2』でこのシーンを例にとり、「主体はもはや運動することができず、運動を実現することができないでいるが、世界が、その運動をになう」という。つまり、デッドパン（無表情）で高名なキートンが画面内での移動を封じられるとき、反対に周囲の世界が動きだし、映画がその本来の運動能力をあらわにするのだ。

バスター・キートンがその軽やかな身体運動を止めるとき、映画は何か別次元のものを開示する。そのような現象は、ベケットがシナリオを書いた映画『フィルム』（一九六五年）で、さらに企図的に追求されている。『フィルム』では、キートンが演じるＯ（対象）という人物が、壁伝いに人目をさけて歩き、寝室へ逃げこむ。しかしその部屋で、窓、鏡、オウム、犬、猫、シュメール人の神の絵など他者からの知覚にさらされ、椅子の背もたれやボタン閉じ封筒までが一組の目に見えてしまう始末。Ｏはそれらを次々に封じていく。そして写真に残った過去の自分すらも破り捨て、ロッキングチェアで安心して居眠りするが、最後に自分を追ってきたＥ（カメラアイ＝自己の知覚）に気づかされて驚く、という筋である。

サミュエル・ベケット『フィルム』

後年、ドゥルーズは『シネマ1』や『批評と臨床』（一九九三年）などの著書で、この映画の詳細な分析を試み、「これはバスター・キートンにしか演じ得なかった」と断言した。最晩年のキートンはでっぷりと太り、サイレント時代の喜劇王とは別人のような見かけなのだが、窓を閉めるためにおそるおそる壁伝いに歩く動きや、犬猫とイタチごっこを演ずる滑稽な身体所作は、やはりキートンならではのものだ。これはキートンとカメラによる一種の逃走と追跡の劇であり、早足でかけるキートンの背後四五度のアングル（死角）をカメラが超えるたび、彼は立ち止まって顔を隠したりする。

どうしてキートンはカメラから逃げるのか。気になるのは、キートンがぶつかる男女や階段ですれ違う老婆が、カメラと目が合うとひどく驚き、倒れたり消滅したりすることだ。そうであるとすれば、反対にキートンが目指すゴールとは、他人に知覚されないことで自己すら存在しない状態へ、完全なサイレンス（沈黙）へたどり着くことなのだろう。『フィルム』では、男女がキートンを見送った後、女が口に指を立ててシーッという動作をする。なぜかこの部分にだけ音が入っている。まるで観客に「これはサイレント映画だ」と念を押すかのように。つまり、これは単なる「無声映画」ではなく「沈黙の映画」なのだ。サイレント映画の楽しみは、言葉で説明されない分、観客の目がスクリーンの映像から多くの情報を集めようとし、知覚を活性化させるところにある。たとえば、映画の中のベケット的な部屋がすばらしいのは、窓や動物など視覚に訴えるサインによって、目で見ることのできる「音のざわめき」に空間が満たされているからだ。ベケットが『フィルム』をサイレントで作ったのは、映像がはらむ音を封じこめないためだったのではないか。

ところで、スーザン・ソンタグは「沈黙の美学」（一九六九年）という文章で、ベケットの物語は象徴や寓意を持つようでいて、表面上意味する以上のことは明かしていないと喝破する。『フィルム』は、音や人物など余計なものを排除していき、キートンが逃走する身体運動のあるがままのイメージしか観る者にもたらさない。そうやって、この映画はあらゆる可能性を消尽することで、まったく別の次元を開こうとしている。物事を沈黙へと沈ませることで、他者や自己による知覚さえも消滅させて、ドゥルーズの言葉をかりれば、「人間以前の世界」の「宇宙的で霊的なるざわめき」へとむかうのだ。そのときも、ベケットはそこにある具体物で映画を構成するしかない。その最良の選択がバスター・キートンの身体だったのであり、実際、公開の翌年にキートンはこの地上から姿を消してしまったのである。

銀幕の上でデュラスと太宰が出会う美しさ

現代映画では、デジタル技術による撮影や編集の簡便化を背景に、思い切りのよい試みがなされるようになっている。そうした作家として沖島勲や福間健二といった名が思い浮かぶが、福間雄三監督の『女生徒・1936』（二〇一三年）もデジタル時代の異種映画《シネマ・ディファラン》といっていい。驚かされるのは、オフ・ヴォイスを大胆に多用することで映像と音声を独立させつつ、「声」を媒介にして、主人公の少女たちの意識を映像の中に滲透させていることである。このような試みは、小説家のマルグリット・デュラスが、映像における美や力を失わずにいながら、音声トラックに別の次元を持ちこむことで「文学の映画」をつくろうとしたことを思いださせる。なかでも『女生徒・1936』と関係があるのは、『セザレ』（一九七九年）や『陰画の手』（一九七九年）といった映像と音声が分岐した作品ではなく、『インディア・ソング』（一九七四年）のように音声が映像の内容を語りながら、それが別の時間の層を成して立ちあがってくる作品であろう。

太宰治はデュラスのように、女性の独白形式を自在にあやつることができる稀有な小説家だった。映画『女生徒・1936』は、太宰の女性小説の中から『燈籠』（一九三七年）、『女生徒』（一九三九年）、『きりぎりす』（一九四〇年）、『待つ』（一九四二年）という戦前から戦中にかけての短編を映像化し、時代順に構成する。その連続性の中に浮上するのは、少女たちの繊細なセンサーに引っかかった時代の不穏さである。映画の内容は律儀なまでに原作に忠実なのだが、オフ・ヴォイスで少女の声を響きわたらせる手法を全編で使用しており、デュラスの映画と似た相貌をもっている。少女たちの意識の外にある安定した世界はデジタル映像で表象され、少女たちの不安定な意識の流れはオフ・ヴォイスによって、映像とのあいだにかすかな齟齬の不協和音を奏でていくのだ。

私もまた、眼帯のために、うつうつ気が鬱して、待合室の窓からそとの椎の若葉を眺めてみても、椎の若葉がひどい陽炎に包まれてめらめら青く燃え上がっているように見え、外界のものがすべて、遠いお伽噺の国の中にあるように思われ、水野さんのお顔が、あんなにこの世のものならず美しく貴く感じられたのも、きっと、あの、私の眼帯の魔法が手伝っていたと存じます。

太宰治『燈籠』

苦学生への同情心から、男物の海水パンツを万引きする「私」の意識の流れを、『燈籠』という短編小説から映画の場面へと起こすのは難しい。デュラスは小説家としてその愚を知っており、映像ではあくまでも純粋に映像的な美を探求し、かわりに映像と音声の関係においてさまざまな実験を行った。
福間雄三はいわゆる「文学の映画化」を避けるため、映像と少女たちの内面の声とのあいだに裂け目をつくり、余白をつくることで、鑑賞者が自分の感受性に訴える何かを見いだすための自由を確保している。そして意外なことに、この映画の観賞後の感覚は、太宰文学の読後感に似ているのだ。太宰の小説を映像化するのは容易ではない。いわば『女生徒・1936』は原作を忠実になぞることで、方法としてはアヴァンギャルドの冒険へと近づくという、ひとつの極北をわたしたちに提示しているのではないか。

ジョナス・メカス　日記文学から日記映画へ

メカスのドキュメンタリー映画

二〇〇九年の一一月で、ベルリンの壁の崩壊から二〇年を迎える。そんな折、リトアニアからアメリカへ亡命した詩人・映画作家ジョナス・メカスの新作『リトアニアの独立とソ連邦の崩壊』(二〇〇八年、四時間四六分)が、世界各地で上映されている。ベルリンの事件を機に共産圏の解体がはじまり、バルト三国が次々に独立していった時期に撮影されたドキュメンタリー映画である。まずは、メカス本人の言葉から訳出してみよう。

このビデオ映画は、ソ連が崩壊する期間に、テレビのニュースで放送されていた映像をソニーのカメラで撮影したフッテージで構成されている。だから背景には、家庭での物音が入っている。これはテレビのニュースキャスターたちの手による、あの重要な期間に何が起こり、どのように起こったのかについての記憶のカプセルである。

わたしたちが世界情勢と対峙するとき、主たる媒介となるのは新聞やテレビなどのマスメディアであろう。一九八九年のベルリンの壁の崩壊から、九一年秋にバルト三国の独立を話した米ソ首脳会談まで、祖国リトアニアの独立の道程を、メカスは二年かけてニュース番組の撮影という方法で記録した。いわゆるファウンド・フッテージにも近い手法だが、彼の映画だから一筋縄ではいかない。手ぶれするビデオカメラで意図的にテレビ画面の枠を入れながら撮影し、家庭での物音に加えて、妻や子やメカス自身の声も記録している。また、メカスはアンテナを動かして映像にわざとノイズを入れ、見る者に「このテレビ画面は撮影されたものだ」と意識させたりもする。

亡命者の日記文学

つまり、『リトアニアの独立とソ連邦の崩壊』という映画では、撮影者の手の動きや肉声によって「ひとつの世界が終わり、もうひとつの世界がはじまるところを見ている男」のまなざしのほうが浮上してくるのだ。ジョナス・メカスは祖国の激動期を前にしても、家庭のテレビの前に座っているという日常性から離れない。そして、報道番組という身近な映像を引用しながら、それらを断片的なショットの集積へと解体していく。そうして、祖国の独立という大きな物語を、個人の視座による芸術作品へと変えるのだ。映画が完成までに二〇年近くかかったのは、報道番組の断片的な映像を、メカス自身の個的な記憶へと醸成するのに時間が必要だったからではないか。これもまたメカスの「日記映画」なのであろう。

それにしても、二年間テレビ画面を撮影し続けるには相当の執念がいるだろう。これにはメカスが祖国から亡命し、アメリカで映画作家になった来歴が関係している。彼には『私には行くところがなかった』（一九九一年、邦訳『メカスの難民日記』二〇一一年）という日記文学の著書がある。それによれば、二二歳でリトアニアの詩人だったメカスは、一九四三年から四四年にかけて祖国がドイツの占領下に置かれた時代に、地下新聞などの反ナチス運動に関わった。兄たちが逮捕されて、メカスと弟の二人は知人を頼って国外亡命を企てるが失敗する。この著書は、ドイツの強制収容所と難民キャンプで過ごした五年間、それにリトアニア系の移民としてニューヨークへたどり着き、自己形成をしていった六年間の「日常」の記録である。難民キャンプのなかにあっても、メカスは友人や難民の人たちの生の賛歌をうたい続けた。メカスの日記映画の成立の裏には、一〇年余にわたるこの日記文学の歴史があるのだろう。

日記映画の意義

ジョナス・メカスの『私には行くところがなかった』という著書には、詩、書簡、戯曲、短編小説、故郷の思い出など、いろいろな文章が詰めこまれている。戦時中は連合軍の爆撃が迫るなかで戦争捕虜たちと厳しい工場労働に従事し、戦後もリトアニアがソ連軍の手に落ちたため、メカス兄弟は難民キャンプのバラックを転々とした。流浪と飢餓の日々のなかで、メカスを支えたのはゲーテやソローら詩人の文章を読み、自分の日記を書きつけることだった。ドイツやソ連という大国のエゴに翻弄される小国の詩人が、政治的暴力に抵抗するためにとった方法は、日常生活を断片的に記していくという小さな行為であった。

一九四八年一月二八日。ときどきわたしは日記を書きながら、すべてが壊れていくのを感じる。何のために、誰のためにこれを書いているのか。誰も読まないのになぜ書くのか。燃やしてしまった方がいいのではないか。彼らは虐殺し、わたしたちの祖国を消し去ろうとしているのだ。

二〇代半ばの多感な時期を、メカスは収容所と難民キャンプで過ごした。そしてその後、彼はヨーロッパからの亡命者として新世界アメリカの地を踏むことになった。

一九四九年一〇月二九日。昨夜一〇時頃、ジェネラル・ハウズ号はハドソン川へ入った。わたしたちはデッキへ出て、眺めた。一三五二人の難民がアメリカを見つめた。網膜に焼きついた記憶をわたしは今も見ることができる。（中略）ニューヨークの筆舌しがたい美しさを見るには、夜にハドソン川から眺めなくてはならない。そう、これがアメリカだ、これが二〇世紀なのだ。

メカスが一六ミリ・カメラを手に取るのは、その半年後のことである。この時期、彼が文学から映画へ移行した背景には、言語の問題もあったろうが、ニューヨークという街が持つ映像的なダイナミズムのせいもあったのではないか。『リトアニアへの旅の追憶』という映画には、移民後に住んだブルックリンでの日常が記録されている。そこにはすでに都市のスピードに拮抗し、かけがえのない一瞬一瞬の「網膜の記憶」をとらえる日記映画のスタイルが萌芽している。ニューヨークに着いたとき「もう旅はごめんだ、世界の中心に留まるんだ」と思ったというが、その言葉通り、メカスは家のテレビの前に座ったままで『リトアニアの独立とソ連邦の崩壊』という映画を撮りあげた。それは公の歴史をひとりの詩人が個の記憶へとカプセル化していく過程を映しだす、もう一つの日記映画の傑作となっている。

gozoCiné　妖精博士のマチエール

詩人の吉増剛造がgozoCinéと呼ぶ映像作品を撮りはじめてから五年の月日が経ち、それらの短編群は五二本を数えるまでとなった。初めて公の場で上映されてから丸五年後の二〇一一年七月三〇日、『予告する光gozoCiné』と名うたれた特集上映として映画館の暗闇で投影され、ついにその全貌が姿を現すことになる。

わたしがgozoCinéの上映運動に関わるようになったのは、「個人が絵画や彫刻を制作し、詩や俳句や短歌を書くように」（鈴木志郎康）つくられる個人映画を擁護する立場から、映像面と音響面でリマスタリングされたこれらの映像作品が、劇場という空間で上映されるのを見てみたいと思ったからである。もうひとつ、吉増剛造の講義やイベントに差しはさまれる形で発表されてきたgozoCinéが、つくり手が立ち会わない場で上映される必要性をどこかで感じてもいた。吉増剛造の知名度の高さにより、gozoCinéが詩人の手遊びのように見られることを回避し、人々が独立した映像作品として曇りなき眼でじっくりと鑑賞する機会をつくりたかったのである。

二〇〇九年二月に一九本の作品を収録したDVD＋BOOK『キセキ―gozoCiné』が刊行されたとき、今福龍太はgozoCinéを「文字によっては触れ得ない、新たな眼の探求」と呼び、鵜飼哲は「将来の来るべき映画の種子を宿しているような作品」だと賛辞を送ったが、映画の専門家からの言及が少ないことに、わたしは物足りなさを覚えた。そんな折、拙著『フィルムメーカーズ 個人映画のつくり方』（アーツアンドクラフツ）の出版記念イベントで松本俊夫と吉増剛造の初対話をもうけた際、松本にgozoCinéを論じてもらうことができた。「画面の中に撮っている像が微かな動きとともに、動きの痕跡をストロボ状、断続的に残像として残していき、それがじわっと効いてくる。物自体を撮るというものを超えて別のものが生まれていく。直前の時間が痕跡を留める。「いま」「ここ」と直前の時間の痕跡が同時にその関係を保ちながら、視覚的にも複合的な時間として、何かプラスアルファとなる。むしろそれ自身が大事ではなかったかというものが分泌されてきて、ある種、曖昧で魅惑的な映像のエクリチュールとなる」(取材・文＝志賀信夫)と松本は見事に解析してみせた。

それに続けて「一つのフォルムというよりもマチエール(絵肌・材質効果)の次元に何か表出しようとするものが模索されている」と松本は指摘している。gozoCinéでは「軌跡」というエフェクトの残像効果によって時間と対象のズレが生まれ、そこで複合された関係性の響き合いが探求される。吉増はカメラのレンズと被写体のあいだに宝貝、ピンチハンガーといったオブジェを差しはさみ、時には雨に濡れた窓ガラス、ワイパー、テレビ画面、肖像写真のOHPを何層もの映像の被膜のようにして多重化しているのだ。

これを個人映画の文脈によせれば、吉増剛造はデジタルビデオカメラを使って、八ミリフィルムのマチエールで作品を撮っていることになるのではないか。いま撮られている映画には「記録」と「記憶」の二つのイデオロギーがある(原將人)という。三五ミリフィルムやHDヴィデオは映像の鮮明化を目指し、人間の視覚に近いものをスクリーン上に再現するという記録性のイデオロギーを持っている。反対に八ミリフィルムや一六ミリフィルムでは細部がつぶれ、明暗やコントラストや色合いが極端に出る傾向があり、再現性という面では劣っている。しかし、撮影された素材があたかも何十年も前に撮られた映像のように見える効果があり、年を経ると共に自然と劣化していく人間の記憶に近いのではないかと原將人は指摘するのだ。gozoCinéは、ヴィデオ映像に靄や膜をかけながら記憶性のメディアである八ミリフィルムへと近づいていく、ひとり映画の試みなのであろう。カメラの前にOHPフィルムを翳すという手法は、字義通りヴィデオ映像の中にフィルムというマチエールを差しこむことだからである。

ジョルジュ・サドゥールの『世界映画全史』（一九四七〜六七年）第一巻は映画前史を扱っているが、映画原理の確立について、「末端を赤熱させた細い鉄の棒を振り回しながら、子どもたちが空中に描く光の帯」のような、人間の視覚における残像現象の発見が欠かせなかったという。ほかに花火、疾走する馬車の車輪、独楽の表面、落下する雨粒の平行線を残像現象の例としてサドゥールは挙げる。gozoCiné の残像効果が生む映像も、そのような原映画的なものに根ざしているといえる。たとえば『Yeats Vision, アイルランド』（二〇〇九年）という作品がある。吉増剛造がW・B・イェイツの世界に惹かれてアイルランド島北西部のスライゴー地方を旅したときに撮影したもので、ベンバルベンという頂上が平らな不思議な形の山、アイルランドの羊、小雨の降りしきる薄明かりの光といった、映像的な無限のニュアンスに富んだ良作である。イェイツの『ケルトの薄明』はアイルランドの農民のなかの幻を見る人や、ストーリーテラーと呼ばれる人たちが語る物語を収集したものだが、このような書物が映画誕生前夜の一八九三年に出版されていることは、もっと注目されてもいいだろう。

『ケルトの薄明』には、いくつかの原映画的な光景が出てくる。イェイツが霊感の強い娘に連れて行かれる場所は「黒い岩に囲まれた浅い洞窟」で、そこで娘が黙ったまま数分間トランス状態に入ると、岩の内部から土地の妖精たちの音楽や話し声が聴こえてくる。娘は薄闇のなかで目と耳を澄ませて、岩を心のスクリーンとする。これはほとんど原初的な映画館だといっていい。また、イェイツが幼年期を過ごしたスライゴーのベンバルベンの中腹に、石灰岩で真四角になった白いスポットがあるという。ここは人間も動物も近寄らない「妖精の国への扉」だといわれている。真夜中になると扉が開き、この世のものではない者の群れが現れて、赤ん坊や花嫁を妖精の国へ連れ去ってしまうというのだ。

石灰岩でできた「真四角の白い扉」は映画誕生前夜におけるスクリーンそのものであり、逆向きにフェアリードクターたちの想像力が映画の世界へ流れこんだのかもしれない。映画メディアは本来そのような妖精的な場所に根ざしていたのだが、長い商業利用の末に本来の魔術性を失ってしまっている。吉増剛造という現代の妖精博士がgozoCinéでさまざまな場所へ訪ねていき、カメラの前で物や音や声の祭壇をつくるパフォーマンスをくり返すのは、人類の記憶に保持されてきた幻を見るという映画の根のようなものを映像世界に取り戻そうとするからである。そのような意味においてgozoCinéはただの映画ではなく、映画らしい原映画であり、語尾音が消失したcinéにとどまり続けるのである。

呪術と死人《しびと》　吉増剛造

詩人の吉増剛造さんとお付き合いさせていただいて、何度かふしぎなことや背筋が凍るような怖い目にあったことがある。そのひとつをここで文章化してみたい。実際にそのできごとがあった後、わたしは吉増さんのことが怖くて、半年ほど何となくお目にかからずにいたほどなのである。

二〇一三年二月二四日、奈良県桜井市にある談山神社で三回目となる「万葉アートフォーラム」が開かれた。この神社は、中大兄皇子と藤原鎌足が大化の改新の談合を行ったという多武峰《とうのみね》にあって、中臣鎌足を祭った歴史の深い社として知られる。宮司の長岡千尋は歌集を出すほどの歌人でもあり、折口信夫（釈迢空）の顕彰会「近畿迢空会」の事務局長を務める人だ。二〇一一年の第一回は3・11の直後に宗教学者の山折哲雄を迎えて講話会を開き、映画作家のおおえまさのりと原将人による映像とインド音楽のイベントが行われた。翌年の第二回には、明日香村の万葉文化館で文学者の中西進、小説家の高城修三、原将人によるシンポジウムが行われ、談山神社では石井満隆による舞踏が披露された。そして、三回目が昨年なのであった。

わたしは以前に奈良前衛映画祭で映画賞をいただいたことがあって、その実行委員である福泉栄治さんから、談山神社の本殿にスクリーンを張って映像とトークのイベントを開催したいとお誘いを受けた。そこで吉増さんの gozoCiné とわたしの短編映画『万葉律パレスチナ』（二〇一三年）を上映し、宮司の長岡さんと三人でトークをするという企画にかたまった。吉増さんと奈良といえば、真っ先に思いだすのが一九八四年の詩集『オシリス、石ノ神』に所収された同名の詩篇である。その詩を読むと、吉増さんは大阪から奈良との境界にまたがる二上山の麓の駅へとむかう近鉄電車に乗っていて、いくつかの古墳というかお墓を見て、そのときに何かの映画で見た「エジプト人の老夫婦」のことを思い起こす。

穴虫峠トイウトコロヲ通ッテ、二上山マデ、歯ヲクイシバッテ考エテイタ。コフンナノダロウカ、コダカイ丘ガイクツカ、電車ハ、オオサカト、ナラノ県境ニカカッテイタ。
コレハ墓、ト考エテ、ソシテ映画デミタ、古代ノ、エジプト人ノ、老イタ夫婦ノ姿ガ浮カンデ、ワタシニ、話シカケタ。映画デ起ッタコトガ、キョウ、イマニ立チ上ガッテイタ。

「オシリス、石ノ神」

そのエジプト人の老夫婦は、ひとり息子の放蕩息子が賭けごとで負けて、自分たちの墓を売られてしまったかわいそうな人たちだったという。ところが、夫婦は悲しんでおらず「死後に行くところがなくとも、もう、いいのです」と映画の中でいったことを、近鉄の車内で詩人は思いだす。ふと気がつき、二上山駅までもう一〇秒か一五秒で到着するところで「別ノ境界ガ窓カラ入リ込ンデクルノヲ認メッツ」、ボールペンを走らせて何かを書いていた。二上山の駅でおりた吉増さんは、老夫婦のささやき声を幾度なく聞きながら、路傍にいる「オシリス、トイフ、女(?)、カミ」に出会うのである。

この詩のおもしろいところは、やはり「コノ土地ノ者ジャナイ」古代エジプトの神オシリスが出てくるところであろう。それは「薄イムラサキノブラウス」の女、なのか、踏切で拾った二つの石の化身なのか、蛇なのか、さまざまなイメージが尾を引いて多重化している。神話によれば、オシリスは小麦からパンをつくる方法やワインの作り方を人々に広めていたが、実の弟に嫉妬されて殺された。妹で妻でもあるイシスがオシリスのバラバラになった男根以外の体の部位を集めて、ミイラとして復活し、冥界の神とされたそうだ。男根だけ見つからなかったのは、魚に食べられたからだという。そのようなオシリスの神話と奈良の二上山という土地を「オシリス、石ノ神」という詩によって結びつけた吉増さんを、奈良多武峰の奥深い土地に迎えようという企画だったのである。

むろん、折口信夫読みを長年続けてこられた吉増剛造さんと、『死者の書』（一九三九年）の舞台になった二上山との深い関係性は考慮に入れていた。それから、二月末という一年でいちばん寒い季節に、オシリスの話をしていただくのもよいのではないかとも考えた。真冬のすべてが死んでしまったような時季から、また梅のつぼみがついて花が咲き、緑が萌え出る季節へと移り変わる春の「生命の復活」のテーマもまた、オシリスの復活神話に込められており、植物や穀物がよみがえるときの農耕神の面を持っていたといわれているからだ。当日配布された手書きの「裸のメモ」に目をこらして読むと、吉増さんはイベントの五日前から奈良へ入り、さまざまな土地を歩行したりgozoCinéを撮ったり、活動的に過ごされていたことがわかる。イベントの日は盛況であり、大阪在住の詩人・岸田将幸も駆けつけて成功裏に終わったのであったが、これには後日談がある。

ところで、オシリスの神話は、奈良や滋賀や三重でみられる神さまを呼ぶ「勧請縄」や「勧請吊り」の風習を思い起こさせるところがある。毎年一月ごろに行われる風習なのだが、勧請縄では村の出入口に魔よけの注連縄を張って、そこに竹でつくった鬼の目の呪具をつける。奥飛鳥の稲渕や栢森の集落では、藁で男根をかたどったものと女陰をかたどったものを、村の出入り口にそれぞれぶら下げる。道祖神にも男女一対のものや陽石（男性器）と陰石（女性器）のかたちをしたものがあって、賽の神とはすなわち「性の神」だという説もあるくらいだ。性器をかたどった石は、古代エジプトのオシリス神と同じように、セックスや出産による産みだす力を象徴していたのである。

そんなふうに感心して、奈良から東京へ戻った二日後、二〇一四年二月二七日に吉増剛造さんの著書『無限のエコー』の出版を記念した、批評家の佐々木敦とのトークイベントが代官山蔦屋で行われた。その会場へ話を聞きに行ったときに、わたしは腰が抜けるほど驚いたのであった。

そこでは、奈良でも使った「裸のメモ」が配られた。それから壇上に座った吉増さんは、透明のフォルダをちらちらと客席に見せるようにしていた。そこにはいくつかの書簡類とともに、二〇一二年六月に二九歳で夭逝した詩人・安川奈緒の写真が入っていた。その年の一〇月に「送る会」が開かれて、案内状にも使われた美しい写真だったので覚えていた。

安川さんとは一度だけお会いしたことがあった。二〇一〇年六月から八月に銀座のBLDギャラリーで吉増さんの写真展「盲いた黄金の庭」が開かれて、八月一日に吉増さん、稲川方人《まさと》、山嵜《やまざき》高裕、わたしの四人でトークイベントをしたのだった。そのときにパリへ留学する直前の安川さんを吉増さんから紹介されて、イベント後に酒席でご一緒したのである。わたしは『映画芸術』などで安川さんが書いた歯に衣着せぬ映画批評を読んでいたので、二七歳くらいの若く美しい女性を紹介されて、少し意表をつかれたのを覚えている。夫君の岸田将幸とは、その前月にギャラリーマキで開かれた詩集『〈孤絶―角〉』の高見順賞受賞記念のイベントで、トークをご一緒して知り合っていた。

さて、奈良から帰着してすぐの蔦屋のイベントで、吉増さんが奈良で撮ったgozoCinéが二本上映された。どちらも二月二三日に撮影されたものだった。『夢の二上山』（二〇一四年）は約三十年前に書かれた「オシリス、石ノ神」の舞台である近鉄線に乗り、詩人が二上山駅を再訪するドキュメントである。吉増さんは三十年前に来たときには長いトンネルがあったはずなのだが、それがなくなっていたことにひどく驚く。そしてそのトンネルがどこにあるのか、三十年のあいだに工事でなくなったのか、あるいは別の路線だったのか色々と調べるが、ついにそれが幻のトンネルであったことに気がつく。もう一度「オシリス、石ノ神」を注意深く読むと、詩人は歯を食いしばって考えている尋常ではない意識状態であり、映画で見たエジプト人の夫婦を思いだしたり、車内や木製のベンチで何かを懸命に書いていたり、オシリスや美しい女性や蛇などのさまざまな幻を見ている。幻のトンネルを見ていてもふしぎではない。『夢の二上山』は三十年後の視点から「オシリス、石ノ神」の成立を解く鍵を握っており、吉増剛造の「歩行」を再考させる契機にもなる。そこまではいい。

わたしが怖れおののいたのは、もう一つの映像作品『傍丘Cine』(二〇一四年)であった。吉増さんが奈良の北葛城郡にある古代地名の「志都美《しずみ》」にある神社を訪れて、そこの丘陵に万葉の人たちが「肩丘」と呼んだ地形の特徴を見つける佳品であるのだが、これを上映した後の吉増さんの話が恐ろしかった。わたしの記憶では、次のような話の内容であった。吉増さんはどうして自分が志都美を訪れる気になったのかふしぎに思っていたが、奈良から帰ってきて、そこが詩人の安川奈緒がかつて住んでいた土地だと判明する。志都美神社や肩丘は、彼女が子どもの頃からその傍を通り、遊んだかもしれない場所であったのだ。それで自分はあの場所を訪れたのだろう、と腑に落ちる。それから、吉増さんは例のファイル入れをちらちらと見せながら、実は安川さんとはずいぶんと手紙のやりとりをしてきて、彼女に関するものはすべてここに入っている。彼女は結婚していたが、バタイユ研究をしていただけあって、なかなか結婚制度におさまるような女性ではなく、恋愛においてもさまざまな実験をしていたようだと話したのである。ふとわたしは、吉増さんの自宅か書庫にたくさんの人たちのフォルダやファイル入れが並んでいるヴィジョンを思い浮かべた。そして、その中に自分が送った書簡やファックスの類もまとまっているのかもしれないと思った。

吉増剛造という詩人が、伊達や酔狂でシャーマニズムや呪術について語ってきたのではないことはわかっていた。だがしかし、すぐ身のまわりで亡くなった生々しい死者たちにまで、ここまでの実践を日々しているのかとその片鱗を見て、怖気がして吐きそうになったのである。下北半島のイタコでも南島のユタ神様でも、たしかにその神秘と力の源泉は、神がかりによる死者との交信である。吉増剛造は自分の詩作やその他の芸術制作のために、常日頃からそのような死人《しびと》を身のまわりに纏い、そのときどきに召還して力を借りるということをやってきたのだろう。そのように考えると、吉本隆明が二十代の会社勤めの時代に毎日書いていた「日時計篇」を、吉本が亡くなってから吉増さんが毎日書写している大きな原稿の束がひどく化け物じみたものに見えてきた。吉本の生前、吉増さんがその名前を口にしたことはあまり多くないのでないかと想像するが、それにもかかわらず、亡くなった途端、取り憑かれたようにその詩を毎日毎日書き写している……。詩人とは、芸術家とは、吉増剛造とは、そこまでやらなくてはならないものなのか。

その後、わたしはブラジルの内陸部でアフリカ系密教ウンバンダの桁外れの能力を持ったマイ・ジ・サント（聖なる母）に出会い、宮古群島でも池間島のツカサ（ノロ）、宮古島のユタ（神懸かり屋）、伊良部島のカカリヤンマに話を聞き、シャーマンにはずいぶんと免疫がついた。それで吉増さんの呪術を過度に怖れなくてもすむようになった。それでもまだ怖いので、吉増さんの「日時計篇」の原稿束を見ても近寄らないことにしているのだ。

憑《よ》り代《しろ》としての手書《しゅしょ》

何年も前に、文芸雑誌で評論賞をいただいたときのことだ。授賞式からほどなくして選考委員のひとりだった吉増剛造さんから小包が届いた。段ボール箱をひらくと、一九六九年に刊行開始された晶文社『ヴァルター・ベンヤミン著作集』全一五巻（一九七五〜八四年）が入っていた。わたしは映像作家と文筆業という二刀流で活動していたので、「今後は文筆活動に専念せよ」という吉増さんからの叱咤激励だと思い、ありがたく頂戴することにした。

ところが、ベンヤミン著作集を一巻から順に読んでいくと、なんだか妙なのだ。どのページにも鉛筆による線や丸印がびっしりと書きこんである。重要なところには、赤ペンや黄色のマーカーで線が引かれている。それだけではない。余白には鉛筆のさまざまな書きこみがあって、さらに黄色やピンクの付箋がはられ、そこにも読後の感興が述べられている。読みにくいことこの上ないのだが、「これくらい打ちこんで精読しなさい」という教えなのだと得心して、自分でもポストイットをはりながら読み進めた。

たとえば『著作集1　暴力批判論』の目次には、「いづれの終尾に瞠目」という吉増さんの書きこみがあり、「破壊的性格」と「経験と貧困」の章が丸で囲まれている。「破壊的性格」をひらくと、九四ページの付箋に「（破壊的性格）◎」とある。「破壊的性格は、自分が何よりも歴史的な人間だ、という意識をもっている」という文がマーカーで塗られている。九五ページの「破壊的性格は、既成のものを瓦礫にかえてしまう。しかし、それは瓦礫そのもののためではない。その瓦礫のなかをぬう道のためなのである」という箇所に、「英訳ではbut for that of the way leading through it」と手書があり、付箋に「今福さんの引用とここでぶつかった!」と三重丸がある。今福氏の著書『ミニマ・グラシア』のことだろう。裏表紙にはられた付箋にはこんな風にある。

他者のベンヤミン（この場合には今福龍太氏より経由）
他に　市村さん　前田さん
それにしても（こうした出逢いの驚きもあるのだ）

メモを書きだしてみると、吉増剛造さんの詩の原型のようでもある。哲学や現代思想を読みこむ詩人という印象はあったが、それらを精読する経験が、詩の創作に変換される現場に立ちあっている感じがある。詩人の頭脳のなかの声があらわに聴こえる気がして、少し後ろめたくも、うす気味悪くも感じられた。そこでしばらく書棚に入れて放置しておいた。だが、うちで仕事をしていると、ときどきベンヤミン著作集のある一角からざわざわと無数の声がたちあがってくる気配があった。それで仕方なく、すべての仕事と読書の計画を放棄して、二週間でベンヤミン著作集を読破した。肉筆で書かれた文字や線には、それを書いた人の存在がつよく感じられよう。吉増さんの場合は手紙やハガキ類がそれであり、古い年賀状を処分したときにも吉増さんの書簡類は捨てることができず、わたし個人に宛てられた「プチ怪物君」となってケースに収まっている。

以前「呪術と死人」(『詩の練習13』所収）というエッセーで、吉増剛造さんが身近な人からの書簡類を透明のケースに入れて持ちはこび、そのときどきに死者の声として召還して、みずからの創造に寄与させていることについて書いたことがある（本書七六頁）。そこでわたしも模倣して、吉増さんから頂戴した書簡類（手紙、ハガキ、ファックス）を抜きだして活字にしてみたら、何か呪力を発揮することがあるのか試してみたいと考えた。うちに保管してある手書の束は二〇〇七年七月二九日付けのハガキにはじまって、二〇一四年二月一五日のハガキまで三二通あった。すべてに日付がスタンプしてあるので整理は容易だ。わたしが「サハリン半島の年代記」という評論（『辺境のフォークロア』所収）を雑誌に書いたとき、その感想をマルセイユから送ってくださっていた。

お元気でしたか…まったく、もう、涯まで来てしまって、すっかりごぶさたをしてしまいました…。「三田文学」一〇九号、ご一緒の号が送られて来まして…この雄篇と、ことに、チェホフのところあたりは、舌なめずりするようにして読んでいたのです。（……）読んでいて、北川ゴルゴロさん、その死亡記事にショックを受けたことが『ごろごろ』のハジマリだったことに。P.S. 柳田國男さんは、おそらく、きっと「おこぜ」と「おしらさま」は、通じ合っていると考えていたのでしょうね。

（二〇一二年四月二八日付）

と、ご自分が出演するイベントの絵はがきの裏に、赤いペンでびっしりと書きこんである。海外滞在中に日本の雑誌に目を通していることにも驚くが、雑誌で読んだ文章にいちいち感想を書いて送るのは筆まめの証拠だろう。吉増さんの交友範囲の広さを考えると、それだけで大変な仕事量である。

吉増さんは『我が詩的自伝』（講談社現代新書、二〇一六年）の六七頁から六八頁で、「石川九揚は、「書く」というのは「掻く」、「引っ掻く」と同じだというけど、書くときに触れるじゃないですか。書くと痕跡ができてくる」、「そういうふうにして、書き写すというよりも書くというのは、次々に透視力を紡ぎだしていくことなのだと思いはじめています。これは手数かかりますよ」といっている。人は「書くことの身体性」などと軽い言葉を弄するが、吉増さんは本を読みながらメモをとり、「怪物君」と呼ぶ吉本隆明の書物の書写を毎日のように行い、多くの人たちと書簡をかわしながら、そうやって自分が引っかいたものの痕跡を世界中にまき散らしているのだ。著名なアーティストからわたしのような無名人までを相手に、それを修行僧のようにコツコツと行っているのにはそれなりの理由があるのだろう。

〝布庵霊多（ファンレター）〟とは、この夏の吃驚仰天です。丁度巴里から戻りましたマリリアさんを傍に坐らせまして、拙ない訳で聞かせましたら彼女感動していました……。お送りいただいたDVDも、マリリアさんいたく気にいっていました、……。『火の映画』からの論脈は、じつに納得、というよりも、冴えわたったものです。sapporoで8mmを手にしていた、K大生の金子遊氏の姿に、強い衝迫を受けたものの心が〝はるばるとやってきたな、……おまえ、金子の心と志にもかぶれてたな、……〟という声も聞こえて来ていました。この夏は狂ったように『鏡花フィルム』を金沢、逗子、……と四本もとりましたよ。

（二〇〇七年九月一七日付）

このように、手書をしたためるうちに心がおのずと相手に寄りそっていき、相手と自分の境界をあいまいにして互いに溶けあわせ、乗り移り、相手の養分に取り憑いて自分のものにしてしまうのだ。吉増剛造という人は、毎日毎日、生者のみならず死者たちと手書をとりかわしている人なのだと考えて、ふとラフカディオ・ハーンの『怪談』で般若心経を体に写経してもらった耳なし芳一が、全身に入墨をしたような状態で、平家の怨霊からは見えない透明な姿になるイメージを思いうかべた。

『我が詩的自伝』という本は、次のような言葉でしめくくられる。

世界の瓦礫状態みたいなところで常に詩を何か追い続けてきた私が、しかしやっぱり途方もないことが起こった、これ〔三・一一〕に責任を持たなきゃいけない（中略）だからベンヤミンのいう「がれき」の極限的な縫目というか接点に「詩」をさらさなければならない、……。

破壊的性格の詩人が現代詩の世界を疾走し、文学、映像、写真、美術といった既成ジャンルのあいだにある垣根を「がれき」に変えてきたこと。その詩人が「瓦礫を縫う」ことで新しい道をつくるというのは、どういうことなのか。それを考えるためには、案外ハガキや手紙などの手書がヒントになるような気がしているのだ。

燃えあがる映画へのファンレター

吉増剛造　様

　これまで何度か葉書やファックスでやりとりをさせていただきましたが、お手紙を差し上げたことがありませんでした。このほど（二〇〇六年一一月二五日「1日だけのあたらしい映画の試写の会」朝日カルチャーセンター新宿校）、吉増さんがパナソニックNV-GS400Kのビデオカメラを片手に、二〇〇六年七月から五カ月間で一息に撮られた七本の映画（gozoCinéとして『現代詩手帖』二〇〇七年二月号で概要が紹介されています）を観て、筆をとらずにいられなくなりました。gozoCinéを観ながら僕の眼が思いだしていたのは、セネガルの村で暮らす老人、女性、子どもの生活を追った映像でした。というよりも、トリン・T・ミンハさんの映画『ルアッサンブラージュ』（一九八二年）が映写されたスクリーンの裾を軽くつまんで、ひらひらと揺らしている吉増さんの指先（二〇〇五年一月二八日、上野俊哉さん主催「吉増剛造と、小津安二郎、トリン・T・ミンハ、『ヴァンダの部屋』を、観ながら喋る」和光大学B205教室にて）の動きが心の底で重なってきたのです。

　一見、『ルアッサンブラージュ』は民族誌的なドキュメンタリーに見えます。ですが、同一カットの反復、ゴダール的なジャンプショット、音楽の突然の断絶など実験的な編集技法がくり返されるうちに、観る人はこれがふつうの記録映画ではないことに気づかされます。さらに「何の映画？　セネガルの映画。でもセネガルの何を?」と自問するトリンさんのつぶやきによって、撮影対象を前にためらう「まなざし」が顕在化してくるのです。客観的な記録映像を撮影する側にも、他者を都合のいいイメージへ押しこめる制度的な眼があることはいうまでもありません。ですが、それ以上に、吉増さんがなさったようにスクリーン上に皺や襞や波をよせることが、この映画に対する本質的な反響の仕方であるような気がしました。反復、省略、断絶といった手法でトリンさんが映画に持ちこもうとしたものが、まさにそのような細やかなニュアンスであっただろうからです。

襞や皺や波のような揺らぎは、「現実は繊細で壊れやすい。さもなければ私の虚構や想像力が鈍いのだ」というトリンさんの言葉と響き合います。撮影する側に制度があるならば、観る側にも制度はあるのでしょう。これに対抗する手段のひとつに、トリンさんは繊細さをあげています。彼女はインタビュー(「その眼が赤を射止めるとき」とちぎあきら訳『Intercommunication』二八号)の中で、『ルアッサンブラージュ』を観て、ナショナル・ジオグラフィックのテレビ映像とそっくりだと思った人が実際にいたと話しています。そこでトリンさんは、「赤い色ならどんな赤でも同じに見える人もいます。薔薇の赤もルビーの赤も赤旗の赤も、赤には違いないという人もいます。目には見えねど流れている、生あるものの血の赤も、断末魔に激しく飛び散る血の赤も、赤には変わりがないという人もいます」と答えたそうです。

吉増さんの「火の映画」(一九九六年一一月七日、吉増さんがアテネ・フランセ文化センターに携えていかれた)という詩篇は、『ルアッサンブラージュ』から出発したものだとおっしゃっていますね。映画のサブタイトルにあるfirelightという言葉に吉増さんは感応されて、ヴェトナム出身の監督による「骨と土と火の映画」であることをつかみ、潜在記憶にあるヴェトナムの火の印象を重ねました(「映画が立ち上がる」一九九六年一一月七日、アテネ・フランセ文化センター上映会での講演『燃えあがる映画小屋』所収)。この映画の印象が詩においては、

「夢のなかを〝From the firelight to the screen〟トリン・T・ミンハの火の映画の中道に〝広島の宮岡ですが、いま出ます〟と声が這入って来ていた、……、夢、うつゝの境で（誰か〝〝島じゃけ、ピカが、……〟と呟焼いた）」という一節に生成変化したのでしょうね。夜中に電話をしてきた人が留守番電話に吹きこんだ広島弁の声と、当時しきりに行っていた奄美や宮古島の島宇宙と、原爆のキノコ雲という普通ではつながらないイメージが、詩的ヴィジョンと呼ばれるスクリーンの上で、紙一重のところで折り重ねられていることが奇蹟的に思えました。

「火の映画」という詩は、ばらばらになりそうな寸前のところで何かによってつなぎ止められています。それを考えるには、詩の特徴と映画の技法をアナロジーで見てみる必要がありそうです。実際、講演「映画が立ち上がる」で吉増さんは、ご自分の詩で多用される傍点、傍線、丸括弧、三点リーダーによる符号の効果を、「影の声」の導入や「意識の入れ替わり」を示すものだと説明し、それらが映画の編集技法と呼応するものだといいました。フェードやフラッシュバックなどの一般的技法ではなく、ゴダールやミンハさんの映画に固有の反復、省略、沈黙、断絶の効果に近いのではないでしょうか。それら符号の効果によって、断片化された詩的イメージが、吉増さんの声や身ぶりや身体の上だけでなく、また書かれた文字や紙や銅版の上だけでもなく、生きてそこにいる吉増さんの意識という「白いスクリーン」の上で、かろうじて結合していることに深い感動を覚えるのです。

わたしがそのように思うのは、gozoCinéと呼ばれる一連の映画シリーズを観たからです。吉増さんがゴダールの音＝映像をもじって音＝光と名づけた映像の試みは、詩人の営みの全体性を可視化してくれるものだと思います。

『まいまいず井戸』（二〇〇六年）は、『島ノ唄 Thaousands of Islands』（二〇〇四年）で見られた記録映像のパラダイムから一歩踏みだしたものですね。ビデオカメラの「軌跡」と呼ばれる残像機能が、吉増さんの写真作品が動きだしかのような効果を生んでいます。一瞬前のイメージと現在のイメージが二重撮影のように重なり、ズレながら、風景が尾を引くのが印象的です。まいまいず（多摩地方〝かたつむり〟の方言）の形をした渦まき型の井戸を下りて戻ってくる七、八分の体験が、詩人の眼から見た主観ショットで一息に撮られています。そこへ語りによって「巨大なベーゴマが着陸した跡」、「頭上にばけつを乗せて暗河へおりていく奄美の女性」、「E・A・ポーのメエルシュトレエム」のイメージが折り重ねられます。吉増さんの詩が書かれる前の原初的な感覚が、実況中継的に体験できるふしぎな作品となっていますね。

『千々に砕て 松島篇』（二〇〇六年）も息の長い主観ショットですが、まるで吉増さんの旅にそっと連れ添っているかのような錯覚をおぼえました。旅や移動というものが「どこかへ訪ねていき、出会いに行く」という行為、つまり心の奥津城へ下りていく「巡礼」の行為だと実感されてくる作品です。同時多発テロのときに旅先でリービ英雄さんの口をついて出た「島々や千々にくだけて夏の海」の句を、なぜ芭蕉は『奥の細道』に入れなかったのか。松島の雄島までこの句を運んでいき、芭蕉と曾良の足跡を辿りながら考えていますね。

しかし、作品が本当に吉増さんらしくなるのは、四作目の『プール平』（二〇〇六年）からだと思いました。さまざまな文字、声、音、オブジェを並べて「ざわめきの広がりを開き、歌う余白を広げ」（クロード・ムシャールさん「逆らいがたき航跡」『吉増剛造―黄金の象』『國文学』二〇〇六年五月増刊号）、未知のもの、わからないものの方へむかう映像は、相貌が段々と吉増さんの原稿用紙に似てきます。吉増さんはこの作品でファインダーを覗くことを放棄し、ピンチハンガーに貝殻を吊るしたもの（映画『エリ・エリ・レマ・サバクタニ』青山真治監督からの引用）と共にカメラをぶら下げて歩行します。

吉増さんは以前、瀧口修造さんの写真を見て「獲物を捕らえようとする目がない」（「花火、リヤカー、白い紙」『現代詩手帖』二〇〇七年二月号）といって驚きましたね。その「世界のほうが向こうから覗き込んでくる」少し引いて凹んでいる瀧口さんの姿勢と、吉増さんの撮影姿勢とがダブって見えました。小津安二郎が借りた別荘「無藝荘」のそばの水のないプールで、パウル・ツェランの朗読のテープをかけて、「海底の底をつくろう、干潟を持ってこよう」と覗かないローアングルで「何か」の到来を待つこと。それが歩行と呼ばれる魂降り・神降りの儀式であるのでしょうね。ふだん、僕たちは紙の上に痕跡として残された詩の文字を読むのですが、小脇に抱えられ、吊り下げられたカメラは、詩を生成する吉増さんという開かれた生の断片を、よく記録（記憶）していると思いました。

『エッフェル塔』（二〇〇六年）では、タクシーの助手席のダッシュボードに祭壇をつくりましたね。カメラ、原稿、テープレコーダー二台、ジョン・ケージの「Nearly Stationary」の曲からなる祭壇。この音楽は「ほとんど停止状態」というよりは細かく揺れる、震えのような運動を映像の中に持ちこんでいます。エッフェル塔へむかう祭壇が招来したのは、子どもがなかったマリリアさんと二人で「虚空に涙打たせるように」（シャルル・ボードレール）胎動の中を歩いていこうという原感情だったのでしょうか。このようにカメラの前でパフォーマンスを織りこんでいく「カメラ内編集」の手法が活きるのは『クロードの庭』（二〇〇六年）においてですね。庭のマグノリアの木の前でケージの音楽、ツェランの声の祭壇をつくって地神をよんでいると、ふいに歌声が聴こえてきます。吉増さん＝カメラの眼が音をたぐっていき、風景のなかを手さぐりで進み、マリリアさんの歌声を発する口にたどり着くカットが感動的です。

トリンさんの言葉を借りると、「盲目のまま目をこらしている状態」といえるでしょうか。彼女は『ルアッサンブラージュ』で直観的にカメラを地面すれすれに置いて撮影しました。その視線の低さが、セネガルの村の生活が行われる高さだとは後でわかります。素材を前にしたとき最初に撮ったものが一番いいのは、レンズを通して初めて会う対象に「ためらい」を感じるからでしょう。そのとき「何か」は自然にたぐり寄せられ、フレームという時空に入ってくるのです。最後に吉増さんの一連の作品への感想に代えて、トリンさんの言葉を引きます。

中国の画家が喩えたように、詩が目に見えない絵だとしたら、映画は目に見える詩であるばかりか、音楽のような絵、絵のような音楽でもあるのです。

世界の開いた傷口　福島と向き合う

東日本大震災における地震と津波、福島の原発事故は、何よりも「映像論」として語られなくてはなるまい。わたしたちは震災発生から一、二週間、何をする気力も起こらないままテレビ画面に釘づけになった。あの災厄は多くの人にとって本当の現実でありながら、まず何よりもテレビやコンピュータの画面上に展開されるイメージとして存在した。液状化現象で損壊した街のニュース映像、津波の空撮映像、自分の家や町が津波に飲まれるのを記録した家庭用ビデオカメラの映像、第一原発の水素爆発をとらえたライブカメラなど、多種多様な映像が動員されてその破局を記述しようとした。それはよくできた映画やドキュメンタリーを凌ぐリアリティを持つ「スペクタクル」の映像として、わたしたちの視覚を包囲した。あのとき、わたしたちの眼はそれをくり返し見ることを欲し、震災関連の映像を消費することを通じて、何か不気味な満足を受けとっていなかったか。

ギー・ドゥボールは「現実の生として描かれたものが、結局は、単により現実的なスペクタクルの生でしかないことが明らかになる」という（『スペクタクルの社会』一九六七年、木下誠訳）。現代の映画やテレビの虚構表現では、リアリティや細部にこだわる傾向が強くなっているが、そのような方向性では、震災時のニュースやドキュメント映像は究極のスペクタクルであり、それが現実に起きているというリアリティの強度において、本物の災害や事件にかなう効果はありえない。震災被害を想起させる映画が次々と公開延期になったのは、不謹慎だからというよりは、映像の強度として震災のスペクタクルに敵わないという面もあったのだろう。それでいて、震災の映像は「現実の生」を映したものではなく、「より現実的なスペクタクルの生」に過ぎなかったのだともいえる。どういうことか。

わたしたちが目撃した震災の映像から、きれいに除去されていたものがある。それは死者たちの姿である。ニュースで津波に飲まれる船や車、建物は映し出されても、現実の死者を想起させるものは撮影と編集で巧みにカットされた。そこに顕在化したのは、人間の死や遺体の映像を自粛する、マスメディアの等質的な映像空間であった。震災映像のスペクタクルにわたしたちは見入ったが、それには国とテレビ局の手が入り、きちんと操作がなされて放映されていた。つまり震災直後にわたしたちが経験したのは、次々と判明する甚大な被害や、予断を許さない原発事故の「現実」ではなく、震災のスペクタクルが編集を通した映像として、日常世界へ入りこんできただけだったのである。

それでは、わたしたちはニュースを見ていただけで当事者ではなかったのか。震災の映像や「がんばろう日本」を連呼するCMを見る限り、「かつて直接に生きられていたものはすべて、表象のうちに遠ざかってしまった」かのように見える。その一方で、震災映像を見る行為の下で、わたしたちは互いに、そして被災地や福島と結びつけられてもいた。隅々まで均質化された映像に包囲されるなかで、どのように3・11の大震災や原発事故という「語りえぬもの」を語ればいいのか。その穴を穿つには、それもまた映像の手によるしかないだろう。せまい当事者意識や現場意識を乗りこえるために、想像力の跳躍が必要とされる点では、それは詩的表現とならざるをえないのである。

漁労を行うアイヌにとって津波は大きな脅威であったのか、アイヌの口承には多くの津波伝説がある。日高の神の山には、昔の大津波に押し上げられて死んだクジラの骨があるというし、白糠町には津波を予言して集落を救った老婆が神岩となって残っている。登別の海に突きだす蘭法華岬の丘は神庭とされており、黒狐の神が災害や時化の予言をしたという場所である。昔に大津波がきて世界中が水の下に沈んだとき、この丘の上に、「お膳の広さだけ水の漬かぬ場所があって、そのおかげで人間が種ぎれにならずにすんだ」という説話が伝わっているのだ。同じ岬に「あの世の入口」とされ、人為的に掘られた祭祀関係の遺跡「アフンルパル」もあるが、これが何であったのかはわかっていない。吉増剛造の詩集『螺旋歌』（一九九〇年）に、アフンルパルを扱った二篇の詩「想像もしなかった形態のアフンルパルへ」、「小ファミリアは、蘭法の丘を、登って行った」が入っている。その場所へ降りていった詩人は、アフンルパルが洞窟ではなくて凹地であったことに驚き、こんな詩を読んでいる。

六人が底部に立っていて、アフンルパル、大渦巻は、見事にしずまり、
想像もしなかった宇宙の形態を、しずめるために、そのかたちを、牽き出し、そこに佇む。蹲る。
水の心、（物質としてのだよ）、
波の悲しみ。

この一節をアイヌの口承と比較すると、どうなるか。鵡川アイヌの口碑によれば、昔は老婆や長老が神懸りになった状態で「トゥス」という占いを行い、津波の襲来を予測したのだという。そして津波を避けるために、祈禱師は呪術を行った。その方法は、「海岸線に平行に高さ半米、長さ二〇米餘りの砂の波形を畦の如くに六本作り」、そのあいだに家々から集めた古道具と植物の稗を置いた。それから道具や稗を海のなかへ蹴りこみ、

津波が集落をおそって物を奪い去るかわりに、「自分たちの方から先に物を遣すから、コタンまで來る用事はないから、出て來ない様にと頼む」のであった（犬飼哲夫「天災に對するアイヌの態度（呪ひその他）」一九四三年）。わたしには先ほどの詩の一節が、アイヌの津波除けの「悪魔拂いの咒ひ」の祭祀と、アフンルパルという凹地を関連づけて読んだものではないかと思える。

　吉増剛造の呪術的な性向を頭におきながら、詩人が震災直後に撮った『Watts Towers――とうとうこうして海が亡びて行く、その歌としての貝殻の塔、……』（二〇一一年）という映像作品を考えてみる。この「gozoCiné」は、福島第一原発から三〇キロ以上離れて撮影したテレビ映像を、さらに自分のビデオカメラで撮影したショットで開ける。原発とライブカメラのあいだに横たわる三〇キロという距離は、それが作業員以外には触れられない位置にあることを示す。また、テレビ画面の再撮影という構造によって、震災のスペクタクルとわたしたちの現実とのあいだの隔たりが意識させられる。詩集『裸のメモ』（二〇一一年）を読むと、詩人は震災から一〇日経っても何もする意志が起こらず、「心が少しも〝前に〟すすまずに、ほとんど、窪（くぼ）のようなところにいた」とある。詩人が「凹地」からはじめているところに注意しよう。

　三月二二日にヴィジョンが到来する。それは津波が来て引き潮になったとき、福島原発の作業員の目に「海底が、その底を、刹那に、……曝した」のではないか、というものだった。津波を「〝常世の波（浦島さんにしか聞こえない、……）〟」と呼んでいることにも着目したい。三月二五日には吉増剛造はロサンゼルスにいて、三二年前に来たワッツタワーを再訪してビデオカメラにおさめる。それはロディアという男が三三年かけて独りで建てた一四本のタワーで、空き缶や瓶、貝殻をタイル代わりにセメントで固めたものである。突き抜けるような青空を背景に、タワーが浮かび上がる映像を撮りながら、吉増は「これはサイモン・ロディアの船だぜ」、「船の帆柱に貝の夢が付着している」とつぶやく。

つまり、震災後にアフンルパルみたいな心の窪でジッとしていた古墳は、福島原発を襲った津波が引き潮のときに作った海の裂け目と海底を幻視して、ロディアの貝殻の塔へと結びつける。そしてワッツタワーを撮影しているときに、複数の塔が一隻の船をなすことに気づいて驚くのだ。わたしはこの『Watts Towers』という作品に、計算され、精緻化された震災映像のスペクタクルに抗する何かを見る。ロディアの狂気を借りて想像もできないような跳躍がなされ、均質的な映像空間に穴や裂け目が穿たれる。詩人はひとりの長老のように凹地へ降りていき、古道具と碑の代わりに、ＯＨＰとテープレコーダーとカチーナ人形で祭壇をつくり、そうやって「震災の死者となられた方々に」レクイエムを歌うのである。

福島第一原発の事故から一年経つが、いまも被爆限度量やセシウムの暫定基準値は恣意的なものに過ぎず、わたしたちには、将来の健康被害を予期して放射能アレルギーになるか、常識にしがみついて日常が順調だと思いこむくらいしか方途がない。チェルノブイリ事故についてスラヴォイ・ジジェクが述べたように、「それについて何を言おうと、放射能は広がり続け、われわれを無力な傍観者にしてしまう。放射能は表象不可能であり、どんなイメージもあてはまらない」のだ（『斜めから見る』鈴木晶訳、一九九一年）。目で見ることも手で触ることもできない以上、それはわたしたちの実感の外部に留まるだろう。ジジェクは「放射能による破壊は《世界の開いた傷口》であり、われわれが《現実》と呼んでいるものの循環を狂わす傷口である」というのだが、その傷口は日常においてどのように感知され得るのか。

ゆっくりと階段をおりながら、ぼくが見下ろす町は
ただの水曜日で、普通に暮れて、
いくつかのかたちと、かたちに

ならないもの。なにひとつ終わらない。なにひとつ死なない。

福間健二の「彼女のストライキ」という詩は、詩人が母のお腹の中にいた一九四八年、システムや構造が前景化した一九八四年、二七年後の「大震災の年、この秋の」彼女のストライキを扱っている。詩人が意図したかどうかは別にして、わたしはこの詩の数行に3・11以降における日常の「傷口」に触れているものを見る。あれだけ震災のスペクタクル映像を見せられても、被災地や原発から離れた町では陽が「普通に暮れて」いき、破局はやってこない。何も終わらないし、何も死なない。けれども以前とは何かが違っていて、「かたちにならないもの」の違和感が漂っている。「世界の開いた傷口」が現実の循環を変えてしまったはずなのだが、わたしたちにはそれを実感することができないのである。

それでは、映像表現において「語りえないもの」はいかに表象できるのか。福間健二が監督した『わたしたちの夏』(二〇一一年)という映画を見てみよう。「映画監督たちは、ヒロシマを描くときはほとんどあのキノコ雲の映像を入れればそれを描いたと思っているけど、何も描いていない」と福間は指摘している(「大震災の年、詩のいまを考える」『現代詩手帖』二〇一一年一一月号)。広島への原爆の投下や「放射能による破壊」は、キノコ雲のようなスペクタクルの映像では表現できないと考えているのだ。そんな理由で『わたしたちの夏』の主人公の女性を写真家に設定し、「先輩の写真家から〝ヒロシマに触るな〟と言われたことがあった」という彼女のモノローグを入れているのだろう。インタビューでそれを指摘すると、「〝原爆に触るな〟とか〝八月一五日〟に触るなといってる自分の声にたいして、〝触っていいんだ〟と。当事者じゃなくても」と福間は答えてくれた。つまり「本当の悲しみの当事者じゃなければそれについて語ってはいけないみたいな、日本の窮屈な倫理」を退けるのだ。

『わたしたちの夏』の特徴は、表面上のストーリーとは別に潜在的な層を持つことである。そこには戦争、死者たち、原爆、放射能による破壊といった、簡単には「語りえないもの」が潜んでいる。まず福間は戦略的に「日本の夏」を提示し、死者を追憶するお盆、広島、敗戦体験といった共同記憶にアクセスしようとする。それから、劇中で潜在的なものを浮上させるために仕かけを張りめぐらせる。それが抽象画であり、登場人物が朗読する「きみたちは美人だ」の詩であり、原民喜の小説の朗読であり、インタビューや記録映像を混在させる手法である。それらは「語りえないもの」を呼び覚ますのだが、象徴表現にとどまり続けて説明的にはならない。いわば寸止めであり、作り手は匂わせるだけで観る者の想像力に委ねて、観る者のなかで化学反応が起きることのほうに賭けている。

『わたしたちの夏』

　その最大の供給源となっているのが、原民喜の『夏の花』（一九四七年）や『永遠のみどり』（一九五一年）などの広島の原爆体験を描いた小説である。映画では、「水ヲ下サイ／アア　水ヲ下サイ／ノマシテ下サイ／死ンダホウガ　マシデ／死ンダホウガ／アア／タスケテ　タスケテ（中略）天ガ裂ケ／街ガナクナリ／川ガ／ナガレテイル」の箇所が引用される。原民喜が「片仮名で描きなぐる方が相応しい」とした被爆者の描写である。わたしには福間健二の「彼女のストライキ」の数行と、この箇所がパラレルになっているように思える。映画の冒頭で、被爆者の言葉として「水ヲ下サイ」の一節が紹介されるが、映画のラストでは「水ヲ下サイ」という言葉が、主人公の女性と継子が和解するときの肯定的なメッセージへとひっくり返る。常識的には不適切なのだが、この飛躍は震えるほどすばらしい。

すなわち、『わたしたちの夏』では「広島を語ることの不可能性」が提示されて、「広島を語ることが不可能であることしか語りえない」という認識が持続する。広島は原爆と放射能による破壊であり、表象不可能な「世界の開いた傷口」であり、それは潜在性であり続ける。やがて、主人公の女性は個的な愛の喪失を受け入れ、死者への追憶の切実さによって広島と拮抗する。そのとき、当事者と非当事者という二分法は無効となり、跳躍がなされ、まったくスペクタクル的ではない形で、災厄が個人のレベルで「語りうるもの」となる。災厄を語りえないものとして扱い、その距離に耐えながら、個としてそれに拮抗する死や痛みを想起することだけが可能なのだと、映画は言っているのかもしれない。

第三章　映像のエロス

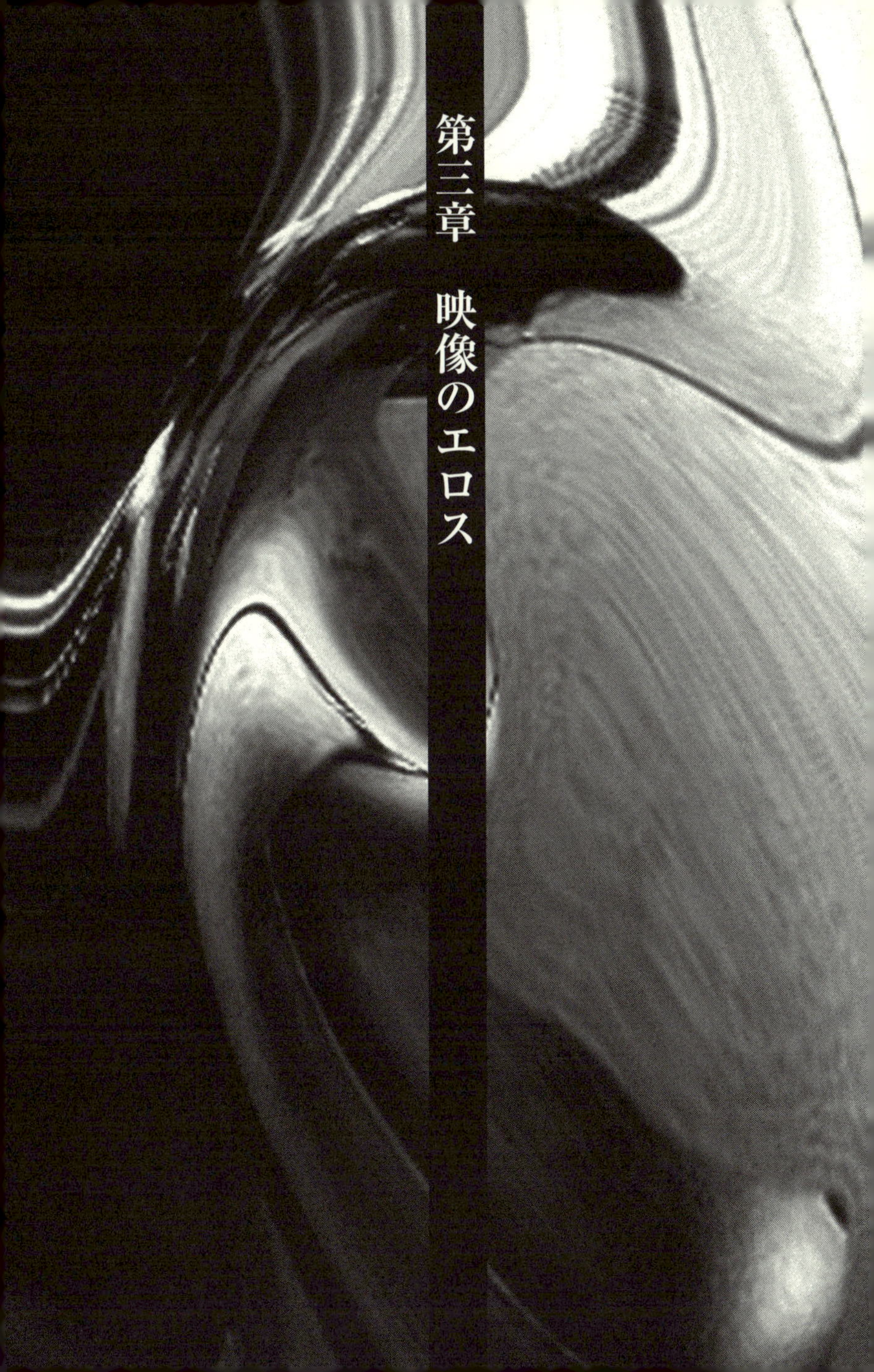

監視映画というジャンル

監視映画の歴史

「監視映画」の歴史は、映画史とほぼ同時に幕を開けたといっていい。世界初の実写映画といわれるリュミエール兄弟の『工場の出口』（一八九五年）は、リヨン近郊の建物から一日の労働を終えた人々が出てくる姿をとらえた、五〇秒ほどの映画であった。この映画におけるカメラのまなざしには、工場主が労働者を観察する「監視の視線」がレトリカルに重ねられていたという指摘がある。

また、テレビもない時代にチャップリンの『モダン・タイムス』（一九三三年）は、資本家がモニターで工場労働者を監視するシーンを描いた。実際に世界最初の監視カメラが生まれたのは後年の一九四二年のことで、ナチスが開発した弾道ミサイル「V２ロケット」の打ち上げを観測したときであったというから、チャップリンの先見性には驚かされる。早い時期から映画のつくり手たちは、映画撮影というテクノロジーのなかに、権力者によって一般人が監視される危険性を見ていたのである。

その一方で、映画は「監視の視線」を物語のナラティブへと貪欲に取りこんでいくこともした。ヘンリー・ハサウェイの『出獄』（一九四八年）には、イリノイ州のステイトビル州刑務所でロケ撮影した、パノプティコン（全展望監視施設）の姿が記録されている。

これは中央部の監視塔のまわりに、円周状の監獄を配置した監獄建築であり、看守に常に監視されていることを囚人の心理に内在化させて秩序を保つものだ。監視社会のあり方として隠喩的に使われるモデルであり、映画ではジェームズ・スチュワートが刑務所内を歩くシーンで効果的に見せている。

メディア文化研究のトーマス・Y・レヴィンは共著書『監視の修辞学』(二〇〇二年)のなかで、フリッツ・ラングの『ドクトル・マブゼ』(一九二二年)やヒッチコックの『裏窓』(一九五四年)、マイケル・パウエルの『血を吸うカメラ』(一九六〇年)を例にとりながら、カメラが持つ「監視の視線」が映画の演出において、洗練された形で使われていったことを明らかにする。レヴィンによれば、登場人物を監視するカメラの視線、反対に登場人物とともに誰かを覗き見するカメラの視線には、ひとしく観客とカメラを一体化させる効果があり、観客が本来的に持つ窃視症的な欲望を満たすところがあるという。そのように考えてくると、アダム・リフキン監督の『LOOK』(二〇〇七年)という映画は、観客とカメラアイが同期する原理をうまく利用し、全編を監視カメラの映像だけで構成した野心的なフィクションだといえそうだ。

『LOOK』

全編が監視カメラで撮られたという体裁で進行する映画『LOOK』が示すのは、防犯という名のもとに「監視の視線」が街頭や家庭のインターホン、銀行、コンビニ、学校、オフィス、エレベーター、トイレや更衣室など、あらゆる場所へ入りこんだ現代社会の姿である。9・11以降は安全性確保の大義名分のもとに、「電子の眼」はますます増え続けているという。たとえば、全国に三〇〇〇万台もの防犯カメラを設置したアメリカ人は、一日平均二〇〇回以上監視カメラに姿を映されているという、途轍もないデータさえある(二〇〇七年現在)。「情報化社会は監視社会である」という言葉があるように、広義に考えれば、いわゆるCCTV

（防犯カメラなどの閉回路サーキット）に加えて、さらに携帯カメラやデジカメ、ウェッブカメラや顔認証システムが、公共の空間において監視カメラの機能をはたしていることがわかるだろう。

そんなジョージ・オーウェルの小説『一九八四年』（一九四九年）のディストピアのようになってきた現実世界とは対照的に、『ＬＯＯＫ』で注意を引くのは、「監視の視線」を前にした人々の開けっ広げで、やりたい放題な態度である。映画のなかで二人組の女子高生は、防犯カメラのある試着室で堂々と衣料品を万引きする。ショッピングセンターのマネージャーの男は片っぱしから女性従業員を誘惑しては、監視カメラのある倉庫の中で白昼堂々と情事にふける。彼らは、監視カメラが犯罪や盗難の抑止効果を狙ったものにすぎず、レンズのむこうには監視者ではなく、せいぜいビデオテープか保存メディアしかないことを熟知しているように見える。

『LOOK』

つまり、『ＬＯＯＫ』の登場人物たちは、何か犯罪でも起きない限り、膨大な量となるテープを巻き戻して見る者はおらず、もしあったとしても、そこには一定のタイムラグが生じると高をくくっているのだ。これは示唆的な描写であり、現代社会では「監視の視線」があまりに常態化したため、人々が電子の眼の存在を意識すらしなくなったと主張しているかのようだ。このような社会は、フォン・ドナースマルク監督の『善き人のためのソナタ』（二〇〇六年）で描かれた一九八四年の東ドイツの国家保安省が、国民へ徹底した盗聴行為をしていたような時代からは、遠くかけ離れている。国家権力や警察組織による監視はあいかわず強化の一途をたどっているが、ここでは、監視システムにおける「監視する者」と「監視される者」という対立の構図は崩れている。

ハイパー監視社会

『LOOK』で印象的なのは、ベビーシッターが悪質でないかを見張るために、夫婦が出かける前に子どもの人形の中に監視カメラを設置するシーンである。安全対策のためには仕方がないと思う反面、やはりわたしたちはげんなりした気分をおぼえさせられる。そもそも、監視システムは人々に安全性と利便性を与えるからこそ、これほどまでに発展してきたという社会的背景がある。デイヴィッド・ライアンは著書『監視社会』(二〇〇一年)の中で、他人や権力による監視のほかに、広義の監視の肯定的な面についても考察している。

たとえば、クレジットカードの使用状況の記録や会員カードによる顧客の囲いこみ、住基ネットによる個人の基本情報のモニタリングは、社会生活を円滑化させる合理性のもとに進行してきた。近代以降は社会そのものが利便性を追求するために、監視というプロセスを必要として社会に内在化させてきたのである。こうして、わたしたちの日常生活の細部は、政府や企業や他人の監視の下にさらされることになった。ライアンによれば、現代において「監視の視線」の対象は個人の身体そのものから、個人情報や個人の映像へとその裾野をますます広げる傾向にあるのだ。

たとえば、ロンドン同時爆破テロや秋葉原通り魔事件などで、防犯カメラがとらえた犯人の映像がニュースでくり返し流されるたびに、多くの人がさらなる監視システムの強化を叫ぶ。だが、そこには防犯カメラが撮影した映像をマスメディアが自由に使用する権限はあるのか、という肖像権をめぐる新しい問題が発生する。あるいは、ライアンがSF映画の『ガダカ』(一九九七年、アンドリュー・ニコル監督)を例にあげていうように、身元確認のための生体認証技術や遺伝子情報が動員されて、デジタル化された「ハイパー監視社会」がSF的ディストピアのように、すぐそこまで来ているような感さえある。

要するに、現代に生きる私たちは、コッポラの『カンバーセーション…盗聴…』（一九七三年）のラストで、ジーン・ハックマンが演ずるプロの盗聴屋のごとく、誰かに監視されているという脅迫観念に悩まされて暮らすしかないところまで追い詰められている。ここには二つの選択肢しかない。『ＬＯＯＫ』で描かれるように、カメラの存在を意識下におさえて欲望に忠実な生活を送るか、リンチの『ロスト・ハイウェイ』（一九九六年）やミヒャエル・ハネケの『隠された記憶』（二〇〇五年）のように、監視者が不在であるような「監視の視線」に深層心理で脅え続けるか。

だが、ここでひとつの希望が、やはり『ＬＯＯＫ』から与えられる。深夜のコンビニでバイトをするロックスター志望の青年と踊り好きの悪友は、夜な夜な防犯カメラの前にキーボードを持ち出して、オリジナル・ソングを歌い、即興的なダンスを踊る。彼らは「監視の視線」をライブ中継のカメラに読みかえ、電子の眼のむこうにいる架空の聴衆にむけてライヴ・パフォーマンスをくり広げる（二〇一八年現在のいま振り返ると、この映画がユーチューバーの出現を予示していたことに驚かされる）。これ以上の社会の監視化を許してはならないが、モニタリングが日常生活の細部にまでおよぶ世の中では、個々人の抵抗はこのような発想の転換によって行われるのかもしれない。いずれにしても『ＬＯＯＫ』は、さまざまな議論を巻き起こすきっかけとなりうる監視映画の新作なのである。

女性の身体に刻まれた傷　『ＬＩＮＥ』

『ＬＩＮＥ』という映画のタイトルになっている「ライン」という語には、大阪の大正区と沖縄のコザの町をつなぐ線や、その町の娼婦の女性たちの体に刻まれたしわや傷の線など、複数の「線」のイメージが重層化されている。いまひとつ「線」があるとすれば、それは赤線（公娼窟）や青線（私娼窟）といった特権的な場所のことであろう。わたしが居住する地域の近くにも鶴見の沖縄人街があり、そこから北東へ進むと川崎には「堀之内」と「南町」というふたつの売春街が最近まであった。「堀之内」のちょんの間地帯はヨーロッパの「飾り窓」のようになっていて、きらびやかな服装に身を包んだ主に韓国系、中国系、南米系の女性がおり、黒人女性や白人女性が集まっている窓もあった。「南町」はいまでも現存するが、いかにも旧青線地帯といった雰囲気を残しており、小料理屋やスナックの看板を掲げた店の赤色灯の奥に、年配の女性が座っているといった風情である。

以前、永井荷風の日記文学『断腸亭日乗』（一九一七〜五九年）を読んでいたときに、横浜市の規制によって閉鎖された黄金町の旧ちょんの間地帯を歩いてみたことがある。そのとき、大岡川を挟んで反対側に「黄金劇場」という古いストリップ小屋があったので入ってみた。踊り子さんは四〇代から六〇代くらいの女性が中心だった。彼女たちのダンスを鑑賞しながら、正月だったので餅の入ったお雑煮をごちそうになった。舞台の上にあがらされて、ビニールの手袋をはめて母親くらいの年齢の女性の陰部を弄っていたら、三が日に故郷へも帰らずにいる自分が情けなく思えて、涙がこぼれてきた。わたしのように家庭というより所のない人間は、無意識的にどこか他の場所に母権的な拠り所を求めるものなのである。

若い頃に二度の結婚に失敗した永井荷風は、残りの生涯を独身でつらぬいたが、晩年にはストリップ小屋の楽屋へ通いつづけた。『断腸亭日乗』によれば、戦時中の荷風は憑かれたように吉原、玉の井の赤線青線街へ通った。荷風は親の遺産と自身の印税による金をため込み、小出しに使いながら生活していたが、一九四〇年の開戦の頃になると、インフレと食料品や生活物資の欠乏により苦しい生活を強いられた。それでも意地のように吉原、玉の井通いをつづけ、写真機で吉原の街角を撮影し、遊女たちの姿を画帳にスケッチして残している。荷風にとって赤線・青線という女の街は、母性的な包容力を持つ場所というだけでなく、「戦争」という男性の暴力的な原理に対抗し得る最後の砦でもあったのだ。

『ＬＩＮＥ』という映画は、新しい二一世紀においての「母性」と「暴力」を巡る神話的な物語であるといえる。映画作家自身が演じる、半ば虚構化された人物として登場する青年は、ふたつの家族を持とうとするが、その両者は内側から崩壊している。ひとつは青年と父親から成る家族であるが、不要な生活具や廃棄物が散乱する父親の部屋の映像にも象徴されるように、血縁としてつながるはずの家族の「線」は途切れている。もうひとつは、青年と同居する恋人とその連れ子から成る家族であるが、こちらは若すぎる父親を演じようとする青年と、血を分けていない子どもの「線」がうまくつながらない。そこで、あらゆる神話的な物語の登場人物と同じように、この青年も流浪の旅に出ざるを得ない。彼が求めるのは、家族に代わる別の母権的な共同体である。

青年がたどり着く沖縄のコザ吉原は、売春婦たちが通う女の街であると同時に、米軍基地という男性的な暴力の原理によって迫害されてきた街でもある。この街は戦後に、主にアメリカ兵の慰安目的で形成された歓楽街であり、色町であるが、兵士たちの横暴が目に余るので、客筋を琉球人へ替えるために現在の場所へ移ったという歴史がある。不思議なことに、内地から流れてきた得体の知れないよそ者である青年を、コザ吉原の女たちは温かく迎え入れる。そして、性的な要求ではなく、彼女たちの裸体を撮影させてほしいと申し出る青年のビデオカメラの前に、彼女たちは易々とおのれの生の身体を開示するのである。コザの女性たちのこの開放的な傾向は、一九七一年に完成された日本ドキュメンタリーユニオンによるドキュメンタリー映画『沖縄エロス外伝 モトシンカカランヌー』(一九七一年、布川徹郎監督)にも見ることができる。

たしかに、ある一面では、沖縄に居住する女性たちが、内地の人間と比べて格段に人がいいという理由もあるのだろう。しかし、コザ吉原の女性たちといえども、現代社会において自分の裸体をビデオカメラで撮影されることの意味は理解しているはずだ。それでも、彼女たちは自分のくたびれた皮膚、入り組んだ皺の数々、折り重なった物語を持つ傷を差しだして見せる。この映画においてビデオカメラは男根的な象徴であり、加害性のある小さな暴力装置である。青年はそのような機器の力を借りなくては、母権的な共同体へ分け入ることができない弱々しい存在である。女性たちがその身体に描く「線」の豊穣さに拮抗するものを、何ら内側に持たない青年は、ただそれをファインダー越しに凝視《みつ》めることしかできないのだ。

ここには、まったく見知らぬ他者を無条件で受け入れる、歓待の精神を持った人々の奇蹟的な行為と、その美しさが記録されている。そのような無私の行為が、嘉手納空軍基地、キャンプフォスター海兵隊施設、普天間飛行場などを抱える沖縄本島の真ん中で行われていることにこそ、大きな意味がある。北米大陸から若者たちが送りこまれ、この地を経由して、彼らは中東の戦地へと転送されていく。また、朝鮮半島において武力衝突が起これば、抑止力として働くのはこの地に駐留する軍隊である。つまり、今世紀へ入っても、いまだ男性的な戦争の原理を保持し続ける勢力の拠点がこの地にあるのだ。

映画『ＬＩＮＥ』が写しとった光景が感動的であるのは、そのような勢力のまさに膝もとに、戦争を駆動しつづける男性原理を中和し得る、母権的な包容力と歓待の精神を持った女性たちの街がくさびを打たれて存在している、ということを示しているからだ。先の大戦中、永井荷風は東京の吉原や玉の井へ通い、戦争へと駆り立てる日本の軍国主義を、赤線青線街から嘲笑しつづけた。しかし、いまや荷風の写真機と画帳は、ビデオカメラへと取って代わられたのかもしれない。もし荷風が今世紀に入っても生きつづけていれば、『ＬＩＮＥ』のつくり手のように簡便なビデオカメラを片手に、南島の地にある吉原の女たちの苦海へと自ら身を沈めたにちがいない。

灼熱の大地に刻まれたブラジル映画の現在

ブラジルの国土の約半分を占めるアマゾンの熱帯雨林は世界的に有名だが、北東部に広がるセルタン（奥地）についてはは意外と知られていない。ピアウイー、セアラ、パライーバ、ベルナンブッコ、アラゴアス、バイーアといった州の内陸部は降雨量が少なく、旱魃や飢饉が起こりやすい乾燥した荒地が広がっている。きびしい条件のなかで細々と農業や牧畜が営まれ、熱帯の楽園として潤う沿岸部に比べて観光や商業も低迷し、ブラジル国内でも特に貧しい地域である。仕事を求めて、北東部からリオ・デ・ジャネイロやサンパウロなどの都市に移住する人々は、ファヴェーラ（スラム街）の住人となることも多い。

セルタンにおける貧しい生活は一九五〇年代以降、シネマ・ノーヴォの作家によって新しい映画美学として取り上げられた。『乾いた人生』（一九六三年）でネルソン・ペレイラ・ドス・サントス監督は、旱魃ですべてを失った小作農の男が、飢餓から逃れるために妻子を連れて荒野を流れていく姿を描いた。乾ききってひび割れた大地、容赦なく照りつける白い太陽、飢えと渇きの悲惨を描いたモノクロームの映像。対象を冷たく突き放したドキュメンタリー・タッチの演出によって、セルタンの風土を審美的に表現した。

グラウベル・ローシャ監督の『黒い神と白い悪魔』（一九六四年）は、視点人物にセルタンの貧しい牛飼いであるマヌエルをすえた。マヌエルは入植者である地主と契約を結び、生まれた子牛の分配を貰うことで生計を立てる。旱魃で牛が死んだことを報告した彼が、死んだ牛がお前の取り分だといわれ、地主を刺し殺すところい。マヌエルとその妻は逃亡して狂信者の集団と合流し、さらにランピオンやコリスコといったセルタンに実在し、後に口承文学で伝えられることになった山賊のリーダーにつき従うことになる。法の力の及ばない奥地では、武器を奪って反乱を起こした者はカンガセイロと呼ばれる義賊となった者もある。ローシャの「飢えの美学」は、セルタンにおける飢餓や貧困のイメージを神話的かつ寓意的に再構築する。ローシャは社会を変革するための暴力、信仰、神話の諸力をセルタンの大地から呼び覚まし、それらを社会批判と抵抗闘争へ結びつけようとして高度な映画の方法論を駆使したのである。

こうしてセルタンはブラジルの映画史のなかで、反抗と革命の土地として特権的な地位を得ることになった。ポルトガル人が入植した時代から都市は沿岸部にでき、そこで問題を起こした者は内陸の不毛な大地へ逃げた。セルタンはそうした社会からはみ出したアウトサイダーや抵抗者が、反政府勢力、逃亡奴隷、義賊へと変貌を遂げる危険な土地なのだ。一九九〇年代以降、現代のブラジル映画は次々とセルタンへ回帰していく。かつては抵抗闘争や社会批判のシンボルであった大地に無数のひび割れが入り、個々人の幸福や欲望を実現するための横断線が縦横無尽に引かれることになる。

ウォルター・サレス監督の『セントラル・ステーション』（一九九八年）は、さまざまな寓意に満ちた映画であった。主人公のドーラがリオの駅で、読み書きのできない地方出身者のためにする代書屋という行為。あるいは、事故で死んだ女の代わりに、少年と北東部へ父親探しに出かける旅。都市に移動した「ノルデスチーノ（北東部出身者）」の代わりに、都市生活で疲弊した老女が旅に出ることで、ブラジルらしさの核心としてのセルタンを「癒しの大地」として再発見させたのだ。反対に『オイ・ビシクレッタ』（二〇〇三年、ヴィセンテ・アモリン監督）は、一家がセルタンから都市へむかう映画である。パライーバ州の失業した男ロマンが月一〇〇〇レアルの仕事を求めて、リオまで三〇〇〇キロを家族七人で自転車で旅をする。これは実話を基にした映画だが、セアラ州ジュアゼイロ・デ・ノルチを通り、南部の聖地リオへむかう「巡礼行」といった趣が強い。ロマンの一家はジュアゼイロの聖地・シセロ神父像に立ち寄り、持ち上げれば神の恵みが受けられるという奇蹟のテーブルに挑戦して失敗する。年間一〇〇万人の巡礼者が訪れる神高い土地でも、現代において奇蹟が起こることは難しく、人間が自分たちの足だけで歩まねばならなくなったことを暗示している。

『セントラル・ステーション』がセルタンへの帰還を、『オイ・ビシクレッタ』がそこからの脱出を描いた物語だったとすれば、『スエリーの青空』（二〇〇六年）はそのどちらでもない、セルタンで宙吊り状態になる映画である。セアラ州内陸部の町イグアトゥ。恋人とサンパウロへ駆け落ちしたエルミーラが、二年ぶりに赤子を連れて帰ってくる。エルミーラは前髪だけを中途半端に脱色した二一歳の女の子。彼女が帰ってくる貧しい家には男がおらず、祖母と未婚らしい叔母が不安定に暮らしている。後から帰ってくるという恋人を彼女が待ち続ける空白的な時間と、段々と電話が恋人につながらなくなるコミュニケーションの断絶。赤子を預けて夜遊びにでかける彼女の未消化な青春と、前の彼氏ジョアンと再会してセックスする度に逆に強まっていく孤独感。

何よりも秀逸なのは、エルミーラが街の市場でウィスキーの抽選クジを売るうちに、自分の肉体を抽選クジの景品にするようになるというアイデアだ。彼女は若い肉体で男たちの目を引くのだが、現金と体を直接交換する私娼にはなりきれず、抽選クジを媒介にして間接的な売春行為を行う。スエリーなどと名を偽ってまで彼女が金を貯めるのは、サンパウロに戻って恋人を奪還するためではなく、とりあえず町を出て、「ここから行ける一番遠い場所」へ行くという生半可な目的のためである。

監督のカリン・アイヌー（ウォルター・サレス監督『ビハインド・ザ・サン』の脚本にも名を連ねる）は、新聞記事になった女性の話からこのアイデアを借用したというが、これはセルタンと現代ブラジル映画の関係をほのめかすアレゴリーとなっている。また、過度にならない程度のカサヴェテス的な即興演出、スタイルと呼ぶまでには至らない手持ちカメラの多用、適度にブラジル映画の伝統を意識したフィルムの色合いは、むしろ成功しているといえる。こうした『スエリーの青空』の映画全体を貫くフォルムは、アイヌー自身がセアラ州のフォルタレザで生まれながら、ハリウッドで映画経験を積んだという、どっちつかずの履歴に起因しているのかもしれない。

グラウベル・ローシャは『アントニオ・ダス・モルテス』（一九六九年）において、神話や伝説の存在として甘んじることを許されず、中途半端に現実の歴史へ帰還せざるを得なくなったアントニオの、そのセルタンにおける彷徨をこそ描こうとした。『スエリーの青空』もまた同様である。最後にクジで当選した男と寝て、生半可な私娼となったエルミーラは、息子を祖母に預けて、たったひとりでバスに乗ってセルタンを出ていく。彼女は映画の冒頭と同じ状態に戻り、何の発展も解決もなく映画は終わる。ジョアンがバイクで追いかけてくるが、窓外の彼の姿にエルミーラは気づかず、彼もまた半端に追いかけただけで町へと引き返す。このとき深い青空の下に広がる荒野は、彼女にも観客にも何も語りかけてこない。現代のブラジル映画はセルタンという舞台に回帰しながらも、その表層を当てもなくさ迷い続けるしかない。そのような現在の映画状況に突きつけられた問いを喚起することに、この映画は主眼を置いているのだろう。

モダンボーイの憂鬱　中平康

増村保造の『巨人と玩具』（一九五八年）にみられる、社会成長のスピード感に即応したアップテンポな映画リズム。中平康の『あいつと私』（一九六一年）で裕次郎と芦川いづみが交すあっけらかんとしたセックス談義。日本のモダニズム映画作家たちには、どこかで「社会の進歩」などという迷信を無邪気にも信じこんでいたようなふしがある。

黒のベレー帽、らくだ色のオーヴァーコート、イタリア製の黒靴。都会派を気取ったファッションで有名な、東京市生まれの中平康監督は、自分自身が生粋のモダンボーイを体現する人間であった。評論家時代のかのフランソワ・トリュフォーが評価した、石原慎太郎脚本／裕次郎主演の『狂った果実』（一九五六年）で監督デビューをはたし、吉永小百合、小林旭、宍戸錠、加賀まり子らの日活スター映画を撮りつづけ、一九六〇年代半ばまで映画界のトップランナーとして駆け抜けた。その時期には夜の銀座で放蕩を尽くし、しまいにはふたりの娘と妻をおいて、おしぼりで顔を拭いてくれる女給と「暗室」生活に入っていったという。

当時のことを長女の中平まみは著作で回想している（『ブラックシープ　映画監督「中平康」伝』一九九七年）。ものごころがついた頃、まみは写真を撮られることを強く意識するようになった。パパ（中平康）にカメラを向けられると、つい首を傾げたり表情をつくってしまう。そのたびに、パパはつまらなそうにカメラを下ろす。そして、ついにパパは写真をあまり撮らなくなった、と。モダンボーイは人間の気どりや気づかいなど、微細な心のひだから目をそらす。被写体のそのような姿はカメラのフレームにおさめてはならないのだ。なぜなら、万事が凄まじいスピードで前進しているモダン社会において、細かいことを気に病んで立ち止まることは、世の中に取り残されることを、つまりは社会的な死すらをも意味するからだ。それとは反対に、思ったことをそのまま口にだし、常識に縛られずにやりたいことをやる、そんなモダンの新しい人間像を中平康は痛快に描いていった。

一九六三年の『泥だらけの純情』、六四年の『月曜日のユカ』をピークにして、段々と中平の作風は時代から乖離しはじめる。政治的な暗い現代への突入を予感してか、日活がアイドル映画の路線から仁侠路線へ、そしてロマンポルノへと移行していった時期のことである。時代の感覚とのズレを意識しながらも、永遠のモダンボーイは前へ前へとあがきつづけるしかなかったのだろう。「ヒッチコックだって賞なんかもらってやしない」と強がってはいたものの、親の地所を売って中平プロを立ち上げて、『闇の中の魑魅魍魎』（一九七一年）でカンヌ国際映画祭への出品をねらったが、大島渚の『儀式』（一九七一年）の前にやぶれさることになった。最後の映画監督作品となった『変奏曲』（一九七六年）は、オールヨーロッパロケ敢行を売りにした無国籍ロマンスだった。すでに進歩への懐疑や微細な人間心理描写こそがメインテーマとなっていた現代では、なぜ中平が『変奏曲』で執拗にデカダンスにこだわってみせるかが理解されなかった。それは、どんなにかわいそうな映画を観ても決して泣かなかったという、死ぬまでモダンボーイでありつづけようとした男が晩年に辿り着いた、あまりに痛々しい、悲哀に満ちたデカダンスであったからなのではないか。

共同体と鵺《ぬえ》的なもの　『犀の角』

『犀の角』

旅先の歴史の深い都市で、統合失調症に悩んでいる友人の家に泊めてもらった。お薬手帳をわたしに見せて、一日に数種類の睡眠薬と安定剤を飲んでいることを示した。長らく東京で活動していた人で、一〇年前に古寺の近くへ移り住んだが、ある日から幻聴が聴こえるようになったものらしい。最初は近所を散歩していると、人々が陰口をしているような気配があった。それから、天井裏で複数の声が、ひそひそと昼間から彼の悪口をいうようになった。彼自身は魅力的な人物だが、片田舎の都市では少し目に立つ異形の風貌の人である。終いには、近所の人が彼をだまそうとしているという妄想が膨らみ、包丁を持って家に立てこもって強制入院の措置を受けることになったといい、力なく笑った。

映画『犀の角』（二〇一〇年、井土紀州監督）は、日本の各地に根づよく残る村落共同体的なメンタリティの負の部分を描いた映画だといえよう。かつて事件を起こし、集団生活を続けるために田舎へ移り住んできた新興宗教の教団の若い男女が、地元の不良少年少女たちに暴行されるシーンから映画ははじまる。

仏教系の新興宗教の道場兼宿泊施設は水道や電気といったライフラインを、地元の人たちの嫌がらせによって止められている。そこで教団の男女は川へ生活用水を汲みにいくのだが、その途上の河原で地元の少年たちに嫌がらせで襲われるのである。

実際の村落共同体では、この映画のように直接的な暴力が振るわれることのほうがまれであろう。だが、これは村社会的な精神構造のなかに潜む欲望の映画的顕現だと考えればいい。ここには地元住民の意識における排斥と差別のふたつの面が表現されている。ひとつは、新興宗教の教団という異物を、自分たちの比較的安定した共同体から排除しようとする、排外主義的な精神の働きである。長い歴史のあいだに洗練された村落共同体では、他者を直接的に排除するよりは、内緒話や陰口などを駆使して、やんわりと間接的に嫌悪感を他者に伝達することを好むであろう。自分たちで手を下すのではなく、その共同体に居られないような空気をつくりあげ、他者がおのずと排斥されるのを待つという手段である。

『犀の角』に則していえば、新興宗教グループの女性リーダーが、嫌がらせをする少年少女の背後にいて若者たちをあやつる男と、喫茶店で対話を試みるシーンがある。嫌がらせを主導する男は村落共同体の人たちから金を募り、その資金を提供して少年たちに暴力を振るわせている。しかし、女性リーダーとの直接対話で、嫌がらせの主導者の男は、彼が過去にその教団に属していたことを暴露され、醜態をさらして逃げ帰ることになる。ここで喚起しておきたいのは、嫌がらせを主導する男の背後に、姿の見えない村落共同体の支持者たちがいることである。この映画が的確に示すように、彼ら一人ひとりは個別の人間であることは確かなのだが、彼らの顔は決して見えないのである。彼らは目に見えない潜勢力として人や物事を排外する。それを鵺《ぬえ》的といってもいいし、江藤淳のように「でろりとした」という形容を使ってもいいが、いずれにせよ、これは前近代から現代に至るまで日本列島人のメンタリティのなかに綿々と継承されている、陰湿かつエレガントな他者や異物を排斥するときの作法なのである。

もうひとつには、そのような他者の排斥が、決まって弱者にたいして行われるということがある。たとえば、これが行き場を失った新興宗教の教団ではなく、数百万人の信者を抱える巨大宗教組織であったならばどうか。もしくは外国の駐留軍隊であったならば、他者の排斥は行われないであろう。村落共同体の構成員から見て、教団が自分たちとちがい、力のない弱者で異物であるからこそ排除可能なものとして認識される。共同体においては、常に少数者がより劣るものとして認知され、差別がつくりだされる。先に少数者への差別があり、その後から差別するためのさまざまな理由づけが行われることになる。

そうであるならば、『犀の角』という寓話の中心に据えられた、若い男女の恋愛は何を意味するのか。共同体のなかでは弱者として、いじめられていた少年は、教団のメンバーである少女に恋をして、彼女を追いかけはじめる。これを対立するふたつのグループに隔てられた、純粋な恋愛感情の発露と見ることも可能であるが、むしろ彼は共同体内における被差別者であるから、さらに自分より弱者である彼女と恋に落ちることができるのだ。だから、彼女の唇を無理やり奪おうとする挙にでることにもなる。つまり、恋愛感情すらも細分化された差別意識のグラデーションのなかで生成されるのである。その証拠に『犀の角』のラストシーンにおいて、新興宗教の教団と共に少女が村を立ち去るとき、少年は少女を追いかけるが、結局は村落共同体に残ることを決める。これをもう少し象徴的なレベルで考えれば、主人公の少年における近代的自我の芽生えと、結局は前近代で鵺的な共同体で生きつづけていかなくてはならない、諦念ととなえることもできるだろう。

冒頭において統合失調症に悩む友人の話を書いたが、近所付き合いのなかで派生する精神的な病も、会社や職場でのうつ症状も、学校社会におけるいじめも、それに付随する自殺の問題も、日本社会に根づよく残る排外と差別の論理をもった、村落共同体特有の生きづらさがひとつの遠因になっているのだと推測される。「犀の角のようにただ独り歩め」という存在のあり方が、あらかじめ奪われているような島国にわたしたちは住んでいる。出る杭は打たれ、空気を読めない人間は、この共同体では成功者になることはできない。それでいて、異物を追いだした共同体は、今日もそれなりの秩序と安定を勝ち得たうえで、うす気味悪い一匹の生物のように目を鈍く光らせ、わたしたちのことを監視しているのだ。その生き物がそこにいることは誰もが知っているが、その全貌を見た者はいない。無意識的な排外主義をふるう自分自身が異物であると知り、その村落共同体こそが病識のないひとりの患者であると理解される日まで、あとどれくらいの年月が必要とされるのだろうか。

柳田國男と六ヶ所村の映画『へばの』

映画『へばの』（二〇〇九年、木村文洋監督）を観ていて、柳田國男の『海上の道』という著書のことを思い出した。一八九八年、柳田は伊勢湾の浜で、船の破片などの「寄り物」とともに椰子の実が漂着しているのを見つける。この話を聞いて島崎藤村は有名な「椰子の実」（一九〇一年）という詩を書き、柳田は日本人の祖先が風に乗って、南方から沖縄の島伝いに渡来したのではないか、という仮説を立てた。特に柳田が風の名前を集めるくだりが興味深い。海の生活者は風の性質で名前をつけ、内陸に住む農民は風の方角に敏感だから、同じ風でも地方によってまちまちな名前がついている。たとえば、オホーツク海から冷気を運んでくる「やませ」は海の民にとっては「山背」の意であるが、内陸では古くは万葉集の時代から東風《アユノカゼ》と呼ばれていたという。風の名前を集めるというと詩的にも聞こえるが、目に見えない風という存在は、古代からこの列島の農民や漁民にとって生活を左右するリアルなものだったのである。

ところで、二〇〇八年七月末、わたしは青森県の南部（太平洋側）から下北半島にかけて旅をした。折しも七月二四日の岩手県沿岸北部地震の直後のことで、震度六弱を記録した八戸市では、家屋損壊など激震の爪あとが生々しかった。地震が発生したのは午前〇時二四分であったが、東北電力と日本原燃は、東通村の原発一号機と六ヶ所村の使用済み核燃料の再処理工場などの原子力施設を点検し、午前五時までに異常がないことを確認したと発表した。地震発生から四時間半と迅速な対応であった。

この地方における原子力施設の異様なまでの存在感を実感したわたしは、六ヶ所村まで車で走ってみた。驚かされたのは、真夏なのに二〇度以下というその気温の低さである。「やませ」が運んでくる濃霧により日照時間が減って気温が下がるそうで、その冷気は江戸期には冷害や凶作の一因ともなったという。もうひとつの驚きは、六ヶ所村に広がる湖沼地帯であった。複数の沼と小川原湖で形成された海跡湖沼は、その名の通り縄文時代には海であった。これらジクジクとした沼地と霧の中を抜けると、巨大国家プロジェクトである国家石油備蓄基地と再処理工場が出現する。冷気と濃霧の吹き溜まりとなっている六ヶ所村という土地は、日本全国から石油と使用済み核燃料という「寄り物」が最後にたどり着く湿地帯となっているのだ。

『へばの』

目では見ることのできない「核」というものが、地元の住民にとってリアルな脅威であることはいうまでもない。『へばの』という映画の核心にある魅力は、六ヶ所村に漂うそのような空気と風土をとらえることに成功し、可視化できない核の脅威を何かほかのものに仮託しながら、「禍々しさ」として提示しようとしていることであろう。

『へばの』は、再処理工場で働いている若い男性がプルトニウムによる被曝を受けたことで、結婚を予定していた女性との関係が悪化し、それが崩壊していく過程を描いている。男性の被曝によって奇形児が生まれる可能性が出るのかどうか、その真否はわからない。ただ女主人公の父親はそのような心配をする。とはいえ、映画にとってもっと重要なのは、地域住民にとって脅威であると同時に生活の糧ともなっている再処理工場という存在が、時限爆弾のように人々の内奥に潜んでおり、その生活と人間関係のすべてにストレスをかけているさまを描くことである。そして、それを一対の男女の関係に集約し、暗示しようとしたところに、この映画の秀逸さがあるといえるだろう。

映画『へばの』では、奇跡のような映像や音声のショットをいくつも見ることができる。太平洋上にさかまく黒い積層雲、偶然的にか必然的にか録音されてしまった激しい風の音、寒々しい海に次々と寄せてくる白い波頭、再処理工場の見える野原でガザガザと風に揺れる枯れ草の姿、裸で横たわる女主人公が吐く息の白さ……。目に見えるか見えないかわからない微細な現象の一つひとつが、六ヶ所村という土地や使用済み核燃料の再処理工場の存在と結びつけられるとき、わたしたちは怖気を覚えるのだ。なぜなら、それらはわたしたちが利便性の追求と引きかえに手にしてきた凶兆なのであり、わたしたちが廃棄した使用済みのものが「寄り物」となって集積されるその土地では、空気や風土までが取り返しがつかないくらい禍々しいものに変容してしまっているからである。

いかにデジタルシネマを「映画」にするか

渋谷の試写室で『サロメの娘 アナザサイド in progress』（二〇一六年）を観たとき、ひどく動揺したおぼえがある。七里圭《しちりけい》監督が二〇一四年からはじめた「音から作る映画」シリーズの三作目だが、長らくアートフィルムを研究してきて、どんなに先鋭的な作品でも、それをつくる構造をおさえれば理解できるものだと過信していた。ところが、本作はモノローグで語られるストーリーもつかみどころがなければ、映像トラックと音声トラックの内容がズレたり同期したりしながら並走的に進み、さらに作品の主要部分をダンス表現に託しているので、何をどう見ればいいのか途方に暮れた。それでいて、でたらめなものではない。いわば製作プロセスにおける実験から生まれた作品であるので、本作を考察するには、シリーズ全体をも考察対象にしなくてはならないだろう。

まず本作は、弦楽器の音源などを使った電子音響による、檜垣智也の見事なサウンドスケイプによって構成されている。その音響世界のなかに、新柵未成の書いた朗読テクストを読む複数の人たちの声が含まれている手ざわりだ。その声たちは七里監督の『眠り姫』（二〇〇七年）のように、観る者の脳内に内的なモノローグとして直接鳴りひびいてくる。「山に行ってきます、と書き置きがあった」という一文ではじまる、新柵未成によるテクストは、母ひとり娘ひとりで育った女性が、大学のワンダーフォーゲルのサークルに入ったり山登りを体験したりしながら、母と娘、そして不在の父の記憶を語る形式をとっている。オスカー・ワイルドの詩劇

『サロメ』を下敷きにしたというが、意識の流れの文体に、時折夢や幻想が入り混じり、不安定な女性の意識に紛れこんだかのような日常と非日常のあわいに連れていかれるものになっている。

『サロメの娘 アナザサイド in progress』は、このテクストをもとにして、複数の「わたし」の声、狂言のような声調で読む人々、飴屋法水《あめやのりみず》の朗読の声などをポリフォニックに織りこみながら、檜垣智也と七里圭の手による音響作品としてつくりあげられている。『サロメの娘』（二〇一五年）のテクストの同じ朗読音源を使用して、『アナザサイド サロメの娘 remix』（二〇一七年）という別の作品も創出されており、これらの作品はマルグリット・デュラスの『インディア・ソング』（一九七五年）と『ヴェネツィア時代の彼女の名前』（一九七六年）の関係に近い。とはいえ、ここまで音響作品として仕上げた音声トラックに後から映像をつけていく手法が、長編の劇映画において成された例をほかにほとんど知らない。

本作における視聴覚体験の特徴は、音声トラックで語られる事象と映像トラックのイメージが並列的に進行しながら、ときどき合致したり離反したりをくり返すところにある。人間の知覚には、目で見るものと耳で聴くものを同期させようとする癖があるが、映画はその境域をたゆたうように進んでいく。たとえば、長宗我部《ちょうそかべ》陽子《ようこ》が山歩きするイメージが出てくるので、観る者は「わたし」が語るモノローグを彼女の声だと考えるが、その正否は最後までわからない。あるいは、母についての記憶が語られるくだりでは、黒田育世の見事なダンスやパフォーマンスが展開されるので、ついその二者を結びつけて見てしまう。監督にはあらかじめ決めた設定があるのだろうが、本作の音声トラックと映像トラックは「離接的」な関係にあり、二者をどのように綜合するかは観る者の自由である。

それでは、どうして「音から映画を作る」ようなことをしなくてはならないのか。重要なのは、七里圭が一九八〇年代から九〇年代のフィルムによる映画製作のなかで育った世代であることだ。映画フィルムでの撮影には「回っている」という確かな実感がともなう。それはせいぜい数分から一〇分程度しか持続しないフィルムの物質的な長さにあり、カメラ内のスプロケットがフィルムを回転させるシャーという音にあり、フィルム代と現像料の多大なコストを消尽することの緊張感にある。

二一世紀の初頭から映画がデジタル製作に移行するなかで、七里圭は「これは映画ではない気がする」と立ち止まって考えることになった。デジタル製作では記録メディアの容量が許すかぎり、どれだけ長いカットを撮ることもでき、失敗したら上書き保存してしまえばいい。ひとつのショットは、撮影しておいて編集時にどのように使うか考えればいい「素材」にすぎなくなった。つまり、そこにはフィルム時代のような映画を撮る実感がともなわないのだ。どうしたら映画のつくり手は、そのような手ごたえのない映像によって、一時間から二時間におよぶ長編映画を見せきることができるのか。

七里圭による一連の「音から作る映画」は、映画を撮る手ごたえや映画としての重厚さを、映像トラックのかわりに、つくりこまれた音声トラックに担わすことができるかどうか、という試行なのではないか。ライヴ・パフォーマンス上映やアクースモニウム（電子音楽）上映をも駆使しながら、たとえ映像トラックに具体物が何も映っていなくても「映画が成立する」のであれば、デジタル時代に映画を撮れるという確信を抱くことができる。『サロメの娘 アナザサイド in progress』はどこへたどり着くかわからない、その進行形《イン・プログレス》の現在を感得させてくれるシリーズ中で最も野心的な作品である。

コラムニストの憂鬱

マキノ雅弘

「日本映画の父」マキノ省三が映画製作をはじめて一〇〇周年にあたる今年（二〇〇六年）、まさに「マキノ・イヤー」が到来している。省三の息子、マキノ雅弘監督の特集上映が、今年早々にシネマヴェーラと文芸座で組まれ、高倉健の俳優生活五〇周年もあって『マキノ雅弘・高倉健ＢＯＸ』が発売された。また、マキノ雅弘が九作を演出した『日本俠客伝』シリーズもこのほどまとめてＤＶＤ化される。省三の孫で、雅弘の甥にあたる俳優・津川雅彦がマキノ姓を襲名し、初監督した『寝ずの番』（二〇〇五年）もいま話題だ。『寝ずの番』はマキノ雅彦監督が「テレビではできないことをやる」と明言し、中井貴一、蛭子能収、笑福亭鶴瓶、米倉涼子、中村勘三郎ら豪華キャストを配した上方落語界をめぐるコメディである。軽妙で洒脱な演出がマキノ雅弘を偲ばせ、昔の邦画の良さを復興しようというマキノ雅彦の鼻息の荒さがうかがえる。

叔父・マキノ雅弘が演出した『日本俠客伝』（一九六四年）をいま観ると、全共闘世代が熱狂した『昭和残俠伝』（一九六五年）のような暴力と敗北の美学を謳った陰惨なヤクザ映画に比べて、軽いノリの喜劇と人情劇のペーソスが魅力だ。ここ数年で『仁義なき戦い』の深作欣二監督と脚本家・笠原和夫が逝去し、両者をめぐる本の出版ブームだったが、笠原のインタビュー集「昭和の劇」には、『七人の侍』（一九五四年）と『仮名手本忠臣蔵』（一九五七年）をベースにした『日本俠客伝』の二本の脚本を用意したとき、東映の元社長が「忠臣蔵」のほうを取ったという逸話がある。それは京都生まれで一九六〇年代前半まで『次郎長三国志』（一九六三年）などの人情時代劇を得意としていたマキノ雅弘と、ヤクザ映画の幸福な出会いを物語っている。任俠映画が股旅物から派生し、チョンマゲを取った時代劇だとされる由縁は、マキノ雅弘がその多くを手がけたからでもある。

墨を入れるときの痛みから、刺青のことを隠語で「がまん」という。『日本俠客伝』は利権争いのドラマで、新興暴力団の非道にたいして、昔気質の一家がじっと忍耐した末に斬りこみにいく「がまん劇」だ。「忠臣蔵」のパターンを踏襲しており、殺陣も時代劇でならしたマキノ雅弘の独壇場である。時代的にも千恵蔵や錦之助ら時代劇スターの人気がかげりを見せ、東映が鶴田浩二や高倉健ら低迷していたスターを起用しだした頃で大ヒットにつながった。刺青の文様や博奕の作法などマニアな世界になじめない一般観客も、時代劇で見なれたマキノ演出の義理と人情の劇ならば楽しめた。そこが現代のヤクザ映画とのちがいだ。また、大正・昭和初期という時代設定は八〇年以上前のことであり、製作当時には近現代であっても、いまでは歴史の一部といえる。震災後に日本橋から築地に移った魚河岸、浅草の興行主、神田の火消しなど、時代物ならではの登場人物が勇躍し、歴史好きの心をくすぐる。四〇年の時を経て任俠映画も時代劇となり、より多くのファン層に受け入れられる機が熟してきた。歌舞伎を映画へ移植した父・省三のように、マキノ雅弘は『関東緋桜一家』（一九七二年）を最後に、映画の技芸と共にテレビ界に転身し、七〇年代以降のテレビ時代劇の黄金期の礎を築いた。『水戸黄門』、『子連れ狼』のごとく、任俠映画が時代劇として新スタンダードをつくる日が来るかもしれない。

溝口健二

溝口健二の映画を語るとき、男性であれば、誰が冷静でいられようか。本来なら週刊誌の文化欄であるのだから、この秋に（二〇〇八年）、一五年ぶりに溝口の特集上映が東京・大阪・京都で開催されることを紹介し、没後五〇周年を迎えた現在も『ＳＡＹＵＲＩ』（二〇〇五年、ロブ・マーシャル監督）のようなハリウッド映画がオマージュを捧げる、日本的な美の表現者としての面や、ゴダールやテオ・アンゲロプロスがそのオフスクリーンの技法を模倣した「世界のミゾグチ」の影響力を書くべきなのかもしれない。だが、溝口なくしては、娼婦を題材にしたフェリーニの『カビリアの夜』（一九五七年）も、ゴダールの『女と男のいる舗道』（一九六二年）も誕生しなかった。なので、今回はその娼婦ものを中心に振り返ってみたい。

『祇園の姉妹』（一九三六年）以前にも娼婦をあつかった日本映画はあったが、溝口健二の偉大さは、「だめ男を愛してしまう女」をヒロインにすえたことにある。現代にもその手の女性が多いことは倉田真由美の『だめんず・うぉ〜か〜』などのマンガ作品で知られているが、溝口があつかったのは祇園の芸者、江戸の花魁、天王寺の街娼、吉原の娼婦といった東西の玄人ばかりであった。『夜の女たち』（一九四八年）の戦争未亡人は、妹とも寝るような密売人の男に惚れたせいでパンパンに身を落としてしまう。『西鶴一代女』（一九五二年）の御所づとめの女は、身分の低い男を恋したばかりに花街に売られ、女乞食から夜鷹にまで零落する。ぎりぎりの生活を背負い、最底辺で本能的に生きる女を溝口が情感たっぷりに描くのは、金も名誉もかえりみない「男に捧げつくした女の姿」ほど哀しく、ひたすら美しいものもないからだ。

とはいえ、商売女の身の上話じゃないが、この手の物語はヌルくなりがちだ。実際、メロドラマも数多く手がけた溝口健二であったが、芸者をして養ってくれた姉を持ち、日本画の甲斐荘楠音《かいのしょうただおと》に時代考証を頼むリアリストでもあった。彼は「娼婦の悲劇」が男の抱く幻想だと知っていた。現実の玄人女は少々さげすまれても楽しくやっているものなのだ。そこで、真実味と凄みを持たせるべく考案したのが、凝視的な移動ショットである。『西鶴一代女』では、恋人が斬首されたことを知った女が、竹やぶを狂乱して走りまわる姿をカメラがワンカットで延々と追いまわす。ヌーヴェルヴァーグなど世界の映画人から高く評価された技法だが、当初の目的はどろ臭いものだった。女優に「人間のにおいをだしてください」とだけ伝え、細部まで再現したセットや衣裳の中で責めあげて、狂気の境に追いこむときに便利な撮り方であったのだ。

こうして、スター女優は声をからすために何百回もテストをさせられ、髪を男につかまれたうえに手洗鉢に顔を突っこまれて仕置きされた。溝口は私生活でも芸者の髪をつぶす趣味のあるサディストだったが、反対に雇い女に背中を斬りつけられたり、夫人が精神病院に入ったりとその代償も大きかった。「こうでなきゃ女は描けませんよ」とうそぶいたというが、たしかに溝口映画の到達点である『夜の女たち』や『赤線地帯』(一九五六年)といった戦後の売春喜劇は、この男にしか撮れなかったと思わせる。毎日体温が変わるという生き物を「女は女である」としか男はいえまい。わかりえない他者としての女性を探求するには、男女関係が赤裸々にあらわれる赤線の舞台が必要だった。

ここ二、三年で横浜の黄金町、川崎堀の内のちょんの間が当局から手入れを受け、現実には街娼を見かけなくなったが、スクリーン上ではいまも娼婦の姿があふれている。それは娼婦ものを開拓し、女を突き放して撮りつづけた溝口のもうひとつの功績だといえないだろうか。

ロバート・ワイズ追悼

ロバート・ワイズ監督が九一歳で亡くなった。一九六〇年代にテレビの時代がきて低迷していたハリウッドで、重量感のある『ウエスト・サイド物語』（一九六一年）や『サウンド・オブ・ミュージック』（一九六五年）などのミュージカル映画をつくって大ヒットさせた監督である。編集マンの出身でジャンルにはこだわらず、西部劇、戦争ドラマ、パニック映画、ラブロマンスまでを撮りまくった。だが、彼がリアリストとして異彩を放ったホラーやSFの古典はあまり知られていないようだ。

意外なことに、ワイズの監督としての経歴は、RKO社製作の『キャット・ピープルの呪い』（一九四四年）や『死体を売る男』（一九四五年）といったB級の怪奇映画からはじまっている。四〇年代の怪奇映画は血みどろのスプラッターが全盛の現代とはちがい、カット割りと音響効果で不気味さと怪しさをにおわせる。その伝統から彼の『たたり』（一九六三年）や『オードリー・ローズ』（一九七七年）など、オカルト色の強いサイコホラーも生まれている。幽霊屋敷ものの『たたり』では特殊撮影を一切使わず、超常現象が主人公の幻覚か、人間の仕業か、呪いなのかわからないところに観客を宙吊りにする。霊体は不可視だというリアリズムを貫いて、演出だけで背筋がゾッとする恐怖感をかもしている。

また『地球の静止する日』（一九五一年）は、特殊メイクや効果に頼らないSF映画である。宇宙人＝侵略者だった五〇年代に、非核化を呼びかけるためにやってくる円盤の設定が独創的で、人間そっくりの宇宙人が世界の首脳を集めるべく奔走する現実的なドラマに、冷戦期の人々は共感した。『アンドロメダ…』（一九七一年）では宇宙人や宇宙船すら登場しない。ワイズが「この映画のスターはセットだ」と発言したように、映画の大半は、宇宙からきた病原体の正体をさぐる研究所内での生化学実験シーンである。SF映画にドキュメンタリー的な要素を吹きこむことに成功したが、リアルさを追求した結果、非常にマニアックな内容の映画となっている。

どうして、こんな異才が長年ハリウッドのど真ん中にいられたのか。アメリカの映画会社は歯切れのいいテンポを重んじるため、作家主義に偏りがちな監督と同等の権限を編集マンに与えている。会社と監督が編集権をめぐって対立し、後年にディレクターズ・カットがつくられるのはそのためだ。会社の要求通り何でも撮るかわりに、監督と編集の両方の権利を押えることを選んだワイズは、実人生においてもリアリストであったことにちがいない。

市川崑追悼

映画監督の市川崑が亡くなった。九二歳だった。その死の直後に『犬神家の一族』（一九七六年）や『ビルマの竪琴』（一九八五年）がテレビ放映されて社会的な反響を呼んだ。くわえ煙草で知られるヘビースモーカーでありながら、九〇歳をすぎても『犬神家の一族』のリメイク（二〇〇六年）や、オムニバス映画『ユメ十夜』（二〇〇七年）の短編作品を元気に撮っていた。三谷幸喜の映画『ザ・マジックアワー』（二〇〇八年）に映画監督の役で出演し、劇中で「カット、ＯＫ」のセリフをいったのが最後の仕事だったという。美人脚本家の和田夏十《なっと》と結婚し、生涯で七〇本以上の映画を撮りあげた、幸福な映画人生をまっとうした市川崑。だが、数年先輩の黒澤明や木下恵介と比べると一貫したテーマ性やスタイルに欠け、どうも「巨匠」という呼称が似あわないところがある。代表作をみても時代劇、ドキュメンタリー、文芸、ミステリー・ホラー、太陽族から風刺コメディまで多ジャンルの映画を無節操に撮りまくっている。市川崑は日本映画の黄金期に活躍した、職人監督のひとりにすぎなかったのだろうか。

気になるのは、市川崑とサブカルチャーの関係の深さだ。アニメーターから出発したキャリアは異色で、四コマ漫画を実写化した『プーサン』（一九五三年）で地歩をかためて、アニメーション映画の『銀河鉄道９９９』（一九七九年）や『火の鳥』（一九八〇年）も手がけている。芸術的といわれた記録映画『東京オリンピック』（一九六五年）でも、絵コンテをもとにして、スポーツ選手が躍動する美を望遠レンズによるアップや後撮りで再構成する、マンガ的でアニメーション的な手法を使った。その実験的で茶目っけのある映像センスは、『穴』（一九五七年）や『黒い十人の女』（一九六一年）のコメディで見事にハマり、後年になってから渋谷系の若者に熱狂的な支持を受けたが、やはり作品としての傑作は、七〇年代の『犬神家の一族』や『悪魔の手毬唄』（一九七七年）などのミステリー・ホラーだろう。横溝正史原作の血と因習にまみれたドロドロした連続殺人を、笑いを誘うシーンやフュージョン音楽でつなぎ、誰もが楽しめる娯楽ホラーに仕立てて大ヒットさせた。「映画は一度では完成しない」と市川崑は発言し、『ビルマの竪琴』と『犬神家の一族』をセルフリメイクした。九〇歳で再挑戦した『犬神家』はまったく同じ脚本を使い、まったく同じカット割りを踏襲してみせ、「二度撮ることに何の意味があるのか」とまわりを驚かせた。『雪乃丞変化』（一九六三年）や『八つ墓村』（一九九六年）などの名作を平気でリメイクし、小津安二郎の『晩春』（一九四九年）のリメイクでは、『娘の結婚』（二〇〇三年）というテレビのホームドラマに移植してしまった。一見、仕事の注文を断らない職人監督の振るまいのように見えるが、どんな素材でも映画にすることができ、リメイクでも斬新に撮れるという映画作家らしい自負を持っていたのだろう。独自の世界をクリエイトするのではなく、つくっているうちにオリジナルなものを自然とかもしだすところが、市川崑は現代的なのだ。有名な文芸作品を次々と映画化できたのも、時代劇でジャズをかき鳴らし、深刻な文学を軽妙なコメディに移し変えるような「定石崩し」を得意としたからだろう。昔から日本映画は、芝居や小説を「映画化」して命脈を保ってきた。市川崑はそんな映画界の最先端をリードする巨匠であり、観客から愛されるヒットメイカーであった。

アンディ・ウォーホル

アンディ・ウォーホルの映画が相次いでＤＶＤ化されている。彼はポップアートの芸術家で、マリリン・モンローや毛沢東の顔をシルクスクリーンで印刷した作品で有名だが、映画との関係も浅くない。ただし本人は撮影に参加せず、監督と脚本は弟子のポール・モリセイに任せていた。それでも、クレジットには必ず「ウォーホル・プレゼンツ」と入れた。まさか名貸しのタレント稼業ではあるまい。ウォーホルの映画とはいったい何であったのか？

『トラッシュ』

一九六〇年代に彼は自分のアトリエをファクトリーと名づけ、頭の変なジャンキーやヒッピー、性倒錯者など電波系な人々のたまり場にしていた。ウォーホルは彼らを逆説的に「スーパースター」と呼び、小遣い銭をあたえて出演者に仕立てていった。ここから伝説的なドラァグクィーンのキャンディやホリー、狂気の美女のニコやイーディら有象無象の人々が、一夜でスターとなっていった。『フレッシュ』（一九六八年）や『トラッシュ』（一九七〇年）では、電波系スターたちが自分自身の名で登場し、カメラの前で普段通りに麻薬を打ち、痴話喧嘩をし、セックスにふけるクズ映画である。登場人物には共感できず、話もいやな方向へと予想を裏切りつづけ、つくり手の悪趣味に圧倒されるばかりだ。

でも考えてみれば、そもそもウォーホルを有名にしたポップアートとは、俗悪なデザインを高尚な美術の世界に持ちこんでセンセーションを起こすことだった。映画スターのブロマイド、洗剤箱、スープ缶は芸術的に悪趣味だからこそキッチュであったのだ。きっと映画でも同じことをやりたかったのだろう。電波系スターたちの力を借りて、どこまで低俗になれるか、ありえない悪趣味を人工的に作りだす美的な実験が、ウォーホルが監修として関わった映画なのだ。

筆者は何年か前に『悪魔のはらわた』（一九七三年）の３Ｄ上映を見たことがある。マッドな男爵が、実験室で女性の内臓に手を突っこみながらファックしたり、ホモ男の首を取りつけた性的に不能の人造人間をつくったり、持ち前の悪趣味を徹底的に見せられた。赤と青の飛びだすメガネをつけていたから、体が飛びだす臓物をよけるのにひと苦労だった。ウォーホルは映画をつくる理由をきかれて、「絵を描くより簡単だから」と答えたが、韜晦ではなく本心だろう。スーパースターたちと映画監督をたまり場に用意するだけで、後は自ら手を下さなくても、ウォーホル好みのキッチュな映画が続々と生産されたのだから。

石井輝男追悼

映画監督の石井輝男が肺がんで亡くなった。八一歳だった。高倉健主演で撮った『網走番外地』（一九六五年）は、二年連続で同シリーズ三本がベストテンを賑わすヒットとなった。各新聞の追悼記事では、東映時代に築いたアクション監督としての地歩や、晩年、つげ義春漫画の映画化に情熱を傾けたことなどが報じられ、職人監督としての面が強調された。だが、今回は石井輝男を「キング・オブ・カルト」の座に押し上げたエロ・グロ作品にしぼって振り返ってみたい。一九六〇年代後半の「異常性愛路線」や江戸川乱歩の映画化がなければ、せいぜいタランティーノや香港映画に影響を与えたヒットメイカーで終っていたであろうから。

各方面からバッシングを受けた「異常性愛路線」のなかで、石井輝男の本当の才能は開花した。六〇年代の東映はテレビの台頭に対抗するため、任俠映画を看板にして、映画館でしか見られないどきつい作風を売りにした。その添え物として成人映画を導入することが社内で決まり、現場の助監督たちが共同で「低俗映画反対」の声明を出すなかで、職人気質の石井輝男は淡々とキワモノ映画を撮りつづけていく。『徳川女系図』（一九六八年）ではエロスとナンセンス、『徳川女刑罰史』（一九六八年）では拷問とサディズム、『明治・大正・昭和 猟奇女犯罪史』（一九六九年）では、強姦と猟奇殺人にまで主題をエスカレートさせていった。「異常性愛路線」は興行的に成功して、七〇年代のロマンポルノや八〇年代のアダルトビデオへと続く大きな潮流をつくった。

ところで、江戸川乱歩の小説は映画人のあいだでも人気が高く、『盲獣』（一九三一〜三二年）や「黒蜥蜴」（一九三四年）など数多くが映画化されている。石井輝男も一九六九年の『江戸川乱歩全集 恐怖奇形人間』で、『パノラマ島奇譚』（一九二六〜二七年）と『孤島の鬼』（一九二九〜三〇年）などを素材にして乱歩ワールドを映像化した。無人島に拉致した人を人工的に奇形化するせむし男の物語、無人島における理想郷の設定、シャム双生児のキャラクターにいたるまで、すべて乱歩の小説にあるアイデアである。だが、実際にこの映画を見てみると、人間花火のシーンで吹っ飛んだ首が「お母さーん！」と叫びだすなど、その演出には爆笑を禁じえない。人間の意識の奥に潜むものを引きだす乱歩の作風は、石井監督の手により見世物小屋的なユーモアに変換されて、奇怪さと娯楽性が混交した独特のカルト作品になった。

石井輝男は生前のインタビューで「劇というのは劇《はげ》しいという字だから、劇しくなくてはならない」といっている。その言葉の通り七〇歳を過ぎてからも、新東宝のキワモノ映画を故意に反復した『地獄』（一九九九年）をつくり、遺作となった『盲獣vs一寸法師』（二〇〇一年）では、ふたたび乱歩の小説を無理にミックスして周囲を驚かせた。人間存在の裏を見たいという欲求を失うことなく、生涯の最後まで異常性愛や江戸川乱歩にこだわった。九〇年代になり、名画座での上映を機運に「カルトの帝王」として、若者を中心に再評価の声が高まったのはその資質ゆえであり、これからも一部の熱狂的な層を中心に愛され続けていくだろう。

三島由紀夫と映画

三島由紀夫が衝撃の割腹自殺を遂げてから三五年。今年（二〇〇五年）は生誕八〇年でもある。三島の小説はその完成度の高さが好まれ、『潮騒』（一九六四年、森永健次郎監督）など二〇本以上が映画化されたが、耽美的な作風が時代に合わなくなり、一九八六年の『鹿鳴館』（市川崑監督）を最後につくられなくなっている。それが一一月二五日の命日をひかえて、急に三島の映画に関するニュースが新聞を賑わしている。一九年ぶりとなる映画化『春の雪』（二〇〇五年、行定勲監督）と、三島に関する記録映画も公開される。どうして三島の映画が突如として脚光を浴びているのか、その内情を検証してみたい。

この九月に、三島の小説『禁色』を映画化する構想を書いた手紙が発見された。原作・脚色・監督を三島が担当し、主役は山村聰で岸恵子も起用するという具体的な案が示されている。『禁色』は五〇年代に発表され、評判を呼んだ男色文学だ。老作家が同性愛者の美青年を使って、裏切られた女たちに復讐をするというプロットだが、小説を読んでみると、当時のゲイカルチャーを大胆に取りこんだ革新的な娯楽小説になっている。三島との肉体関係を暴露して発禁になった『三島由紀夫　剣と寒紅』（一九九八年）の著者である福島次郎も、『禁色』に登場するゲイバーをたずねて三島と知り合ったという。先駆的なゲイ映画『薔薇と海と太陽と』（一九八二年、松浦康治監督）が公開されたのが一九八二年だから、映画化されていたらまちがいなく日本で最初の薔薇族映画になっていたことだろう。

『禁色』の映画化案からもわかるように、三島は大の映画通であり、そのセンスは時代のずっと先を行っていた。作家として「映画と小説はライバル」だと考え、映画にできないことや題材を小説にしようと常日頃から映画を研究していたからだ。それでいて、自分の映画ファンとしての無邪気な面を隠しもしなかった。『からっ風野郎』（一九六〇年、増村保造監督）では、革ジャンの下の胸毛を執拗に覗かせるクィアーな演技を見せ、『人斬り』（一九六九年、五社英雄監督）では、ボディビルで鍛えた筋肉を誇示しながら切腹して果てる。ナルシシズムや肉体美を誇りたい欲求を恥じることなく、B級ヤクザ映画や時代劇という場で堂々と露出しているところが、天才作家という肩書とのギャップと相まって、現代人の目にはキッチュで魅力的に映るのだ。

三島のなかの映画通と映画ファンの両面が最高潮に達したのが、短編映画の『憂国』（一九六六年）である。白黒の三〇分程の映画で台詞はなく、ワーグナーが流れる能舞台の場景で、二・二六事件に参加できなかった将校が妻の目前で切腹し、妻もその後を追う。元は短編小説だが、映画版でも彼が監督と主演をつとめ、延々とつづく切腹シーンを通して、究極のエロスと様式美を見事に映像化している。三島の映画が、彼の小説を超えた唯一の瞬間であろう。しかし、『憂国』は数年後の実際の自決を予告しており、不吉とされて、三島の死後に遺族の要望で焼却処分されたことになっていた。それが、二〇〇五年八月になって、『憂国』の原版が三島家の倉庫にあったことが公表されたのだ。純愛ブームに便乗した『春の雪』で復活を果たし、三島が多面的に理解されようとしているいまほど、『憂国』がふたたび日の目を見るのに適した時期はない。小説では伝え切れなかった彼の実像と魅力を、彼の映画は余すことなく映しだしてきた。時代が三島に追いつきつつある現在、わたしたちは「ザ・ミシマ劇場」を鑑賞する準備ができているのだ。

ロマンポルノ

最近のアダルトビデオにおけるモザイクの極小化は、どこまでいくのだろうか。昨今のデジタル技術のおかげで、目を細めなくてもモザイク除去機を買わなくても、性器がかなり鮮明に見えるようになっている。とはいえ、たとえ無修正ビデオが合法になったとしても、性的な興奮度が上がるわけでないことは、洋ピンや裏モノ好きには周知の事実でもある。国内のユーザーにとってのツボは、欧米的に性器を露出することにではなく、「濡れた○○」というタイトルの多さからもわかるように、隠微で猥褻なところにあるからだ。

名作一五〇本が順次DVD化されるロマンポルノの特徴は「前張り」にある。女優はその部分に肌色のテープを張り、男優は陰部にかぶせ物をして、「からみ」でも本当にセックスをすることはなかった。いわゆる「本番」ではないから、女優は高い演技力を求められ、よりエロティックに身悶える必要があった。『濡れた週末』（一九七九年、根岸吉太郎監督）で社長愛人を演じる宮下順子は、若者と浮気をしながらも、中年男の肉体から離れられない三〇代の女性の哀しい性《さが》を全身で表現する。男優陣も必死だ。サド原作『女地獄 森は濡れた』（一九七三年、神代辰巳監督）の越中ふんどし姿の山谷初男は、山奥のホテルで女も男も強姦し、鞭打ち、自分も鞭打たれ、殺戮し、唄いつつ、悪徳の哲学をしゃべりまくる。この映画が行きすぎの表現で上映禁止となったのは、本番をしない「前張り」演技が生んだ絶倫さと過剰さが関係している。

また、ロマンポルノの映画は、ビデオやDVDのように早送りされることもないから、濡れ場以外のシーンも見どころばかりがつづく。『くいこみ海女 乱れ貝』（一九八二年、藤浦敦監督）の美女とはいいがたい海女《アマ》ゾネス軍団は、のっけからアワビをかこんで濃厚な猥談バトルをくり広げる。しまいには東京者の女と指を突っこみ合い、締まり具合デスマッチまでしてみせる。だが、油断すると「前張り」のせいで全く色気のない映画ができあがることもあった。たとえば、『ピンクカット 太く愛して深く愛して』（一九八三年、森田芳光監督）は、お色気理容室ものだが、さえない伊藤克信が性交のたびに「〝の〟の字書いてハッ」とつぶやく姿は笑えるが、正直なところ性的には萎えてしまう。『宇野鴻一郎の濡れて打つ』（一九八四年、金子修介監督）は漫画

『エースをねらえ！』（山本鈴美香）のあまりにバカバカしいパロディであり、ポルノであることすら忘れさせる。日活のロマンポルノ路線においてつくり手に対する縛りは、「ベッドシーンを一〇分に一度程度入れれば物語は任せる」というゆるいスタンスであった。つくり手も「本当にやっていない」ポルノを見せ切るために、三本立てで数週間しか上映されない成人映画にさまざまな工夫を凝らしていった。その結果、ロマンポルノは映画監督の養成所のような性格を持ち、多彩な才能によってバラエティに富んだ映画づくりが行われたのである。

ハードコア・ポルノ

一九七〇年代を黄金期とするアメリカのハードコア・ポルノが、ふたたび脚光を浴びている。別称のＸＸＸ（スリーエックス）とは、Ｘ指定（成人向け）を強調した表示であるが、その大げさな言葉とは裏腹に『ディープ・スロート』（一九七二年）などハードコア・ポルノの作風は、どれもコメディ乗りばかりだ。ソフト・ロックのサントラを使い、サイケで安っぽく意外性に富んだ映像表現は、モンド的として日本でもたびたび再評価されてきた。しかし、このほど注目されているのは、そのファッション性ではなく、「ハードコア・ポルノとは何だったのか」という社会現象としての側面である。

六日間で撮影された低予算ポルノ映画『ディープ・スロート』は、不感症の女性が医者に診てもらうと、クリトリスが喉にあることが判明し、オーラル・セックスをするようになるというストーリーである。ジェラルド・ダミアーノ監督も、女優の得意技を見せるためにつくった駄作だと認めている。だが、この脱力系のポルノ映画が大ヒットして社会現象になり、人々の性に関する意識を変革し、アメリカの憲法を変える契機にまでなったのはなぜなのか。その疑問に答えてくれるのが、『インサイド・ディープ・スロート』（二〇〇五年、フエントン・ベイリー／ランディー・ハーバート監督）という新作ドキュメンタリーである。

この映画は関係者へのインタビューと過去の映像をつないで、『ディープ・スロート』のヒットが勘違いの連鎖によって生みだされたことを浮かびあがらせる。たしかに『ディープ・スロート』は、六〇年代後半の性解放の気分を受けついでいるが、フェラチオをする女性の積極性や、性の満足感を求める女性像が、七〇年代のフェミニズム運動とつながっていったと考えるのはどこかおかしい。この映画のヒットを受けて保守層は映画の内容に反発し、政府は裁判を起こしたが、おかげでメディアで大々的に取りあげられて、より多くの観客が劇場に押しよせることになった。政府の取りしまりが、いつからか「表現の自由に対する弾圧」という文脈にすりかわり、有名俳優や作家がこの映画を擁護することにもなった。

関係者もから騒ぎに巻きこまれていった。本名で出演したリンダ・ラブレイスは、大統領候補に担ぎ上げられるものの、その後は反ポルノ運動に転じて、最後は交通事故で亡くなった。ハードコア・ポルノを支えたつくり手たちは、例外なくハリウッドを夢見た人たちで、多くが悲劇的な最後を迎えている。ポルノ業界の内幕を描いた劇映画『ブギー・ナイツ』（一九九七年、ポール・トーマス・アンダーソン監督）は、皿洗いからポルノスターに上りつめる「でかマラ青年」の話であるが、実在のモデルはジョン・ホームズという俳優である。『ワンダーランド』（二〇〇三年、ジェームズ・コックス監督）という映画は、ポルノスターとして黄金期を終えた後のホームズが、麻薬とギャングと、ハリウッド界隈で起きた四人の惨殺事件に巻きこまれる姿が描かれ、彼自身は最後にエイズで亡くなっている。

それとは対照的に、いまだに活躍している男性のポルノスターは、ユダヤ系のロン・ジャーミーであり、ポルノ界で最も成功した彼も巨大な一物の持ち主である。その半生を追ったドキュメンタリー『ポルノ・スターロン・ジャーミーの伝説』（二〇〇一年、スコット・J・ジル監督）を観て、スターの存在がおかしくも物悲しいのは、彼でさえも『悪魔の毒々モンスター／新世紀絶叫バトル』（二〇〇〇年、ロイド・カウフマン監督）のようなハリウッドのC級映画の、それも端役に出演しようと努力している姿である。一見、派手で華やかに見えるハードコア・ポルノの業界だが、三〇年後に振り返れば、ハリウッドが抱える膿と病理をはらんだ鏡のような存在であったことがわかるのだ。

フィリップ・K・ディック

二〇〇七年はまちがいなく、没後二五年をむかえるフィリップ・K・ディックの映画イヤーになるだろう。『マイノリティ・リポート』（二〇〇二年、スティーヴン・スピルバーグ監督）などの原作で知られる、最も映画化されてきたSF作家のひとりだ。来年はテリー・ギリアム監督がディックの伝記映画を準備中らしく、リドリー・スコット監督も『ブレードランナー』（一九八二年）のファイナルカット版を発表する予定である。と、お決まりの説明をすませたところで、いきなり大声で問うてみたい。管理社会や全体主義ばかりを描く、それまでのSF小説の科学万能観をぶち壊し、一九六〇年以降のディックが次々と暗沌としたディストピアな未来社会像を提出したのはなぜなのか？　時代が進みテクノロジーが発達しても、個人の内面で現実はどんどん生きにくいものになる、というディックの着想は、のちに『AKIRA』（大友克洋）や『攻殻機動隊』（士郎正宗）などのコミックにも継承されたからだ。

ディック原作の映画『トータル・リコール』（一九九〇年、ポール・バーホーベン監督）や『ペイチェック 消された記憶』（二〇〇三年、ジョン・ウー監督）では、記憶操作のテクノロジーにより、現実と模造記憶の区別がつかなくなる個人の不安が描かれる。また、『ブレードランナー』や『スクリーマーズ』（一九九五年、クリスチャン・デュゲイ監督）をみると、人間と酷似したニセモノを作る技術革新の果てに待ちうける、人々のアイデンティティの崩壊がテーマである。ＳＦ映画だから問題なくみれるが、自分の身におこったら不幸なことこのうえない。ほとんど精神分裂病の状態だ。実は、アメリカ西海岸のドラッグ文化の洗礼をうけたディックは、長年執筆のためにアンフェタミンを乱用しており、しまいには妻子の出ていった自宅は麻薬常用者のたまり場になって、そのあと自殺未遂も試みた人物なのだ。「現実と幻覚」、「本物と模造」の区別がつかない不安な未来社会のイメージには、六〇年代から七〇年代の時代を生きたディックの個人的体験が反映されている。

『スキャナー・ダークリー』

自伝的な小説『スキャナー・ダークリー』（一九七七年）は、巻末に麻薬乱用で死んだ友人のリストをかかげた追悼の書である。近未来、誰にも正体を知らせないおとり捜査官が、麻薬仲間と同居して新薬にふけるうちに、上司に自分自身の監視を命じられて精神が分裂しはじめるという話で、こんな一部の人にしか共感できない小説が、子供の目に触れる可能性もあるアニメーションになってしまった。特に、捜査官のスクランブル・スーツは数秒ごとに別人の外貌を映写し識別できなくするもので、映画化は難しいといわれてきた。リチャード・リンクレイター監督は、実写映像にデジタルペイントする方式でこれを表現し、幻覚症状や現実から乖離するトリップ感を、一般人にもいやというほど味わわせてくれる。

ディック自身は、一九八二年の『ブレードランナー』完成直前に五三歳で早世したため、自分の映画を見たことがなかった。だが、この映画に多大な期待をよせて、編集前のシーンをみて「やっと自分の人生と創作が正当化される」と喜んだ。その完成が待ちきれず、晩年の小説『ヴァリス』（一九八一年）のなかでSF映画を登場させて映画フリークぶりも披瀝し、この小説内映画を主人公の神秘体験の謎を解く鍵にした。ディックは映画好きだったが、「SFの真の主人公はアイデアであって人物ではない」という言葉どおり、彼のSF小説が映画人からも愛されてきたのは、そのトリッピーな着想がなぜか映画メディアと相性がよかったからだ。

そういう意味で、一九九九年の『マトリックス』（ラナ・ウォシャウスキー／リリー・ウォシャウスキー監督）は現実と仮想の交錯する、まさにディック的な映画だった。これ以降、やり尽された感が蔓延し、彼の影響はSFよりも現代劇に多くみられるようになる。二〇〇一年の『ドニー・ダーゴ』（リチャード・ケリー監督）や『バニラ・スカイ』（キャメロン・クロウ監督）にはSF性が残っていたが、『マシニスト』（二〇〇四年、ブラッド・アンダーソン監督）や『バタフライ・エフェクト』（二〇〇五年、エリック・ブレス／J・マッキー・グルーバー監督）にいたると、精神のトラウマが現実と夢を媒介し、『ステイ』（二〇〇六年、マーク・フォースター監督）では仮想夢が主人公の救済と癒しとなる。これらディック的なガジェット（仕かけ）を使ったサスペンスが人気を博したのは、現代人が生きづらい現実を相対化したいという願望をもっているからだ。だが、それはディックの薬物依存から生まれたアイデアであり、そんな危うい映画が劇場や家でふつうに見られている現代の方にこそ、彼が予想しえなかった未来世紀があるのかもしれない。

SFコメディ

SFコメディ小説『銀河ヒッチハイク・ガイド』（二〇〇五年）が、ハリウッドの資本を得て遂に映画化された。一九七〇年代には、カルト的な人気を誇ったイギリスのテレビ番組にもなっている。英米でSFといえば映画よりも、『スター・トレック』などのテレビ番組をお茶の間でじっくり見る習慣がなじみだが、特にイギリスではSFコメディが一大ジャンルをなしてきた。

六〇年代に英国喜劇の伝統とSFが融合した番組『ドクター・フー』が社会現象化した。主人公の博士が新しい肉体に変身できるという設定なので、都合の良いことに顔と俳優が数年ごとに変わり、マンネリ化を未然に防いで二六年に渡る長寿番組となった。生まじめなアメリカの視聴者はそのセットや衣装の極端な安っぽさに、度肝を抜かれたという。イギリスの製作者は未来社会の映像化に熱心ではなく、視聴者が笑えればいいくらいにしか考えていなかった。同時期に大作化が進んだアメリカのSF映画に対抗するために、低予算を逆手にとったコメディの枠内で試行錯誤がなされ、ここからさまざまな才能が生まれてきた。

『ドクター・フー』の脚本家でモンティ・パイソンにも協力したダグラス・アダムスがそのひとりで、『銀河ヒッチハイク・ガイド』は彼が創作したものである。銀河バイパス建設のためにあっさり破壊された地球から冴えない男がヒッチハイクで逃げのび、ガイドブックを片手に宇宙放浪をするという人を食った設定が評判になった。左脳的なウィットであらゆる権威、英知、官僚主義、テクノロジーを陽気に茶化す態度はSFコメディの王道を行っている。

元来イギリスは根強い階級社会なので、社会的に弱い立場の人は風刺や批判をこめたパロディ・ギャグを得意としてきた。『銀河ヒッチハイク・ガイド』では、その矛先は大資本を背景にしたハリウッドのSF映画にも向けられているが、皮肉なことに彼らの資本力抜きでは映画の完成もなかった。決定力不足に悩むSFコメディの低迷を『銀河ヒッチハイク・ガイド』や、映画化が進行中の『宇宙船レッド・ドワーフ号』あたりが払拭してくれることを願ってやまない。

ショックメンタリー

テレビをつければ、バラエティから紀行ものまでノンフィクション番組の全盛期である。衛星放送とケーブルテレビでは、ディスカバリー・チャンネルやヒストリー・チャンネルなどの専門局が、海外ドキュメントを一日中放映している。これ以上、ドキュメンタリーを観るために映画館へ行く人などいるのかと疑義をはさみたくなるが、どうやら最近のドキュメンタリー映画は、お金を払ってでも見たくなる「テレビでは見られないもの」を売りにして観客を獲得しているようだ。過激な内容を付加価値とする一連の「ショックメンタリー」である。これらの映画は放送禁止用語、売春婦、自殺の名所など公共の電波にのせにくい社会のタブーを果敢にとりあげ、屠殺工場、死体解剖医といった他では絶対見られない題材にスポットをあてている。

『FUCK』（二〇〇五年、スティーブ・アンダーソン監督）は、アメリカの放送禁止用語に正面から切りこんだショックメンタリー映画だ。アメリカのように保守的なキリスト教を基盤にする社会では、「ファック」を面識のない人や子どもの前で使うことはなく、州によっては口にするだけで罰金や禁固刑の対象となる。この映画の題名は新聞や広告で活字にできず、看板は『F!$K』、『****』などの伏せ字を使った。この広告が逆に功を奏して話題を呼んだのか、保守派とリベラル派の著名人がふたつに割れて議論するこの超過激な映画は、海のむこうで根強いロングランを続けている。

グアテマラの貧困街を撮った『線路と娼婦とサッカーボール』（二〇〇六年、チェマ・ロドリゲス監督）は、卑賤な職業とされる娼婦が女子サッカーチームを結成し、社会での発言権を勝ちとっていく痛快な騒動を追う。貧民街で二ドル半の報酬で仕事をする女性たちが、ユニフォームを着て試合に燃える姿が、保守的なグアテマラ社会でどれだけ衝撃的なできごとだったか想像しても余りある。

一方で、ショックメンタリーにはみんなが顔をそむける「本当の話」を暴露する傾向もある。『いのちの食べかた』(二〇〇五年、ニコラウス・ゲイハルター監督)は、鶏、牛、豚、魚といった現代人の主要な食物が、どのように生命を奪われ、袋詰めにされて食卓まで届くのかを淡々と見せる。プロイラーや屠殺工場は最先端の機器でオートメーション化され、人間が直接手を下す必要は最小限に抑えられている。清潔で高性能なマシーンが映画の主役であり、それらが次々と生き物を解体する様はSFのディストピア世界のようだ。『暗殺 リトヴィネンコ事件』(二〇〇七年、アンドレイ・ネクラーソフ監督)は、秘密警察をあやつるロシアのプーチン大統領が、権力と財産を守るべく極悪非道をくり返している事実を告発する。両方の映画に共通するのは、昔ドイツ国民の無関心がナチスの台頭を許したように、それらを人々が放っておくと、いつかは手をつけられなくなるという問題提起の仕方である。

イラク戦争

この二〇〇八年三月でイラク開戦から五年をむかえ、米兵の死者は四〇〇〇人を超えている。侵攻時の人的被害は一三九名だというから、ほとんどが戦闘終結宣言後の占領下で亡くなっており、完全な泥沼化といっていい状態である。この死者の数が多いのか少ないのか、どうもピンとこない。実感ができるのは、家族を失くした「遺族」か戦地に行った「帰還兵」くらいのものだろう。その両方の視点から、銃後の人たちを描いたヒューマンドラマの秀作が二本公開される。

『さよなら。いつかわかること』(二〇〇七年、ジェームス・C・ストラウス監督)のジョン・キューザックは、高校時代はスポーツのスターで、アメリカの正義を信じて軍隊に入った保守的な父親だ。視力のせいで除隊になってホームセンターで働いている。スポーツや軍隊という「大きな物語」から外れた彼には家族が残されているが、妻がイラクで戦死し、訃報をふたりの娘に伝えなくてはならなくなる。フロリダの遊園地への旅行を喜ぶ娘たちに、いつまでも切りだせない父親の姿がせつない。この私的な物語からは「戦闘は終結したはずなのに戦争が終わらない」というジレンマを抱えた社会の、深く傷ついた気分がじんわりと伝わってくる。

『告発のとき』(二〇〇七年、ポール・ハギス監督)では、トミー・リー・ジョーンズが、イラクから帰還して軍から脱走した息子を自分で捜索することになる。この父親は軍の元憲兵である上に、アメリカ社会では他人は誰も助けにならないことを熟知している。そんな孤独を抱えた人々を、自由や正義といったアメリカが供給する「大きな物語」が社会的にまとめているのだが、息子の焼死体を見つけ、戦友たちの暴行を知るうちに、彼がアメリカに抱いていた信念は根底から覆される。彼がSOSを表わす逆さまの星条旗を掲げるラストはあまりにつらい。本来のアメリカが持つダイナミズムは自由や正義ではなく、多様な意見がいえる空間を確保し、社会が変化することでまちがいを正す復元力の方にある。これだけ優れた反戦映画が出てきたのは、海のむこうで銃後が終わり「戦後」が始まることの兆しなのかもしれない。

パレスチナと映画

パレスチナ映画が続々と公開される。パレスチナ人と聞いても、思い浮かぶのは『トゥルーライズ』(一九九四年、ジェームズ・キャメロン監督)で核武装してシュワちゃんと戦うイスラーム原理主義者や、『マーシャル・ロー』(一九九八年、エドワード・ズウィック監督)で、NYの街を連続爆破するテロリストなど凶悪犯ばかりが描かれてきた。パレスチナ人=テロリストの偏見を利用した映画は、一九七七年の『ブラック・サンデー』(ジョン・フランケンハイマー監督)あたりが最初だろうか。女性ゲリラがスーパーボウルの観客八万人と米大統領にたいし、飛行船で自爆攻撃をしかけるというぶっ飛んだ内容だった。

『ブラック・サンデー』では「黒い九月」という過激派が事件を起こすのだが、これは実在のグループで、映画『ミュンヘン』（二〇〇五年）でオリンピック村のイスラエル選手を人質に取るのと同じ集団だ。スピルバーグは、次々にこのメンバーを暗殺するモサド側の残酷さを描き、イスラエルのテロ対策への批判にうまく結びつけた。しかし、『ミュンヘン』は公開前からイスラエル側に抗議されて、三月に催されたアメリカのアカデミー賞でも作品賞を逃してしまった。

『パラダイス・ナウ』

同じアカデミー賞の外国映画部門にノミネートされた『パラダイス・ナウ』（二〇〇五年、ハニ・アブ・アサド監督）も、テロの被害にあったイスラエル人遺族の猛反発を受けた映画である。自爆テロを試みるパレスチナ人が、恋愛や貧困や家族との関係に悩む姿を描く超問題作だ。イスラームの狂信者ではないふつうの青年が、朝起きてテルアビブに行き、街中で自身を爆弾で吹き飛ばす決断がなぜできるのか？　パレスチナ人の監督や俳優の手によって、彼らが追いこまれた現状が明らかにされる。彼らを人間ではなく凶悪なテロリストとして一面的に描くやり方は、この映画の後では難しくなるだろう。

イスラエルで強硬派の新党が選挙に勝利し、パレスチナで武装闘争路線のハマスが与党に選ばれた現在、『パラダイス・ナウ』は世界中で大論争を巻き起こしている。自爆テロに成功するのはサイードという青年だが、三年前に逝去した思想家を巡るドキュメンタリー映画『エドワード・サイード OUT OF PLACE』（二〇〇六年、佐藤真監督）も公開される。いまだからこそ、二民族一国家の標語を掲げ、両者の和解と共生を夢みたサイードのメッセージが痛切に響く。同じく記録映画で、一七年かけてガザ地区の難民キャンプを撮ったドキュメンタリー『ガーダ パレスチナの詩』（二〇〇六年、古居みずえ監督）は、ひとりの進歩的なパレスチナ人女性が自分のルーツに目覚めるまでを追う。デジタルカメラで撮影された彼女の素顔は、ハリウッド映画のテロリストの姿からはあまりにもかけ離れている。

ブラジル映画

二〇〇八年は日本ブラジル交流年だという。日本人のブラジル移住が始まって一〇〇周年にあたり、内外でさまざまなイベントが開かれる。移民が多く住むサンパウロ市では「日本映画祭」が開催される。国内では、代々木公園や横浜赤レンガ倉庫でブラジル・フェスタが開かれる予定だ。日本での公開が少ないブラジル映画も、新作二本が公開される。

『スエリーの青空』（二〇〇六年、カリン・アイヌー監督）は、北東部のセルタン（乾燥地帯）が舞台だ。子連れで帰郷した二一歳のエルミーラが、ふたたび田舎町から逃げ出したくなり、金を稼ぐために自分の体を景品にして抽選クジを売り歩く姿を描く。ブラジルの熱帯雨林は有名だが、北東部に広がる荒野はあまり知られていない。干ばつや飢饉が起きるこの貧しい地域は、昔から逃亡奴隷、山賊、革命家、狂信者集団が逃げこむ無法地帯だった。グラウベル・ローシャらシネマ・ノーヴォの映画作家は、セルタンの反逆的な伝統や貧困のなかの美しさを描き、近年の『セントラル・ステーション』（一九九八年、ウォルター・サレス監督）や『私の小さな楽園』（二〇〇〇年、アンドルーシャ・ワディントン監督）といった映画は、それを癒しの大地として再発見した。だが、『スエリーの青空』はむしろ生半可に貧乏で宙ぶらりんな女を描くことで、現代映画がセルタンから何も汲みだせず、その表面をただ行き来するしかないことを寓意的に表現している。

セルタンの住人は都市へと移住し、ファヴェーラ（スラム）に住み着くことが多い。『黒いオルフェ』（一九五九年、マルセル・カミュ監督）のように日頃は貧しい生活を送り、カーニバルになるとそのエネルギーを爆発させる。また『シティ・オブ・ゴッド』（二〇〇二年、フェルナンド・メイレレス監督）にもあるが、六〇年代以降はギャングと麻薬売人の温床となった。『ファヴェーラの丘』（二〇〇五年、ジェフ・ジンバリスト／マット・モチャリー監督）は、リオのスラムの現在を映すドキュメンタリー。主人公の元売人はギャングと警察の抗争で家族や友人を失い、ファヴェーラを変革しようとする。ラップで救いがたい現状を訴え、子どものギャング化を防ぐためにドラムやカポエイラを教える彼の姿は、従来のブラジル映画にはない性質のものだ。貧困を魅力に変えてきたブラジル映画は、社会が比較的平和で豊かになるなかで次に行くべき道を模索中のようである。

サッカーの王様ペレ

自伝の出版と映画のDVD化で、サッカーの王様ペレに注目が集まっている。ペレは一九五八年に一七歳でW杯に出場してから、ブラジルを三度世界の頂点に導いた英雄である。一七一センチの小柄な体から創造的なプレーをくり出し、世界中にサッカーを美しいスポーツだと印象づけた。生涯で一二八一得点をあげた攻撃的スタイルは、現代でもロナウドやロナウジーニョらに継承されている。と、その功績をあげたらキリがないが、いま話題になっているのは、メディアに翻弄され続けた世界的スターの素顔と、「ペレ」という社会現象のほうである。

『ペレ自伝』（伊達淳訳、二〇〇八年）によれば、彼は本名をエドソンといい、ペレというあだ名は幼年期に好きだった選手のビレを訛りで「ペレ」といいまちがえたことに由来する。この逸話からもわかるように、彼は数代前までは奴隷だった黒人家系の出身で、一〇代の頃はチーム内でクリオーロ（黒人）と呼ばれていた。そんな少年が一六歳でサントスFCからプロデビューを果たし、一年後にブラジルをW杯優勝に導いたサクセスストーリーが人々を熱狂させたのだ。また、ペレはメディアの力でスターに押し上げられ、社会現象となった最初のサッカー選手でもあった。W杯のテレビ中継が始まったのは五四年のスイス大会であり、これはペレが活躍した五六年から七七年という時期と重なっている。本人もメディア露出を好む映画好きで、八〇年代に『勝利への脱出』（一九八一年、ジョン・ヒューストン監督）や『炎のストライカー』（一九八六年、リック・キング監督）などのハリウッド映画で俳優として活躍した。

ペレは七四年にサッカー選手を引退したが、翌年にワーナー社のスティーヴ・ロス率いるNYコスモスに入団。多額の契約金でブラジルの至宝を米国が買収したと国際問題になった。『ペレを買った男』（二〇〇六年、ジョン・ダウアー／ポール・クロウダー監督）は、ペレやベッケンバウアーらスターを世界中から集め、コスモスがドリームチームとなっていく過程をソウル音楽にのせて描くドキュメンタリー映画だ。ところが、映画が対照的に強調するのは、ペレの名声と企業の経済力でサッカー文化を商業化しようとしたアメリカの姿であり、結局コスモスは解散して北米リーグは消滅する。その後ペレはこの報酬を元手にビジネスで成功し、ブラジル初の黒人閣僚を務めることになった。メディアの偶像という立場を自覚したペレは、それを逆利用して、隠し子問題や息子の麻薬事件などのゴシップを経験するも、持ち前の華麗なステップで現代社会を泳ぎ切っていく。いま『ペレ自伝』で率直に事業の失敗やパイプカットの事実を語る人間ペレの姿は、ピッチにいたときよりも輝いて見えるようだ。

第四章　リアルへの誘惑

野性のアクティビズム　『罵詈雑言』と無責任の体系

原発事故と映像

福島第一原発の事故は、何よりも映像論の観点から考える必要がある。東日本大震災で第一原発は全交流電源を喪失し、原子炉へ海水を注入、最後には水素爆発にいたったが、そのプロセスをわたしたちはテレビニュースやネット動画をとおして見守った。また政治家や官僚、電力会社本社やオフサイトセンターで指示にあたった者たちは、作業ロボットなどのさまざまなカメラを駆使して事故現場を可視化しようとした。ほとんどの人は福島の原発事故を体験したのではなく、その実況中継を体験しただけだったのである。

水素爆発によって放射性物質が撒きちらされ、高線量が計測される現場とそれをモニターで眺める場所とのあいだには、遠隔的にかかわるしかない埋めがたい距離があった。そのように原発事故の現場にたいして映像という皮膜を介すしかない離接的な関係は、ついにはわたしたちが原発事故のリアリティを肌では実感しえないことを示唆している。また無色、無臭、透明で人間の五感の外部にある放射能そのものは表象不可能であり、何ものかのイメージとして物質的な実体をもたない映像とその幽霊性において似ているところがあるのかもしれない。

かつて火星着陸の擬似テレビ中継をあつかった『カプリコン・1』（一九七七年、ピーター・ハイアムズ監督）

という映画があったが、あの宇宙からの中継映像と同じように、原子力発電所の事故の映像は、どこかわたしたちの実感レベルから遊離しており、いつでもリアルとフィクションがひっくり返るような可逆性をもっている。たとえば、東京電力は事故から一年半後になってテレビ会議の映像を報道機関へ提供したが、それはプライバシーや社内機密を理由に多くの編集や加工がほどこされた映像だった。その隠蔽体質以上に問題なのが、映像に手を加えることで臨界事故の表象イメージを事後的に操作できると彼らが考えたことである。東電によるイメージ操作は極端な例だが、ニュースでくり返される原発事故の報道も、事故で避難した人たちの悲劇を映すテレビ・ドキュメンタリーも、企業や組織体のチェックをうけて幾枚ものフィルターを通っている。原理的にいって記録映像は撮影を経た時点ですでに誰かの意図をとおったものだが、さらに構成と編集プロセスにおいてたやすく加工できる性質があり、その一方で、見る者につよい現実感と一体感をおぼえさせる喚起力をもっているから厄介なのである。

臨界事故のあと、日々テレビモニターを通じて到来する福島からの映像に充足できず、自分の目で確かめるために、つまりは映像のむこう側へ突き抜けるために多くの映画作家たちが福島へとむかった。そして彼らは、誰に頼まれたわけでもないのにアクティビストの集合体と化して、ドキュメンタリー映画やネット動画を通じて絶えず現場で起きていることの深刻さとリアルを伝えようとしている。福島の現場へ入って膨大な記録映像を残すことも大事なことなのだが、はたと立ち止まって考えてみると、すべてを表象することは不可能だといえるこの災厄と放射能による被害を、映像で伝えるにはそれなりの戦略が必要だと思えてくる。ここでは事故よりもずっと前に福島から原発の怖さを訴えつづけていた、彼らの先駆的な存在であるひとりの映画アクティビストを取りあげてみたい。現実と虚構の可逆性と、見る者がそこにたいしておぼえる一体感という映像の特性を逆手にとり、表象イメージの操作を自分の映像の力へと変えることに成功したまれな映画作品の話である。

渡辺文樹の『罵詈雑言』

福島県で映画を撮りつづける渡辺文樹の『罵詈雑言』（一九九六年）は、映画というよりも、撮影から上映や宣伝までが、ひとつのアクティビズム（積極行動主義）なのだといえる。この作品は福島県田村郡の都路村（現・田村市）で一九八九年二月に起きた、東京電力の下請け会社の原発作業員が便槽内で死体となって発見された、いわゆる「福島女性教員宅便槽内怪死事件」をあつかっている。地元の女性教員の便槽で死体となって見つかったため、青年の死因はのぞきの末の凍死として片づけられてしまった。それに疑問をもった渡辺が真相を究明していくという内容で、舞台は田村郡、大熊町、浪江町にまたがっている。

原発作業員の家族へのインタビュー、渡辺がたどり着いた真相を再現したドラマ、作業員の集団暴行致死に関わって、それを隠蔽したとされる人々に突撃取材するドキュメンタリー部がはげしく交錯する映画である。渡辺は便槽変死事件の背後に、八九年一月に福島第二原発の三号機でおきた事故があると推測する。それは再循環ポンプ内で円板が破損し、原子炉の圧力容器内に金属片がおちて放射能漏れにつながりかねなかった重大事故であった。この事故のあと、東電で故障対策にあたっていた課長が自殺し、原発推進派の村長が地元に仕事と金を落とす政策をかかげて当選した事実にからめて、課長の自殺と便槽事件の原発作業員の死を「原発ムラ」による謀殺だと告発するのである。

その程度の話であれば、ジャーナリストなら誰にでも書けそうな筋書きである。『罵詈雑言』という映画がアクティビズムだというのは、原発作業員への集団暴行の隠蔽にかかわったとされる村長、元村議、警察署員、青年会会長、教員から原発労働者ら本人を相手に、渡辺文樹が真相を吐かせるための「直接行動」に出るからである。自宅の便槽から死体がでた女教員を追って、渡辺が小学校の職員会議に乱入するシーンでは、「カメラを武器にして」と抗議する教員にたいして「武器になんかしてない。みんなに知る権利があるから回している んだ」と反論する。マスメディアが報道しないことがなかったことにされないために、事実を公共の場へ伝えようとするアクティビストらしい義侠心がここには見てとれる。

ところが『罵詈雑言』のおもしろいところは、渡辺文樹の企図に反して「知らない」、「わたしは関係ない」とくり返す原発ムラの人々が本当に無実であり、渡辺の陰謀説のほうに無理があるのかもしれないと思えてくるところにもある。緊張感のある映像を撮るために、村人たちは犯人として名指しで非難され、カメラの前に引っぱりだされ、渡辺の暴力的な追及にさらされる。

カメラを向けられた人々は、とまどい、怒り、感情を露わにする。渡邊文樹が画面の前に登場し、演出の作業として彼らにツッコミを入れ、素人（当り前だ）から見事なリアクションを引き出す、奪い取る。これはドキュメントではないし、フィクションでもない。その混沌によって作りあげた渡邊文樹の劇映画スタイルだ。それは予想もしない反応が飛び出すスリリングな面白さを抱えているが、一方で、ハタ迷惑で独善的という罵詈雑言を受けかねない危険がある。

尾形敏朗「映画確信犯」パンフレット

そうには違いないのだが、だからといってマイケル・ムーアと同じようにドキュメンタリーとしての客観中立性がないとか、メッセージのために取材した事実を使っていると批判するのは、この場合は当たらない。『罵詈雑言』では渡辺の陰謀説というフィクションが先にあり、その企図に沿うようにリアルな本人たちと事件が強制的に歪められていく逆向きの疑似ドキュメンタリーなのである。であるから、便槽変死事件の究明も構成上のパーツの役割しか果たさない。最初からこの映画は原発ムラの実態をあばき、その体質と島国根性を批判する目的のためにこそ撮られている。渡辺の野性的なメディア・アクティビズムにとって、映画は福島の地元社会に根づく原発ムラを可視化し、告発するための道具でしかなく、カメラもまたそれをしたたかに叩くための武器にすぎないのである。その一方で、渡辺文樹のアクティビズムは見世物小屋の興行に似た面をもっている。一九九六年から九八年の三年間、断続的に北海道、東北、関東、関西、中国地方をわたしは渡辺とともに『罵詈雑言』の上映活動でまわったことがある。映画の看板をつけたハイエースで町から町へと移動し、車の拡声器で宣伝テープを流し、渡辺とわたしは交代で運転手とポスター貼りをつとめて、電柱に無断でポスターを貼りまくった。そのゲリラ的な宣伝活動はとても効果的だったが、同時に県条例違反によって警察に追われ、パトカーによく取り囲まれることになった。「ポスター貼っただろ」という警官にたいして渡辺はとぼけてみせ、隙があれば、「いま触ったな、人権侵害だぞ！」と逆ギレする。岡山県玉野市では渡辺とふたりで警察署に拘留されて尋問を受けたこともある。

『罵詈雑言』のポスターには手がきで「失神者続出」、「見たらゲロを吐く」との過激なポップが貼られ、それを見た中高校生がホラー映画だと思いこんで、平均数百人の観客が上映会場の市民ホールへと殺到する。そこで福島県の村で起きた原発誘致と村長選挙がらみの陰謀を告発する映画を見せられるのだ。たいていの若者は不満そうに帰途へつくだけだが、広島市民会館では上映後に二〇〇人前後が暴徒と化して、「金返せ」、「監督出せ」のコールがわきおこった。渡辺は拡声器で「騙されたお前らが悪い。福島は間違えればチェルノブイリになる、それを教えてやってるんだ」と開き直って反論した。渡辺は映画撮影時だけでなく、上映時にも人々に彼の信じる真実を強制的に見せるのであり、それは「野性のアクティビズム」とでも呼ぶしかない何かだった。この映画狂人が叫んでいた言葉に真実が含まれていたことは、それから一五年後の福島における原発事故が証明している。

無責任の体系

ところで、渡辺文樹がそこまでして『罵詈雑言』でたたかっている相手の正体はいったい何なのだろうか。渡辺の眼に原発ムラの構成員と映った人たちは、便槽変死事件について、「知らない」、「わからない」、「関係ない」との言葉をくり返す。あらかじめ渡辺が企図した便槽変死事件＝原発ムラの隠蔽工作という図式と、突撃取材をされる人たちの反応や発言は当然食いちがうものだ。本当に何もしていない人たちが、犯人の一味として渡辺の追及を受けているように見えるときさえある。そのように、原発ムラと便槽変死事件のあいだに関連があるとは必ずしもいえないなかで、渡辺が映画を成立させるために陰謀説で押し切っていくと、そこでとんでもない化学変化がおきる。だんだんと突撃取材を受けている人たちが、空とぼけて何か重大なことを隠している本物の原発ムラの住人に見えてくるのだ。このとき、『罵詈雑言』はフィクションを経由して、表象不可能にみえる原発ムラや原子力事故の背後にある芯の部分に届いているのかもしれない。

さらに興味深いのは、『罵詈雑言』の映画の中で、渡辺文樹の突撃取材のターゲットが、徐々に原発ムラの序列の上部へとむかっていくことである。インタビューは原発作業員の家族からはじまり、僧侶、原発労働者、反原発派の農民、原発企業の取締役といった、死んだ作業員に同情的な人たちの証言をとっていく。それから本丸へ入って、作業員の友人、村の教育委員会、郵便配達夫、青年会会長、女教員の同僚たち、村長の選挙参謀、監察医、建設会社、電力会社、村会議員、村役場の課長、病気療養中の村長、警察署長、国会議員といった具合に序列をあげていく。これは段々と真相に近づくようにみせる物語構成上の方法なのだが、これが原発ムラにおける「無責任の体系」を俯瞰ではなく、その内側からの内部観測としてうまく表現しているのだ。ムラ社会の性質がもっとも露骨に出ていたのが、日本の軍隊であったといわれる。『神聖喜劇』の作家の大西巨人によれば、日本の軍隊では上からの命令を遂行して失敗がおきると、各級の軍人は下級者にたいして責任をまぬがれるので、責任の所在をもとめて階級組織を上へ上へとあがっていくことになる。そして、さいごにはそれ以上の上級者がいない、何者にも責任を負うことがないひとりの人物へとたどり着くことになる。

上からの命令どおりに事柄が行われて、それにもかかわらず否定的結果が出現する、というごとき場合に、その責任の客観的所在は、主体的責任の自覚不可能ないし不必要なZからYへ、おなじくYからXへ、おなじくXからWへ、おなじくWからVへ、……と順送りに遡ってたずね求められるよりほかなく、その上へ上への追跡があげくのはてに行き当たるのは、またしても天皇なのである。しかるにその統帥大権者が、完全無際限に責任を阻却されている以上、ここで責任は、最終的に雲散霧消し、その所在は、永遠に突き止められることがない（あるいはその元来の不存在が、突き止められる）。……それならば、「世世天皇の統率し給ふ所にぞある」「わが国の軍隊」とは、累々たる無責任の体系、厖大な責任不存在の機構ということになろう。

大西巨人『神聖喜劇』一九七八～八〇年

的を射た記述である。誰が悪いというのではなく、共通了解されたシステムとしてそのように作動しているというのだ。「最上級者天皇には、下級者だけが存在して、上級者は全然存在しないから、その責任は、必ず常に完全無際限に阻却せられている。この頭首天皇は、絶対無責任である。軍事の一切は、この絶対無責任者、何者にも責任を負うことがなく何者からも責任を追求をせられることがない一人物に発する。しかも下級者にたいして各級軍人のすべてが責任を阻却されている」と大西巨人が書くときの筆致は、告発のニュアンスというよりは、論理的帰結を提示する者の冷静さに貫かれている。「ここで責任は、最終的に雲散霧消し、その所在は、永遠に突き止められること」がなくなり、軍隊が「無責任の体系」のままで存続するのは、ひとりの絶対者のエゴではなく、みんなが責任を負わずに済ませるためなのである。『罵詈雑言』のあとに、渡辺文樹が『腹腹時計』(一九九九年)、『天皇伝説 血のリレー』(二〇〇八年)、『ノモンハン』(二〇〇八年)といった天皇制を批判する三部作を発表しているのも、そのようなムラ社会に対する批判と無関係ではありえない。

『神聖喜劇』における無責任の体系の図式を『罵詈雑言』に置きかえるとどうなるのか。渡辺文樹が「便槽変死事件」を入口にして、作業員の死の責任を上へ上へと追跡していくと、村長から国会議員や電力会社をめぐる原発推進者たちのムラにたどり着き、最上級の責任の所在は、現代では天皇のかわりに「国」へと求められることになる。公害や原発事故など大きな社会問題がおきると、さいごに国の責任が問われることは衆知の事実である。人々は、「国に謝罪してもらいたい」、「国に補償してほしい」と「国」を連発するのだが、このときの国とは、総理大臣や国会議員や各省庁の官僚たちといったリアルな人たちや組織というよりは、もっと抽象的な「くに」であり、「お上」といいかえたほうがぴったりくる何かであろう。しかし、国の役人の上には権力をふるう代議士がいて、それを選挙で選ぶ国民たちがいることを考えると、責任の所在はますます曖昧になり、国民に対する擬似的な保護者のような「国=お上」だけが、無責任の体系の代理表象として残されることになる。実をいえば、国を連呼する側も、それが実体があいまいな幽霊のようなものであることは百も承知なのである。

このように日本特有のムラ社会では、共同体主義のつよい社会の必要悪として「無責任の体系」が保持されており、それはせまい島国のなかでうまくやっていくための一種の知恵でもあり、誰かが責任をとらずとも最上級者の責任にして問題を水に流し、先送りすることができるような独特のシステムなのである。福島の原発事故はこの無責任のシステムをあらためて露わにする契機となった。原子力エネルギーによる発電では大量の核廃棄物が生じるが、それをリサイクルするのか地中深く埋めるのか、その処理方法が決まらないまま、その電力による恩恵をみなが受けているのだから無責任なことこのうえない。しかし福島の原発事故によって、ムラ社会を放任しておけばわたしたちの生命や健康にまで害を及ぼしかねないと多くの人が気づくことになった。自分たちの既得権益を守るためになりふりを構わなくなり、政府や経済界に深く浸透した原発ムラを止めるのは、渡辺文樹のような特殊なアクティビストの仕事から、ふつうの市民がまず身のまわりの村社会から壊していく段階に入っているのだとわたしなどには思われるのである。

横浜のチャイニーズ・クレオール

チャイナタウンと中華学校

二〇〇九年に横浜は開港一五〇周年をむかえるが、それは横浜中華街が同じだけの年輪を重ねてきたことをも意味する。中華街を訪れる観光客は増えつづけているが、その形成の歴史を知る人は意外と少ない。横浜中華街の形成のうらには、欧米諸国による植民地主義や奴隷貿易、日中戦争、文化大革命といった世界史的な背景が濃縮されて詰めこまれているのだ。

『中華学校の子どもたち』（二〇〇八年、片岡希監督）は、横浜山手中華学校の小学部一年生の日常を足かけ三年にわたって記録したドキュメンタリー映画である。さまざまな政治と歴史の苦悩を経験してきた華僑・華人の子どもたちは、現代ではむじゃきに学校生活を楽しんでいる。「華僑」とは、中華人民共和国の国籍を保持する移民のことだが、「華人」は現地の国籍をもつ二世や三世のことを指す。中華学校の子どもたちのほとんどが「華人」である。この学校は中華街に店をもつ人などの子女が、日本にいながら中国語と中国文化を学ぶための学校であるから、授業は日本語と中国語（北京語）の二カ国語で行われる。入学当初は授業中に日本語でおしゃべりしていた子たちが、徐々に中国語との混成的な状況に入っていくさまが映画のなかでとらえられていて、おもしろい。

この映画を観ながら耳をすませると、子どもたちが自然に独特のミックス言語を話していることがわかる。たとえば「我《ウォー》はねえ」とか「ニーはあっちいって」のように主語を中国語にしたり、名詞の一部を中国語にしたりして話す。どうやら中学生くらいになると、センテンス単位で日本語と中国語を自由に往還するようになり、また両者がセンテンス内で混淆した「ピジン語」を自在に使いこなしている様子である。ピジン語は、もともと英語の「business」という単語が、中国語的に「pidgin」と発音されたのが語源だといわれる。つまり、貿易商人などの外部の人と現地人とのあいだで、意思疎通のために自然につくられた接触言語なのだ。これが旧植民地で根づいて母国語になるとクレオール語となるが、中華学校における混成語はそこまでにはいたってない。

それにしても、このような中華学校の子どもたちの軽やかな言語感覚はどこからきているのか。それを知るためには、横浜中華街の成立時にまで歴史をさかのぼる必要があるだろう。一九世紀にヨーロッパがインドや清国を植民地化して、一八五三年にはアメリカのペリーが率いる黒船が横須賀の浦賀沖に現れる。そして、日米修好通商条約が締結され、それに沿って一八五九年に横浜に港が開かれた。幕末に横浜が開港すると、多くの欧米人が横浜にやってきたが、彼らはヨーロッパやアメリカ本土からではなく、先に開国していた清国から移動してきた。このときに欧米人が日本の居留地での生活のために、コックや会計係、通訳として連れてきたのが中国人だった。なぜなら、中国人は筆談で日本人と意志の疎通ができ、日本より先に開港していたので西洋流のビジネス習慣になじんでいたからである。

つまり、最初から欧米の言語と日本語のあいだに立ち、両者を仲立ちする立場として日本にきた移民の末裔であるのだから、言語感覚がすぐれているのも不思議ではない。映画の中で、中華学校の校長がインタビューに答えて、近年は中華系のルーツをもたない日本人の生徒が増えて一割に達しているという。「これからは中国の時代。子どもに生きた外国語を身につけさせたい」と考えた父兄が、インターナショナル・スクールとして送りこむものらしい。中華学校への日本人の入学希望者も増加しているというが、移民文化という背景をもたずして、はたしてどこまで言語感覚をとぎすませることができるのか疑問もある。

中華学校の歴史

『中華学校の子どもたち』の中で、子どもたちが授業の一環として、自分たちの親が働く中華街へフィールドワークに出かける場面がある。おかゆ屋さんや中華料理店の子息たちが、厨房や店内で料理のつくり方をインタビューしてまわる。横浜中華街のあの複雑な街路を、自分の庭のように歩きまわる子どもたちの姿が生き生きしている。世界中にあるチャイナタウンは、どうして料理店ばかりがひしめき合うような構造になっているのだろうか。この疑問にも、また歴史が答えてくれる。ヨーロッパによるアジアの植民地化が進むと、西欧人と現地人のあいだに立って流通・経済をあやつる中国人があらわれ、各地で華僑社会が成立した。とはいえ「華僑」で最初から商人だったのは恵まれた階層だけで、その多くは苦力《クーリー》とよばれる肉体労働者だった。

一九世紀に黒人奴隷制度が各国で廃止されると、植民地やアメリカで労働力が不足し、黒人の後釜として中国人の苦力が注目され、人身売買の一種である「苦力貿易」が盛んになる。中国ではアヘン戦争で国内が乱れ、広東省や福建省で貧民があふれて海外へ流出していった。苦力は猪仔（子ブタ）と呼ばれてアメリカ、キューバ、マレーシア、モーリシャス島、西インド諸島などへ移民として送られた。彼らは低賃金で過酷な労働を強いられ、最下層の生活を強いられた。日本でもペリー来航前に、アメリカ商船のロバートバウン号で苦力が苦役にたえきれずに反乱を起こし、石垣島に漂着している。多くの苦力が勉強や勤労を重ねた後に、商人として「華僑」になっていき、華僑の世界的なネットワークが形成される。彼らが金銭に対する執着が強いように見えるのは、海外移住での困難を経た歴史があったからである。

一方、開港後の横浜では、欧米の商館に住んでいた中国人の数が増えて、山下町に集団で住むようになった。これが唐人町（南京町、中華街）のはじまりである。当時の中国人は土木関係、印刷、保険金融、写真技師など、欧米の技術を利用した職業についていた。それらの分野を日本人がまかなうようになると、次第に「三把刀」で身を立てるようになった。外国に華僑としてでた中国人には「三把刀」、つまり刃物を使う三つの職業である料理人、縫製師、理髪師をする者が多かった。その背景には、明治政府が大勢の中国人労働者の来日で日本人が失業しないかと考えて、居留地の外で仕事をする外国人に理髪、洋裁、料理業などの職業制限を設け、未熟練労働を規制した政策があるという。また、映画ではふれられていないが、関東大震災のときには、逆上した日本人による朝鮮人・中国人の虐殺もあった。そのような歴史を経て、約四〇〇メートル四方の横浜中華街には、いまも五〇〇以上の店舗が身をよせあっているのだ。

大陸系と台湾系

『中華学校の子どもたち』という映画を観ていると、子どもたちの日常のドキュメンタリーや関係者のインタビューを通じて、その背後に中華系移民がもつさまざまな歴史性がみえてくる。そのなかでも、この映画の中心におかれているのが、一九五二年に発生した「学校事件」と華僑・華人のアイデンティティの問題である。日中で何か事件が起きるたびに真っ先に反応し、翻弄されてきたのが、この移民者のコミュニティであったからだ。

一九四九年に、内戦で敗北した蔣介石ら国民党が台湾へ撤退すると、中国はふたつに分裂した。それを受けて、中華学校でも五二年に「学校事件」が起きる。

大陸系と台湾系が対立し、日本の警察が介入する流血事件となった。中華学校に台湾系が残り、校舎への立ち入りを禁止された大陸系の教師と生徒は、職場や住居を山手に移して仮設教室で授業を行った。これがのちの「横浜山手中華学校」となっていくのだ。台湾系の「横浜中華学院」は現在でも中華街の内側にある。映画のインタビューにもでてくるが、いまだに華僑・華人の老年者のなかには、「大陸か台湾か」といった政治意識を鮮明にしている者が少なくないようである。

このような分裂の背景には、やはり言語の問題が隠されているのだろう。多民族で広大な中国では地域によって方言の差が大きく、同じ国内どころか同じ省内でも言葉が通じないことがある。だから、海外にでた華僑の場合、言葉の通じる同郷者が助け合ってコミュニティを形成することになる。そして、商売をはじめた経営者が同郷の人をやとい、それが独立して同業を行うことがくり返され、同業者のコミュニティを形成するのだ。このような集団化された華人社会の集団は「幇《バン》」と呼ばれる。これは外部の人間にはなかなか理解しづらいが、任侠的な性格があり、海外で一族や集団が経済的に助け合う反面、秘密結社的な働きをして黒社会や闇組織の形成にもつながったりする。ドキュメンタリー映画でそこまで踏みこむのは難しいかもしれないが、ぜひ続編を撮りつづけ、もっとも身近な「他者」である中華街の華人社会の本質に切りこんでほしいものである。

実験的な映像としてのドキュメンタリー

ドキュメンタリーの世界において新しい表現が、次々とうまれている。これまでの映画の枠組みでは考えられなかったデジタルヴィデオ時代ならではの実験的な映像表現が、いま切りひらかれているのではないか。わたしがそのことを意識したのは、二一世紀に入ってからのことだ。よくいわれるように、フィルム撮りだったドキュメンタリー映画が、一九九〇年代後半になると、ほとんどがヴィデオ撮りへと移行した。その背景にはデジタルヴィデオカメラが軽量化・高品質化され、パソコンによって簡便な映像編集が可能となり、個人や少人数による低予算のドキュメンタリー製作に道がひらかれたことがある。

それ以前にもクリス・マルケルの『アレクサンドルの墓』（一九九三年）、原將人の『百代の過客』（一九九三年）、アレクサンドル・ソクーロフの『精神《こころ》の声』（一九九五年）といったヴィデオ撮影による先鋭的な作品はあった。ところがペドロ・コスタ、ワン・ビン、リティ・パンらによる二〇〇〇年代前半に発表されたドキュメンタリー映画を見ると、芸術性が高いというだけにとどまらず、それまでの映画・映像文法をがらりと刷新し、「クリティカル」な表現形式がとられるようになった。それはどういうことか？

ペドロ・コスタの『ヴァンダの部屋』（二〇〇〇年）では、リスボンのスラム街に暮らす人たちが自分自身を演じる。ヴィデオ撮りで可能になった固定ショットの長まわしの多用により、その空間におけるアンビエンスを記録した。ワン・ビンの『鉄西区』（二〇〇三年）のショットの長さには、現実をなるべく切りとらずに街全体を構築的に写しとる戦略があったと考えられるだろう。リティ・パンの『S21 クメール・ルージュの虐殺者たち』（二〇〇二年）は、虐殺の加害者と被害者が対面することにばかり注目があつまったが、『消された画』（二〇一三年）と考えあわせれば、その方法が、過去におきた虐殺の表象不可能性をいかに映像として乗りこえるかという苦闘の末に生みだされたものであることがわかる。

これらの作品では、虚構／ドキュメンタリーという対立が解消されている。その二者は当然のように溶融しあった上で、現実の人物や出来事をいかにヴィデオ映像で扱うのかが問われている。それは、二一世紀の作家たちがドキュメンタリストであると同時に、フィクションのつくり手であることと関係している。彼らはヴィデオ・ドキュメンタリーを映画的な表現にするべく、ヴィデオやデジタルの特性をいかした文法を新たにつくりださなくてはならなかった。そこには常に発明があったのだ。フィクションを中心に作品を発表してきたラヴ・ディアスが、フィリピンを直撃した台風と、破壊しつくされた貧民街を撮った『ストーム・チルドレン 第一の書』（二〇一四年）も同じ流れにある。現代のドキュメンタリーにおける映像表現の実験が、映画全体をリードする重要なストリームになっていることはいうまでもない。

映画のなかのヒトラーの肖像

二〇〇五年は終戦から六〇年である。ということは、アドルフ・ヒトラーと第三帝国の終焉からも六〇年になる。ヨーロッパ全土を戦争に巻きこみ、ユダヤ人を大量虐殺した悪の枢軸として、ナチス・ドイツはしばしば映画のなかに登場してきた。映画『カサブランカ』（一九四六年、マイケル・カーティス監督）は、反ナチスの運動家とその妻の亡命をえがき、『サウンド・オブ・ミュージック』（一九六五年、ロバート・ワイズ監督）の歌が大好きな修道女と軍人の一家は、ナチスから逃れるために国境の山を登る。『レイダース 失われた聖櫃』（一九八一年、スティーヴン・スピルバーグ監督）のインディ・ジョーンズ博士の任務は、ナチスが最大の武器「アーク」を発見するのを阻止することであり、最近では『戦場のピアニスト』（二〇〇二年、ロマン・ポランスキー監督）の音楽家が収容所送りを逃れて隠れ家を転々とする姿が記憶に新しい。ジャンルを問わず、映画にとっては、ナチス・ドイツが体現する「悪」のイメージを消費してきた六〇年であったといえる。ドラマを盛りあげ、物語に感動をもたらすための装置として絶対的な悪として君臨するナチスのイメージは機能し、鉤十字と親衛隊の制服は亡霊のように何度もよみがえっては、スクリーンの上で生きつづけてきた。

そんなふうに考えてきたのだが、『ヒトラー〜最後の一二日間〜』（二〇〇四年、オリヴァー・ヒルシュビーゲル監督）は、大衆メディアに表象されてきたナチス・ドイツのこれまでのイメージを一新させるかもしれない映画になっている。ソ連軍の砲火がせまりくるベルリンで、ヒトラーは側近らとともに首相官邸の地下にある退避壕に避難している。もはや状況を客観的に判断できないヒトラーは、ありえない逆転劇を主張して、軍事会議で側近たちを困惑させる。独裁者のもとから逃亡する者、酒におぼれて現実逃避する者が出るなか、ヒトラーがピストル自殺するまでの日々を、秘書をしていた若い女性ユンゲの視点から描いている。秘書といっても口述筆記をすることはほとんどなく、食事や散歩やお茶会でヒトラーや愛人のエヴァ・ブラウンの話し相手をつとめるのが仕事のようなものだ。この映画の中のヒトラーは女性たちにたいして紳士的で、子どもにやさしく、きわめて人間らしい。たえまなく手が震え、片足をひきずる姿は、秘書の目には疲れ切った中小企業の社長のような、かわいそうなおじさんとして映る。冷酷な独裁者であっても、血も涙も通うふつうの人間であったのだろう。

『ヒトラー～最後の12日間～』は、ドイツでは社会現象になるほどの反響を呼んだという。ナチスという負の遺産を抱えた戦後のドイツでは、ヒトラーに関して自由な意見をいうのはタブーであり、学校教育を通じて、第三帝国の歴史とその過ちを徹底的に教えこんできたからだ。ドイツには反ナチス法というものさえ存在する。この映画に批判的な人は、ヒトラーを人間として描くことだけで拒否反応を示す人から、究極の悪であるナチズムへの憎しみが軽減することを懸念する人まで、さまざまだという。ただ、その裏に共通してあるのは、すべての咎を「悪」という特別な存在に押しつけ、敗戦を機に自分たちが行った所業をリセットしたことへの罪悪感である。ナチズムを人々をおそった疫病のようにあつかうことで、ヒトラーやナチス・ドイツがなぜ生まれたのか、という問いを棚上げにしてしまったのではないか。だから、この映画が突きつけるのは、独裁者の人間性をえがくことの可否だけではない。ナチスの台頭を許した罪が自分の内側にあり、独裁者に魅了された理由を追及してこなかったことのほうが問題なのだ。映画とは不思議なもので、頭で犯罪者だとわかっていても、ヒトラーがドラマの中心に置かれていれば観客は彼に寄りそって共感してしまう。そんな映画ならではの心理的な効果が、かつてヒトラーの示した理想や価値に共鳴し、第三帝国への道を進んだドイツ人にみずからの「内なるナチズム」の問題を想起させたのではないか。

この映画には二冊の原作があるというので手にとってみた。映画の語り手のトラウゲル・ユンゲが書いた『私はヒトラーの秘書だった』（足立ラーベ加代／高島市子訳、二〇〇四年）のほうが印象に残った。元ナチス幹部が書いた回想録は山ほどでているが、彼女の文章には感傷を排して、沈思黙考を重ねた人の本質をついた語りがある。たとえば、ヒトラーが自殺を選び、自分の死体を焼かせた理由についてユンゲは、裸のムッソリーニが広場で逆さ吊りにされた写真を見て戦慄したからではないか、と推測しているところなどがそうだ。ダンサーを目指して都会に憧れる、この美しい二十代の女性が抱えた「大量殺人者に仕えていたという自覚を持って生きてゆくこと」の苦悩は、この六〇年間、ドイツ人全体が抱えてきた苦しみだといっても過言ではないのではないか。

二〇〇五年の年明けに、天皇裕仁が人間宣言を決意するにいたるまでの一日を描いた、アレクサンドル・ソクーロフ監督の映画『太陽』がロシアで公開された。残念ながら配給に名乗りである会社がなく、いまのところ日本での劇場公開は決まっていない。これまで天皇裕仁のドラマをきっちり撮った映画がなかったことには驚くが、これをロシア人が撮り、日本で公開できないとはどういうことなのか。その事態を考えなくてはいけない。『ヒトラー ～最後の12日間～』は、そんなわたしたち自身の問題をも思い起こさせてくれるものを持っている。

映画に描かれたチェチェン

二〇〇八年には、チェチェン関連の映画が三本公開された。『一二人の怒れる男』（二〇〇七年）のニキータ・ミハルコフ監督は、育ての親を惨殺したチェチェン人の少年が、多民族による陪審員によって救われるさまを描いた。これはプーチン支配下のロシアがどんどんファシズム化していくなかで、ロシアの多民族性に未来への可能性を賭けようと提案している映画だろう。最後に真犯人が誰かという推理が出てくるが、これはロシア政府内で諜報活動も行う機関FSB（ロシア連邦保安庁）を暗示しており、さらには「ドゥブフロカ劇場占拠事件」や「ベスラン学校占拠事件」がFSBの画策ではないかと暗に指摘している衝撃作だといえる。

アレクサンドル・ソクーロフ監督の『チェチェンへ　アレクサンドラの旅』（二〇〇七年）と同日に劇場公開された、テンギス・アブラゼ監督の『懺悔』（一九八四年）はグルジア（ジョージア）映画であるが、スターリン政権下でチェチェン人の強制移住を行ったラヴレンチー・ベリヤをモデルにした寓話的な物語である。スターリンもベリヤもグルジア人だが、同国人を含めコーカサスの先住民族や少数民族の恐ろしさを知っており、徹底的に粛清したトラウマがこのような映画をつくらせているのだろう。

ロシアのオペラ歌手ガリーナ・ビジネフスカヤは、アレクサンドル・ソクーロフの前作『ロストロポーヴィチ　人生の祭典』（二〇〇六年）において、彼の妻としてドキュメンタリー映画に出演していた。そして、二〇〇七年のこの映画の日本公開直前にロストロポーヴィチが亡くなったことは記憶に新しい。『チェチェンへ　アレクサンドラの旅』という映画は、そのガリーナが主役を演じている。祖母が職業軍人である孫をチェチェンのロシア軍の駐屯地まで慰問に出かけるという物語である。

映画の中で目を引くのは、なんといってもアレクサンドラの歩行であろう。足と腰が悪いのか、グルズヌイ（チェチェン）の駐屯地をよたよたと歩きまわる姿が印象的である。そのゆったりとした歩行のリズムを基調として、映画は「戦場における日常」を描いている。たとえば、朝になって孫の大尉デニスが、ふつうに仕事へでかけるようにして、チェチェン独立派を駆逐しに戦車で出かけていく。戦火は遠い山の尾根に見えるだけで、対照的にアレクサンドラは市場へ買物に出かけるといった具合だ。

『チェチェンへ アレクサンドラの旅』

また、アレクサンドラがチェチェンに到着するシーンでは、グルズヌイのバラックのような市場と隣り合わせの駐屯地を見せるカットがいい。実際にロシア軍に街を破壊されたチェチェン人は、ロシア人相手に商売するためにこのような市場をつくっているのだろうと想像させる。空爆で破壊された建物に住むチェチェン人のマリカが、それが仇敵であろうと客人は歓待しなくてはならないというカフカース（コーカサス）人ならではの「歓待の精神」で、アレクサンドラを助けるところも痒いところに手が届いている感じだ。哲学者のジャック・デリダは著書『歓待について』（一九九七年）の中で、名前もきかず無条件に客人を受け入れる「絶対的な歓待」について書いたが、チェチェン人をはじめとするカフカース地方の人々には、それがあるのかもしれない。

ところで、ソクーロフはしばしばソビエトやロシアの軍隊の内幕を描いてきた。『精神の声《こころ》』（一九九五年）は六時間半という長さにおよぶドキュメンタリー映画で、タジキスタンの内戦に出兵したロシア兵の日常を描いている。撮影後、兵士はほとんど戦死しまったという逸話も残っている。また『ファザー、サン』（二〇〇三年）では、軍隊を退役した父と、軍人学校に通う息子を描いていた。ソクーロフ自身が職業軍人の息子で、一九五一年にイルクーツクで生まれ、ポーランドに住んだりと各地転々と歩いた、その人生経験が反映しているのだろう。この映画は、濃密な男性同士の肉体がまぐわる映像から幕を開けている。ソクーロフが同性愛者であることは有名な話だから、ここではくり返さないでおこう。『チェチェンへ　アレクサンドラの旅』の中にも、アレクサンドラが列車から降りたときに、手をつなぐチェチェン人らしき男性カップルを見る場景がある。このイメージはアレクサンドラの夢の中にも出てくるのだが、こういうカットもソクーロフならではのものだといえる。これは同性愛といよりは、人々の共存のほうを象徴しているのかもしれないが。また、軍隊生活を送る二〇歳そこその兵士たちが露出する、美しい上半身裸の身体を撮ったショットにも目がいってしまう。

ソクーロフとチェチェンの関係であるが、彼はあくまでもロシア側からの視点で撮りきっていると考えるほうがいい。ソクーロフはバイカル湖に近いイルクーツクの町で生まれた。この時期、バイカル＝アムール鉄道の建設が進められており、日本人のシベリア抑留者たちもこの土地で強制労働によって多くの人が死んでいる。イルクーツクの街中の建設作業にも、シベリアのラーゲリにいた囚人や抑留者が使われたという。意外とこの辺に、ソクーロフと日本文化との接点があるのかもしれない。一九四四年には、スターリンによるチェチェン人の強制移住があったことは有名だ。チェチェン人はカザフスタンやシベリアへ送られてしまい、民族の四分の一から三分の一が虐殺と強制移住の憂き目にあったというのだから、その恨みは根深いといわざるを得ない。

余談になるが、ロシアにはアナトーリイ・プリスターフキンが書いた『コーカサスの金色の雲』（三浦みどり訳、一九九五年）という小説がある。戦時中にモスクワからカフカースに疎開した戦災孤児たちの物語である。この小説は、チェチェン・イングーシの人たちの強制移住のテーマもあつかっている。映画版は、実際にカザフスタンに強制移住させられた経験をもつスラムベク・マミーロフ監督が、『金色の雲は宿った』（一九八九年）というタイトルで撮っている。映画のほうではチェチェン人への虐待を描いている。原作小説と映画を比べてみたら、ロシアとチェチェンのあいだに横たわる問題がもっとよく見えてくるだろう。

パレスチナ紀行

ヨルダンから西岸地区へ

一一月一五日は、パレスチナ評議会が一九八八年に独立国家パレスチナの独立を宣言した日であり、当地では独立記念日とされている。今年（二〇一二年）からその記念日を祝して、パレスチナ政府が世界中の国々から若者を中心とした訪問団を受け入れ、一一日から一五日までの五日間「パレスチナ・ユース・フェスティバル」を開催することになった。その背景には、二〇一一年九月に自治政府のアッバス議長が、国家としての国連加盟を正式に申請したことがある。世界各国からの訪問団をパレスチナ政府がサポートすることで、国内を政治的・経済的・文化的に視察してもらい、国際的な認知度を高めたいという意識の現れである。日本からも三〇数名の訪問団が渡航することになり、わたしも現地視察する機会を得たのだが、その旅程は平坦なものではなかった。なぜならパレスチナに入った直後から、イスラエル軍によるガザ地区への空爆がはじまったからであった。

パレスチナ自治区があるヨルダン川西岸地区に入るには、ふた通りの方法があるといわれた。ひとつはイスラエルの都市テルアビブまで空路で行く方法。もうひとつはヨルダンの首都アンマンまで空路で行く方法で、両者とも空港からは陸路になる。しかし、前者のイスラエル経由で行くと、パレスチナの民衆を圧倒的な軍事力で制圧するイスラエル国家を是認することにつながるので、親パレスチナの人間は遠回りになるがヨルダン経由で入るのだという。ヨルダンは国民の半数の約三〇〇万人が、イスラエルとの中東戦争で逃れてきたパレスチナ人であり、親パレスチナの国として知られている。また、西岸地区に居住するパレスチナ人はエルサレムに入れないため、彼らが外国へ行くときも必ずこのルートを通らざるを得ないのだ。

アンマンから車で一時間半ほどであったか。南北に流れて死海に注ぎこむヨルダン川のあるヨルダン渓谷にたどり着いた。この渓谷がヨルダンとイスラエルの国境線になっており、ここでいったんヨルダンを出国する。バスに乗って軍事境界線を越えて、イスラエル側の入国審査を受けることになる。ここは世界一、不親切で時間のかかる入国審査所として知られており、パスポートに中東の国のビザがある人は必ず列から外されて質問を受ける。反対にイスラエルのビザの押印があると他の中東諸国に入りづらくなるので、「ノー・スタンプ」と頼むことが常識になっている。わたしは二時間程度で入国できたが、旅の道連れとなったアフリカのガンビアから来た青年二名は入国に五時間かかったらしい。

とはいえ、イスラエルは国境の渓谷を帯状に軍事支配しているだけで、車で走るとすぐにアラファトとアッバス議長の肖像が飾られたパレスチナの入国管理局があった。こちらでは国民性なのかチラッとパスポートをのぞいただけで、すぐにスタンプを押して「ようこそ！」とにこやかに歓迎してくれた。この国境越えの複雑さにおいてすでに、イスラエルに実行支配されている自治区に住むパレスチナの人々の労苦が感得された。夕方にはラマッラー市のホテルに到着し、すぐにユース・フェスティバルが行われるラマッラー文化会館に移動した。各国からの訪問団やジャーナリスト、地元の人々が集まっており、詩人の朗詠や政治家のスピーチにつづき、若者によるきらびやかな民族舞踊が披露されて会場は盛りあがりを見せた。

デモと催涙弾

二日目の朝は早くに起きて、パレスチナ自治区の南部の町エリコ（ジェリコ）の視察に出かけた。エリコは紀元前八千年前の集落跡がある「世界最古の町」と言われる。イエスが悪魔に誘惑されたという山もこの地域にあり、パレスチナの地こそが旧約聖書に出てくる約束の地カナンで、新旧の聖書物語のまさにその舞台だということが実感されてくる。わたしがエリコに入ったのは、ガザ地区でハマスの軍事部門のトップが空爆で殺害され、イスラエルの空爆がはじまった一四日のその日であった。古代の遺跡が残るエリコの町中に、反原発デモで見かけるようなDJとスピーカーを乗せたサウンドカーが現われ、ダンサンブルな抵抗歌をかけながらパレスチナの民衆によるデモがはじまった。これは、パレスチナが持つ国連の参加資格を「オブザーバー機構」から「オブザーバー国家」に格上げする国連総会決議案を一一月中に提出すると、アッバス議長が表明したことを受けて行われたものだ。外国からの訪問団の人たちも、何が起きるとも知らされないまま、デモ隊と一緒に歩くことになった。

パレスチナ人のデモ隊は自転車に乗った小学生、制服を着た中高生、車椅子に乗った老人などを吸収しながら見る見るうちに数千人規模へとふくれあがっていった。小学生の男の子にインタビューすると「将来は兵隊になりたい。そして、僕たちパレスチナ人の土地をイスラエルから守るんだ」と屈託なくいったのが印象的だった。わたしはサウンドカーの荷台に乗りこみ、デモ隊の写真と映像を撮っていた。

二時間ほど歩いたか、デモ隊はパレスチナの旗を振りながら町中を外れていき、何もない砂漠地帯へと進んでいく。炎天下のなかで人々は要領よく水分を補給しながら、抵抗の歌を口ずさんで歩いている。しばらくして、ヨルダン渓谷が一望できる見晴らしのいいエリコ山の麓に出た。しかし、サウンドカーとデモ隊が進む先は一本道で、その先にはイスラエルの戦車と軍兵の姿が見える。嫌な予感がしたが、案の定、デモ隊はヨルダン渓谷を守るイスラエル軍の防衛線の前で止まり、旗を振って歌をうたうパレスチナ人とイスラエル兵のにらみ合いが続いた。

そのうちにひとりのパレスチナの少年が投石をして、イスラエル兵ともみ合いになった。デモの隊列が崩れだしたとき、パン、パンと乾いた砲声が二度して、人々が叫喚とともに逃げだした。最初は銃声かと思ったが、頭上の青空を煙の筋が飛んでいき、地面で白煙となって破裂したので催涙弾が撃たれたのだとわかった。走って逃げているうちに目と喉が痛くなり、頭がズキズキしてきた。近くにあった車の中に逃げこむと、涙を流しているパレスチナ女性が、目を水で洗うようにとミネラル水を差しだしてくれた。デモを主催した男性にインタビューしたところ、「わたしたちは平和なデモ行進をしようとしたのだが、ご覧のようにイスラエル兵は力によってそれを粉砕した。彼らはパレスチナの旗を見たくないんです。この現状を国際社会に知らせてください」と話した。それから、ユース・フェスティバルの総務部長の女性イティダル・イズマエルさんに話を聞くと、「こうまでして世界中の人々に訴えるしかなかったのよ。わたしの弟はイスラエル兵に殺されました」と語ってくれた。

分離壁と検問所

去る二〇一二年一一月二九日、ニューヨークで開かれた国連総会にて、パレスチナ自治政府を国連の「非加盟オブザーバー組織」から「非加盟オブザーバー国家」へと格上げする決議案の採択が行われた。賛成はフランスや日本などの一三八カ国、反対はアメリカやイスラエルなどの八カ国で、圧倒的多数の投票によって可決された。国際社会から国家として承認されたという象徴的な意味にとどまるが、総会に出席したアッバス議長も、採択の様子を街頭のスクリーンの前で見守ったパレスチナの民衆も、歓喜に酔いしれた瞬間だった。一方のイスラエルはタカ派で対パレスチナ強硬派のネタニヤフ首相が政権を握っており、一二月一日に国連決議への対抗措置として、ヨルダン側西岸地区において新たにユダヤ人の入植住宅を三〇〇〇戸建設すると発表した。占領地での入植活動は国際法上の違反であり、ヨーロッパ各国が一斉に非難し、アメリカまでが、「和平が後退する、非生産的だ」とイスラエルに自制を求めた。両者の対立には根深いものがある。パレスチナへの旅で目の当たりにした、イスラエルによる占領の実態について見ていきたい。

ヨルダン川を渡ってパレスチナ自治区に入ると、幹線道路を車で走ってエリコやラマッラーといった町にいたるまで、白灰色の岩石や砂に覆われた沙漠地帯がつづく。この沙漠こそ旧約聖書や新約聖書に出てくる約束の地カナンなのだが、まさに不毛の土地であり、羊飼いのベドウィンを除いて生き物の姿を見ることは滅多にない。その代わり、たびたび目にするのが、砂漠の丘陵を横切るように張られた鉄条網であり、高さ八メートルの分離壁が長城のようにして丘を縫っている光景である。そして主要な幹線道路には、随所にイスラエル兵の立っている検問所がある。たいていはノーチェックで通してくれるが、有事のときやイスラエル兵の機嫌が悪いときに、パレスチナ人たちはここで足止めを喰らうのだ。

同行したパレスチナ人のガイドによると、自治区といっても完全に自治が認められているわけではなく、あくまでもイスラエルの占領下にあるのだという。自治区はA地区（パレスチナ自治政府が行政権と警察権を持つ）、B地区（パレスチナが行政権、イスラエル軍が警察権を持つ）、C地区（イスラエル軍が行政権と警察権を持つ）に区分されている。たとえばパレスチナ人が暮す町ラマッラーはA地区だが、隣町へ行こうとすれば、A地区を取り囲むB地区やC地区を通らなくてはならず、そのたびにイスラエル軍の検問所を通過する羽目になる。検問所でライフルを持ってぶらぶらしているイスラエル兵を見ると、何もしないとはわかっていても威圧感がある。そうやって日常生活にまでストレスが及ぶことが、占領下に生きる生活なのである。

沙漠地帯から町中に入ると、ますます分離壁が増えて、パレスチナ側の壁にヤスール・アラファト議長の肖像や、解放闘争の英雄ライラ・カリドの肖像がスプレーで大きく描かれているのが見えてきた。ラマッラーの南にあるカレンディア検問所で車をおりた。監視塔と分離壁の焼けこげた跡が生々しい。なぜそれが黒焦げなのかは、あとでわかることになったのだが。ガイドの案内で、渋滞しているカレンディアの車用の検問所の脇を抜けて、鉄柵で何重にも囲まれた歩行者用の検問所へと歩く。壁のむこうはイスラエル側であり、エルサレムに行くにはこのカレンディアを通ることが多いという。パレスチナ人の自爆攻撃者たちの多くもこの検問所を通ったのだ。ガイドが顔写真入りの通行証を見せてくれて「外国人は自由に往き来できるが、わたしたちパレスチナ人はこれがないと通れません。わたしは自治政府のために働いているので、一度イスラエル側に入ったら簡単には戻って来られません」と話してくれた。

エルサレムの印象

パレスチナ自治政府のファイヤド首相が、外国からの訪問団と面会することになった。ラマッラーの中心街から外れた山の手に首相官邸はあった。立派な会議室に通されて、首相が流暢な英語で話しはじめた。おりしも二〇〇四年に死因不明で亡くなったアラファト議長の遺品から、毒性の強い放射性物質ポロニウムが発見されて話題になっていた時期だった。毒殺疑惑の真偽を確かめるために、ちょうどわたしたちが滞在中の一一月一三日に議長の遺体が入った墓の掘り起こしがはじまったところで、首相もアラファト議長は暗殺された可能性が高いと断言した。同行したジャーナリストのひとりが、「パレスチナは一国家二民族を目指すのか、二国家共存を目指すのか」という、わりと聞きにくい質問を首相にぶつけてみせた。そうすると、それまで国際友好親善のモードだった首相の顔つきが変わり、「イスラエル人とパレスチナ人が占領者と被占領者になっている現状では、とても平等があるとはいえません。パレスチナ人にも自由に尊厳を持って生きる権利があるはずです。まずは、この不法な占領状態を終わらせることが先決です」ときっぱり答えたのが印象的だった。

わたしはパレスチナの人たちに悪いな、という罪の意識を感じつつも、外国人であることの特権を使って、イスラエルが実行支配する東エルサレムに行ってみることにした。イスラエル軍がハマスの幹部を殺害し、ガザ地区を空爆して民間人が犠牲になっている最中だった。その夜はカレンディアで暴動が起きて、検問所が封鎖されたという情報が入ってきた。そこでタクシーで遠回りをして、バイパスから東エルサレムに入ることにした。検問所を超えてイスラエル側に入ると、途端に道が良くなり、パレスチナ側にはなかった信号機が出現した。新品で高そうな自動車が多く、国道の脇をモダンなデザインのトラム（路面電車）が音もなく滑っていく。その風景は中東に突然現れたヨーロッパの町並みそのものだった。

西エルサレムはユダヤ人居住区で、東エルサレムは、名目上はアラブ人居住区なのだが、イスラエルが実行支配をしている。宗教的にみると東エルサレムの旧市街の中に、ユダヤ教・イスラーム教・キリスト教の聖地が並存しているという複雑さである。有名な「嘆きの壁」へと続く旧市街の城塞を歩いていたら、門の前でイスラエル人の若者とパレスチナ人の子どもたちが一緒に、ガザ地区の空爆に抗議するデモを行っていた。無論イスラエル人のなかにも自国による占領と暴力に反対する人たちはいるわけで、このように複数の民族が共存するあり方こそが、本来のエルサレムという街にふさわしいのだろう。旧市街の洋服店や飲食店をのぞけば、どこでもパレスチナ人たちが働いている。売り子に話を聞いてみたら、自分たちはエルサレムに住むパレスチナ人だといった。トンネルのような旧市街を抜けて「嘆きの壁」にたどり着くと、キッパーという帽子をかぶって長い髭を伸ばし、黒い服装に身を包んだ敬虔なユダヤ教徒の人たちであふれ返っていた。壁の前で聖書を開き、ユダヤ紳士たちが頭を前後に振りながら祈りを捧げている。こんな古いがらんどうの史跡をめぐって、血で血を塗るような長年の対立が続いてきたのかと思うと、何だかやり切れない心持ちになった。

ベツレヘムへ

東エルサレムの旧市街をまわってから、市バスでパレスチナの町ラマッラーへもどった。イスラエルへ入るときは容易ではなかったが、反対にパレスチナへ出ていくのは簡単であった。エルサレムの土地を占領して実効支配をしているイスラエル軍の側から見れば、誰でも出ていくぶんには、「どうぞご自由に」ということなのだろう。現地の人によれば、イスラエルの登録車は黄色のナンバー、パレスチナの登録者は白のナンバーと決められているという。ナンバーの「色」でエルサレムに入る車輌を識別することは、一見、合理的な手段のようにも思えるが、よく考えれば、それは人種差別とほとんど同義である。翌日、苦々しい気持ちを噛みしめながら、エルサレムに隣接するベツレヘムの町へとむかった。

「ベツレヘムの星」といえばクリスマスツリーの天辺についている星のことだ。イエス・キリストが生誕したとされる町だが、現在はパレスチナ側に位置している。蛇行する山道を眩暈しながら車でのぼると、見晴らしのいいオリーブ山に着いた。古い城壁に囲まれた美しいエルサレムの街が一望できる丘で、それを背景に一本のみごとなオリーブの木が奇跡のように立っている。家族でピクニックをしている壮年男性にインタビューすると、「パレスチナ人は故郷を追われた民なんです。わたしたちはエルサレムの街に入れてもらえないから、この丘の上へきて自分たちの郷里を眺めているんです」と答えてくれた。ふとパノラマの絶景のほうを振りかえると、うねうねとした醜い分離壁が目に入った。

イスラエルが戦後に建国された人工国家である一方で、そもそもパレスチナという民族や国家があったわけでもない。現在パレスチナ人と呼ばれているのは、代々その土地に住んでいたアラブ人たちのことだ。ほとんどが農民であり、ピクルスやオリーブ油にするオリーブの実が乾燥した土地でとれる主要な農作物だった。ところが、イスラエルの「建国」から六〇余年をかけた占領政策によって、四四〇万ものパレスチナ人が祖先たちから受けついだ農地を没収され、ヨルダン側西岸地区やガザ地区、レバノン国内の難民キャンプへと離散していったのだ。かたくて小さな葉を生い茂らせて、乾燥した大地に根をはるオリーブの木は、古くからパレスチナ人の土地とのつながりや共同性の強さのシンボルとされてきた。イスラエルによって徹底的に痛めつけられてきた民衆が、武器も資金もないなかで耐え抜いてこられたのは、オリーブの木のような根強さをもっているからではないかと思えた。

少年たちの抵抗闘争

ベツレヘムの町には旧蹟があるため、イスラエルから観光バスで欧米人や中国人や日本人が次々とやってくる。キリスト生誕教会へ入っていく観光客に、パレスチナの人たちが懸命にみやげ物を売っている姿を、わたしは昼食をとりながら複雑な思いで眺めていた。そこへ、パレスチナ人がイスラエル軍にたいして暴動を起こしているという情報が入り、わたしは地元のジャーナリストとふたりで現場へ急行した。ベツレヘムの町の中心部から北に二キロほど行ったところに、ローマ法王も泊まったという四つ星の高級ホテルがある。そのすぐ横にアイーダの難民キャンプはあった。高級ホテルと難民キャンプはエルサレム側に接するほど近くにあり、そのまわりには入り組んだ分離壁が延々と続いている。

アイーダ・キャンプの入口から、分離壁のあたりに黒煙が見えた。ジャーナリストに遅れないよう早足で行くと、イスラエルの見張り塔と分離壁へとまっすぐにつづく一本道があった。「ヘイ、ヤパーニ!」とジャーナリストに手招きされ、地元のカメラマンたちが待機するビルの屋上へあがった。その特等席から、イスラエル軍と難民キャンプの人たちの両方を見おろすことができた。

壁の前で二、三メートル四方はありそうな巨大な鉄製のゴミ収集箱の中身が燃えており、その黒煙がイスラエルの見張り塔と分離壁を焼きこがしている。町なかで見かける分離壁の黒いあとは、このような民衆蜂起の爪あとだったのだ。そして、カフィーヤを顔にまいたひとりの男が勇敢にも壁に駆けより、塔へむかって石を投げた。塔の最上部は投石によってひしゃげている。そこへ、さっと銃をもったイスラエル兵が姿を現した。パレスチナ人の男は坂をくだるように、急いで駆けもどってきた。

よく見ると、パレスチナ人の男だと思ったのは、まだ中学生くらいの少年だった。分離壁から五〇メートルほど離れた前線に、めいめい顔にカフィーヤ、トレーナー、タオルを顔に巻いた中高生たちがいて、その後ろに小学生たちがいる。総勢で一〇〇人くらいだろうか。放課後の学校の校庭か、広場や公園の光景みたいだった。女の子の姿もあった。ひとりの少年が長いひもの先に石をのせて、グルグルとまわして遠心力で投石した。そのとき、パンパンと乾いた音がして、わたしはあわてて屋上から顔をひっこめた。催涙弾だった。少年たちのいるストリートから複数の白煙があがる。アッという間に煙が広がり、目から涙がでて、喉がガラガラに痛くなった。マスクをして路面へおりると、たけり狂った覆面少年たちの集団が、ウワーッと雄叫びをあげながら分離壁へと突進していくところであった。そして、それぞれが手にもった石を次々に分離壁と見張り塔へと浴びせかけて、また難民キャンプの方へもどってくる。

折しもこの前日の一一月一四日に、イスラエルによるガザ地区への大規模な空爆が開始され、パレスチナの民間人にも多数の死傷者が出ていた。難民キャンプにおける少年たちの暴動は、それに対する抗議の意思表示なのである。アイーダは一九四八年のイスラエル建国、パレスチナ側からみればナクバ（大災厄）のすぐ後にできた古い難民キャンプである。難民キャンプといっても、もう六〇年以上が経っており、石やコンクリートの建物なのだが、せまい路地が続く区画のなかに人々が押しこまれて、粗末なインフラ設備のなかで暮していた。そのこと以上にアイーダ難民キャンプを有名にしたのは、インティファーダ（民衆蜂起）以来つづいてる自爆攻撃であり、それに対するイスラエル軍の爆撃や報復攻撃のせいであろう。彼らはこの六〇余年、こうして何度も素手で民衆蜂起をしては、イスラエルの最新鋭の兵器によってボコボコに叩きのめされてきたのだった。

暴動の最後列に救急車が待機していて、腕組みをした大人と幼い子どもたちが暴動を見守っている。サッカーの試合を見に来たお父さんといった風情である。パレスチナ人のジャーナリストに聞くと、「学校にあがる前から、イスラエル兵への憎悪を植えつけて闘士にするんだよ」と教えてくれた。叩かれても叩かれても、また次が生まれてくる。実際、占領者のイスラエルによってライフラインを握られ、電気代や水道代を払わされながらも、子だくさんのパレスチナ人が人口ではイスラエルを圧倒しつつあるのだ。なぜかわたしには完全武装したイスラエル兵よりも、難民たちのほうに分があるように思えた。そのとき、ギャーッという悲鳴があがり、数十人の少年たちが駆けもどってきた。分離壁のゲートを開けて、完全武装したイスラエル兵と戦車がキャンプ側に出てきたのだ。彼らは空砲を撃った。するといったんは退却していた少年たちが腕を振りあげ、抵抗の歌をうたいながら対峙していった。「これがパレスチナだ。これが、憎しみのぶつかりあう街の日常なんだ」とわたしはつぶやいていた。

奄美群島・徳之島紀行

　毎年秋頃に行われる個性的なイベントに奄美自由大学というものがある。奄美群島に居住している方は、『南海日日新聞』の広告などで名称だけは聞いたことがあるかもしれないが、実際に何が行われているかはあまり知られていない。文化人類学者の今福龍太や奄美大島在住の写真家の濱田康作らが中心になって、奄美群島の周辺で開催されるのだが、大学といっても参加者は一般の大人がほとんどであり、雑誌編集者、電子音楽家、舞踏家から、フリーターや大学生、古書店員、地元奄美の主婦まで、さまざまな顔ぶれ五〇名あまりが一堂に集う。ゲストは詩人の吉増剛造と高良勉であった。今年は徳之島で行われ、二年前の沖永良部島に続き、わたしも参加させてもらった。ここではその内容を限度はあるが、できるだけ詳しく紹介することにしてみたい。

二〇〇六年一〇月二七日（木）

　奄美大島には一日早く着いた。

　驚いたのは一〇月末だというのに、その気候の温暖なことである。ＪＡＬの機内放送によれば東京との気温差は一〇度ほどあるということで、昼間は晴れればＴシャツ一枚で過ごせるほど暑い。旅行中は大浜海岸で泳ぐこともできた。運良く今福龍太先生のご家族と同じ飛行機に乗り合わせたため、事前にいくつかの場所を見てまわれた。

最初に訪れたのは奄美空港からほど近い、「節田」という集落に住む唄者《ジューテ》の里英吉さんである。英吉さんは今福先生の三味線の師匠にあたる九六歳のお爺さんだが、お元気だというのがはばかられるくらい健康そのものである。自分で薪も割れば、浜辺の近くに流木や浜に漂着したものでつくった小屋も建てる。五〇歳のとき、ふと少年の頃に夢中になった秘密基地を思い出してはじめたのだというが、それが四五年も前のことだったと考えるだけで、島に流れる悠久の時間に頭がくらくらする。この時点でわたしのなかにあった東京時間は完全に瓦解していたのかもしれない。

今福先生の家族と濱田氏が英吉さんに挨拶しているあいだ、わたしは遠慮して少し引いた位置から見ていたのだが、英吉さんは知らない人間がその場にいることを許さず、鋭い眼光で一瞥をくれ、わたしにも握手をするようにうながした。英吉さんの手は長年の演奏活動でマメだらけに見えたが、握ってみるとすっぽりと包みこまれる温かい、しめった手であった。こういう言い方は不遜かもしれないが、それでわたしは奄美という土地に初めて迎え入れてもらった気がした。

宿泊地の名瀬にむかう途中で、龍郷町の「有良」という浜に立ち寄った。幹が多くわかれ、根を垂れたガジュマルの木が連なり、天然の洞穴をつくる「神の道」を横切って浜に出ると、防波堤をはさんですぐ隣に小さな墓地がある。ロシアの映画監督のアレクサンドル・ソクーロフが、『ドルチェ―優しく』（一九九九年）という奄美を舞台にした映画の何シーンかを撮った場所だ。奄美群島に所縁のある作家・島尾敏雄の人生と、その妻で加計呂麻島出身の島尾ミホさんの心情を詩的につづる映画である。

頭に手ぬぐいを巻いた女性が、隆起珊瑚の突きでた波打ち際で身滌《ミソギ》のような行為をする印象的なカットも、島尾ミホさんの顔の前で涙のように水滴が跳ねる映像が二重写しになるラストシーンも、有良の浜で撮られたのだと、『ドルチェ』の映画撮影をコーディネートした濱田氏が教えてくれた。いわれなければ、車で通りすぎていたような浜である。わたしのように目の利かない人間には、島では濱田氏のごとき「物を見える」ように導いてくれる人が必要なのだ、と改めて実感した。

一〇月二八日（金）

奄美自由大学の初日。

奄美大島の中心都市である名瀬市から、バスで一時間半ほどかかる南端の港町・古仁屋《こにや》に着いたときには、総勢五〇数名の、居住地も、履歴もまったく異なる人々が集まっていた。古仁屋の港から海上タクシーをチャーターして、徳之島の母間港に直接乗りつけようという趣向である。ここでわたしは奄美自由大学ならではの、とんでもない通過儀礼を経験することになった。

二〇人乗りと三〇人乗りの舟の二手にわかれて海に出た。内海にいる間は対岸に見える加計呂麻島の入り組んだ浦を眺めながら、機嫌よくビールを飲んでいたのだが、そのうちに舟がひどく揺れはじめた。ピッチング（縦揺れ）とローリング（横揺れ）が交互に、昼に食べた鶏飯とビールでふくれた腹をこねくりまわす。波の谷間にはいると、後ろからついてくる舟の姿が高波で見えなくなる。胸のむかつきと手の痺れをおぼえたわたしは、舟の後尾にあるトイレに飛びこみ、腹の中にあったものをすべて吐きだした。徳之島に到着するまで二時間近く、一歩もトイレの外へでることはなかった。

日が暮れかかる頃、わたしたち一二台のレンタカーからなるキャラバン（旅行者の一団）は、線刻石群を見るために母間の山をのぼっていった。縦横三メートル大の石が、空から見れば海へむかって直線になるように四つ並んでいるという。ストーンサークルの一種といってもいい。わたしが見た石には矢らしき線刻画が描いてあった。古い時代には徳之島じゅうのノロ（祭政一致時代の女性司祭）たちが集まって、石の前で豊年祈願の祭りがなされたと伝承されている。石は現在もノロの末裔によって祀られているが、線刻画がいつの年代のものなのかはいまだ謎に包まれている。浅野卓夫君という文化人類学者の卵は家族連れで参加していたのだが、彼が赤子を抱いたまま、懐中電灯を片手に線刻画に見入っている姿は、わたしに強い印象を残した。

一〇月二九日（土）

二日目は、闘牛士の遠藤智氏を先達にむかえた闘牛場めぐりの一日であった。

牛ナクサミ（闘牛）は五〇〇年近い歴史があり、藩の圧制に苦しめられた徳之島の農民たちが、収穫の喜びを祝って行われた島で随一のなぐさめであったという。だから、いまも使われているかどうかは別として、各集落には必ず闘牛場があるようだ。「阿三」という集落の闘牛場跡などは、現在はヘリポートして使われており、シマンチュ（島人）がもつ発想の自在さがうかがえる。

また、闘牛が東南アジアから伝来したというのも興味深い。崎原の闘牛場は、鉄製の枠で丸く囲われただけの野天のものだが、その剝きだしで露わになっている感じが、どこか異国の土地に来たように錯覚させる。奄美自由大学は観光目的ではないので、闘牛を観戦することはなかった。闘牛場のなかに入ると糞がいっぱい落ちていた。二匹の牛が角を突き合わせ、前足を懸命にかく場所なのか、場内の中央に水たまりができている。それが太陽の光を反射して、ひとつの巨大な目玉のようにわたしのことをギョロリと睨みつけた。

「亀津」という集落の闘牛をやっていない闘牛場で、六〇人近い人間がぶらついているのも異様な光景である。牛がいなくても、それと同等の熱気というか、エネルギーをその場に感じてしまう。その片づかない気持ちを抱えたまま、わたしたちは福田牛舎へとむかった。今度は牛だけを見ようというのである。福田一号は、まさに横綱の名に恥じない、一トン近い大きな黒牛であった。餌をもりもりと食べる姿を眺めていると、一号の腹にストーンサークルで見た線刻のような筋が何本も走っているのに気づいた。わたしはなるほど、と思った。夕方に中村達哉という舞踏家が闘牛場で泥まみれになって踊ったのだが、彼のわき腹にもやはり線刻がきざまれていた。

島の食べ物はどれもうまい。午前中に伊仙町の「面縄」という集落で、土地の人がつくった菓子をいろいろと食べさせてもらった。黒糖のフカシモチ、ヤンバンと呼ばれるご飯にヨモギをすりこんだもの、ひらぺったいヒナヤキ、長く伸ばして巻いたフナモチなどなど。ごちそうであったのだが、意外なことに、わたしの舌をもっとも喜ばせてくれたのは島のミカンであった。集落の人の話によると、このあたりでは厚ぼったい皮のミカンを、色がまだ青いうちに食べるのだという。

海沿いの道から、坂道をのぼっていくと「奄美のガンジー」と呼ばれる、泉芳郎の生誕地がある。奄美群島は戦後、アメリカの占領下にあったが、泉芳郎ら協議会の人たちの尽力もあって一九五三年に本土に復帰した。また、泉芳郎は名瀬市の市長になった人としても、それから詩人としても知られている。「疲れた坂道」という代表的な詩に書かれた坂を、自分の足でのぼっていくのは決して悪い気分ではなかった。

誰でも「泉」の性を聞くと思いだすのは、あの一二〇歳まで生きた泉重千代さんのことだろう。彼もこの島の出身であった。徳之島は長寿者の島としても知られている。長寿といえば、二日寝て二日起きる習慣が話題になった本郷かまとさん（一一六歳）もいたが、この食生活にして、海に囲まれた風景、時間が止まったような集落の趣があってこそ、はじめて可能になることだ。そういうわたしも一日中歩きまわり、島料理を食べたあと朝まで黒糖焼酎を飲んでいたが、次の日もなんの支障もなく行動することができた。

一〇月三〇日（日）

自由大学、最終日。

「徳和瀬」の集落に住む、土地の民俗学者・松山光秀氏の先達で、マツリの浜として使われていた干瀬を歩く。昔は美しかった砂丘で、以前は夏の折り目にマツリが行われ、ノロの浜降りがあったという。流れこむ砂の多少で、ノロが豊年になるかどうかを占ったシオダマリも見せてもらった。「昔は」とわざわざ断ったのは、浜が急速な環境破壊におそわれているからだ。

立て岩と海が見える聖地の真裏に、自動車の排気処分場であろうか、色とりどりの鉄くずが三階建ての建物ほどの高さで積まれている。誰かが「これでは現代アートだ」と皮肉をいったが、砂浜にもさまざまなゴミが漂着しており、松山氏の話では珊瑚の生態も深刻な打撃を受けているという。このような現状を見ると胸が痛くなるのだが、自分自身のことを省みれば、いまの便利な生活を投げうってまで、この小さな島の珊瑚やマツリの伝統を守る気がないことはわかりきっている。環境の問題が、実は、一人ひとりの心のなかの問題なのだと誰もが悟るまで、あとどれくらいの時間がかかるのだろうか。

奄美自由大学は徳之島で現地解散となった。わたしは亀徳港からフェリーで奄美大島の名瀬市にもどった。奄美パークの辻明光さんの案内で、民謡の聴ける酒場へむかうためである。スナック「千枝」は屋仁川《やにがわ》の繁華街から外れたところにあった。国立劇場やＮＨＫの番組に出演したことでも有名な、唄者・森チエさんの娘さんが経営するお店である。

わたしたち七名は奥の座敷にあがった。今年で八五歳だという大島紬の絣の着物をきた森チエさんが現れた。森チエさんも前出の里英吉さんと同様、「網野子」という集落の出身である。三味線は鹿児島銀行の行員のオジさんで、島唄をやっていた縁で就職ができたのだといって笑った。挨拶歌の『朝花節』から『しゅんかね節』へ、早いテンポで踊り狂う六調へ、そして最後の別れ歌『ゆきゅんな伽那』まで約二時間弱、森チエさんの唄声を堪能した。黒糖焼酎を飲むことを忘れるほど、島唄に酔ってしまった。

昼間は学校の先生をしている女性が、それぞれの唄に入る前に冗談をまじえて標準語で詞の意味を説明してくれる。合間合間に森チエさんと三味線の方が奄美の言葉で相談をするのだが、ひと言として聞きとれる言葉がない。森チエさんだけがふんぞり返ってうたうのではなく、三味線引きの男性も、学校の先生も、たまたま酒場に居合わせた老女も、みなが代わりばんこに島唄をうたって楽しむのが奄美流である。「人が来たら喜んで迎え入れて唄を歌い、会えてうれしいという思いを伝える」という森チエさんの精神は、もちろん『朝花節』から来ているのだろうが、それは島の人々の心根のあり方をもいいあらわしている。わたしはわからないとすぐに道をきくほうだが、むやみに尋ねると、島の人は手を引いて送ってくれようとするので、こんなに道案内に躊躇したこともないほどだった。

今回の旅の目玉として、人骨がごろごろする風葬地であるトゥール墓の見学があったが、ここでは触れないことにする。旅の終わりに奄美空港で今福先生と会ったら、先生は腰を痛めて荷物も持てない状態であった。洞穴墓の見学の前に鶏舎を見にいって、屈みこんで内側を覗きこんだときに、鶏と目が合い、それきり腰が抜けてしまったそうだ。「あてられたよ」といって先生は笑った。わたしもやはりわが身がかわいい。あの風葬地について書いたら何が起きないともかぎらない、と本気で思う。聖地巡礼の後でもあるし、臆病なくらいがちょうどいいのではないか

第五章　老いの悦楽

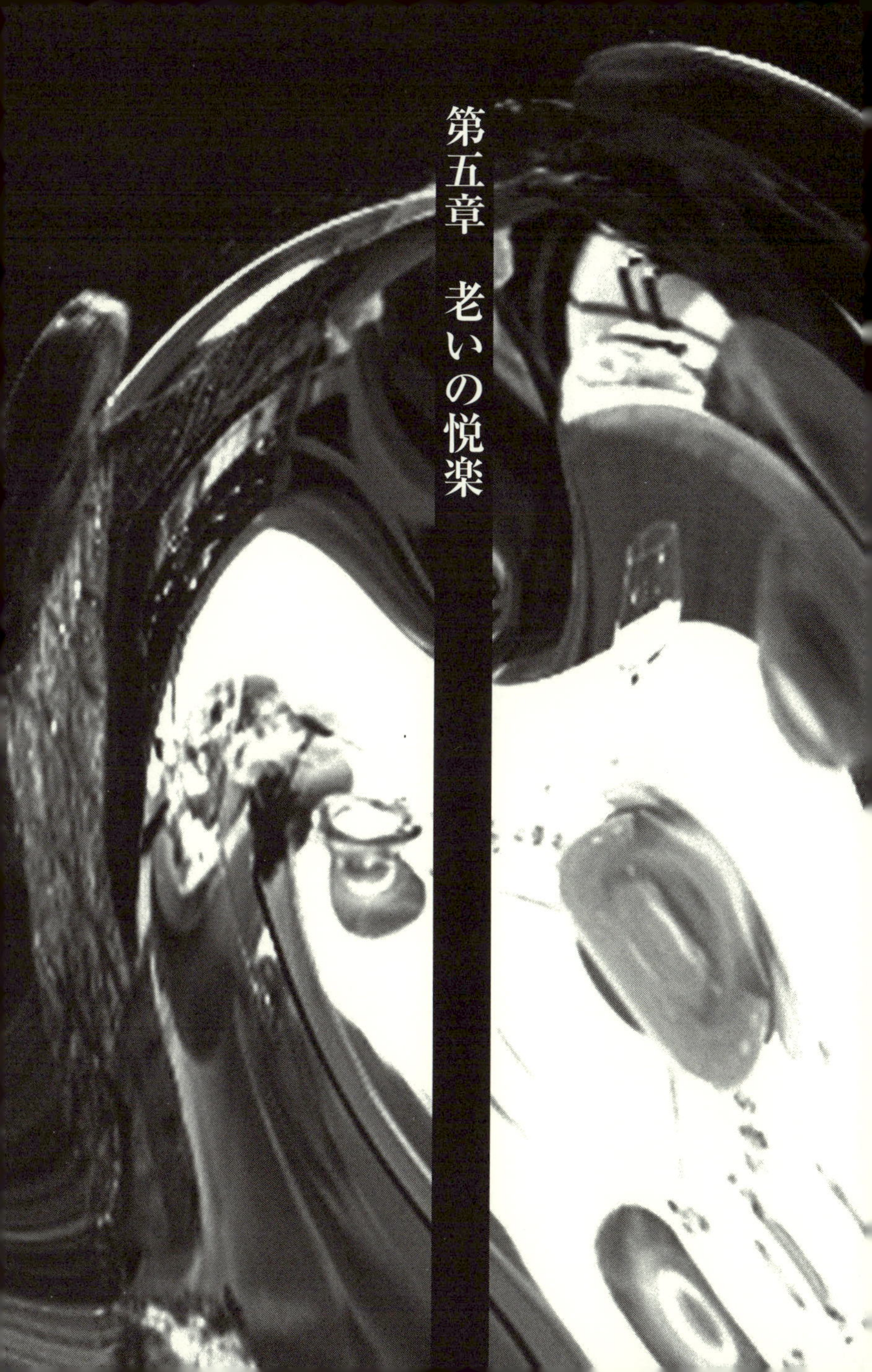

自然と共に生きる人間――『老人と海』

『老人と海』

『老人と海』（一九五二年）といえば、作家のヘミングウェイがキューバを舞台に、老漁師と巨大カジキの死闘を描いた小説である。実はキューバのハバナ港と沖縄の与那国島は緯度が同じくらいで、ともに激しい海流が付近を流れている。日本の映画プロデューサーがその与那国島で小さな舟をひとりで操り、まるで『老人と海』のようにカジキ漁をするおじぃと出会って企画をスタートさせ、アメリカ人のジャン・ユンカーマン監督が撮りあげたのが本作『老人と海』（一九九〇年）である。

与那国島は日本最西端であり、晴れた日には台湾が海の向こうに見える。八二歳の海人《うみんちゅ》の糸数繁さんは、港で丹念に一人乗りの舟サバニの手入れをする。夜明けと共におじぃが単身海に出かけた後、妻のおばぁは家でその無事を先祖に祈る。おじぃは釣ったカツオを餌にして、全長四メートル、体重二〇〇キロにも及ぶカジキを狙うのだが、餌だけとられてしまう。そのあいだに、大きな漁船の漁師らは次々とカジキを釣りあげている。伝統的なサバニ漁を続ける人はもうほとんどいないのだが、おじぃは雨の日も諦めずに漁に出る。ある日、巨大な針に獲物がかかり、長いテグスとロープがぐんぐん海に引きこまれる。何時間にもわたる格闘の末、おじぃはカジキを舟近くまで手繰りよせ、銛で突いてとどめを刺す。カジキを獲った日ほど酒がうまい時はない。その晩、息子夫婦を家へ招き、酒席で歌遊びをするおじぃは三線《さんしん》の音で思わず踊りだし、全身で喜びを表すのだった。

小説『老人と海』と違い、本作は一年にわたって与那国島で撮影されたドキュメンタリーである。ゆったりとした島時間の中にこんぴら祭や海神祭などの祭事、島の人々の生活や風俗がおり込まれている。またダイアローグの少ない寡黙な映画だが、漁をするおじぃの身体が躍動する姿に自然と共に生きる人間の喜びが表現されており、その映像ならではのリズムと力強さがもう一つの『老人と海』を魅力的な作品にしている。

他者との近接性——『ドライビング Miss デイジー』

本作は一九八九年のアカデミー賞で作品賞、主演女優賞、脚色賞などを受賞し、主演俳優のモーガン・フリーマンの評価を確定的にした作品。アルフレッド・ウーリーの戯曲の映画化であり、脚色も本人がつとめた（一九九〇年、ブルース・ベレスフォード監督）。そのように書くと感動的な大作を思い浮かべそうだが、個人の日常と時の流れを淡々と描いているところに、反対に凄みがある作品だといえる。

ジョージア州のアトランタが舞台。四八年の夏、未亡人の老女デイジー（ジェシカ・タンディ）は、車の運転中に事故を起こしかける。母を心配する息子（ダン・エイクロイド）は、彼女のために初老の黒人ホーク（モーガン・フリーマン）を運転手として雇うが、ユダヤ人の元教師で人一倍頑固なデイジーは運転手なんて金持ちぶっていて嫌だと乗車拒否。しかし、飄々と職務をこなすホークにデイジーは根負けし、悪態をつきながらも車に乗ることに。こうして、ユダヤ人の老女と黒人運転手の長年にわたる不思議な友情がはじまった……。

映画のもう一つの主役は「年号」である。冒頭の四八年はデイジーの家に黒人メイドと運転手がいる時代。五三年にデイジーは兄を訪ねてアラバマへ遠出するが、黒人への差別意識の強い警官にホークが呼び止められてしまう。六六年にはデイジーが地元のシナゴーグへ出かける途中で、クー・クラックス・クランに寺院が爆破されたと知って引き返し、その後、デイジーがキング牧師の演説をきくために夕食会へ参加する場面がある。

ユダヤ人の老女と黒人の運転手の、いわば人種と階級をこえた絆の深まりを、ユーモアを交えて描きながら、さりげなくアメリカ南部の現代史を刻印しているところが絶妙である。長年の友情の末に、認知症になったデイジーをホークが老人ホームへ訪ねるラストは静かな感動を呼ぶ。そこに提示されているのは、血縁や家族よりも身近な他者との近接性が人の孤独を癒し、無私の助け合いを可能にするという、きわめて現代的な課題である。

芯の通った逞しさ――『デンデラ』

姥捨て山伝説は、口減らしのために老人を山奥へ置き去りにする伝説だが、柳田國男の『遠野物語』（一九一〇年）には「デンデラ野」という少し違う民話が紹介されている。そこは六〇歳をこえた人たちが追いやられる場所で、老人たちは昼間は里へおり、農作をして糊口をしのぎ、夜はデンデラ野で寄り添いながら余命がつきるのを待ったという。映画『デンデラ』（二〇一一年、天願大介監督）もまた棄老伝説を題材にとりながらも、そのなかで生きることを選ぶ人々の姿を描いた映画である。

雪に閉ざされた貧しい寒村。七〇歳になった斎藤カユ（浅丘ルリ子）は掟にしたがい、息子に背負われて山奥に捨てられてしまう。そこで極楽浄土へいくことを祈りながら気を失った彼女は、年上の老婆たちに命を救われる。彼女たちはデンデラという共同体をつくり、山の裏側で生き残っていたのだ。カユが来て、デンデラの人数が五〇人になったことを機に、デンデラの創設者の三ツ屋メイ（草笛光子）はかねてからの計画を実行しようと決める…。

もし姥捨てにされた老婆たちが生きていたら、という設定で書かれた小説（二〇〇九年、佐藤友哉）の映画化である。現代的な視点で棄老伝説を再考しているところが特徴的だ。極楽浄土へいくにはお山で死ななくてはならないという掟による刷りこみからカユは次第に解放されていく。村の因習を受け入れて素直に死ぬのではなく、いったん役立たずとされた老婆がやはり生きたいと願い、狩りや木の実の採集などで生き生きと生活を立てていくところが現代的である。

また、指導者のメイには一生男性に尽くしたあげく、男性のつくった因習で山に棄てられたという女性論的な視点がある。そのために村を襲撃して女子どもを救おうとするが、雪崩事故で死んでしまう。指導者を失ったデンデラは襲撃を断念し、物語は巨大熊と老婆たちとの生存をかけた格闘へと集約されていく。厳しい自然条件のなかで、男性や若者と違うかたちで闘う老婆たちの姿には芯の通った逞しさがあり、静かな感動的を呼ぶのである。

祖国解放の歴史――『おじいさんと草原の小学校』

二〇〇三年にケニア共和国で無償教育制度がスタートし、田舎の小学校に子どもたちが押しかけたとき、その中にひとりの老人の姿があった。八四歳で小学校へ通って、「世界最年長の小学生」としてギネスブックに載り、世界中に報道されたキマニ・マルゲだ。教育を受ける機会がなかった彼は、文字を読めるようになりたい一心で周囲にからかわれながらも学校へ通った。本作は、マルゲが理解者の教師と交流する姿を、実話に基づいて描くドラマである。

そのように「あらすじ」を書くと、いかにも心温まるストーリーだが、それだけでは本作の半分を語ったことにしかならない。『おじいさんと草原の小学校』(二〇一〇年、ジャスティン・チャドウィック監督)は単なる実話の映画化には終わらない。毎日楽しく小学校へ通うようになったマルゲだが、一方で五〇年前の悪夢に毎夜苦しめ続けられる。彼が独立戦争の兵士として闘うなかで愛する妻子を目の前で虐殺され、強制収容所で拷問を受けた経験を持つことが次第に明らかになってくるのだ。

ケニアは一九世紀から長らくイギリスの植民地支配に苦しんでいたが、一九五〇年代に入るとキクユ族を中心とした独立運動がはじまった。マウマウ団とよばれる秘密結社をつくり、イギリス人の農場や拠点を襲撃するようになった。しかしイギリス側がマウマウ団の乱を徹底的に弾圧したため、何千人ものケニア人が命を落とし、一〇〇万人が収容所送りになったといわれる。抵抗闘争は失敗に終わったのだが、結果的にケニア独立を早める働きをした。マルゲが小学校へ通うのに反対する人たちのなかには、かつて植民者側に加担し、対立した部族の人間もいる。ケニアの独立運動のためにキクユ族が犠牲になったという記憶が、現代の人々の行動にも影を落とすのだ。彼が文字を習って読みたいという手紙の謎もそこにある。無学の老人が、実は祖国解放の歴史の体現者であり、反対に彼から教師や子どもたちが多くを学ぶ。そこが、本作が単なる感動物語と一線を画すところだといえる。

非日常の夢――『ドーバーばばぁ 織姫たちの挑戦』

『ドーバーばばぁ 織姫たちの挑戦』(二〇一一年、中島久枝監督)は、五四歳から六七歳までの東京・立川周辺に住む主婦六人が遠泳チームを組み、ドーバー海峡をリレーで横断する挑戦を二年にわたって取材したドキュメントである。イギリスとフランスのあいだにある海峡は、直線距離では三四キロなのだが、潮の流れが早いために泳者は流されることが多く、海水の温度も低い。ふつうの主婦が目ざす夢にしてはハードルが高いのだが、本作を見ていると段々とその気持ちが理解できてくる。

ドーバー横断を志すチームの前に、さまざまな困難が立ちはだかる。メンバーのひとりが股関節の手術をして、本番へ間に合わなくなる。イギリスへ渡った後も体調をこわす者が出てくる。ついに本番の日が来て、ひとりでもリタイヤが出れば記録が無効となる重圧のなか、一時間ずつを交代で泳いでいく。その一人ひとりが泳ぐ姿にフラッシュバックで日本の日常生活を重ねることで、それぞれが内側に抱えるものが見えてくる構成になっている。

リーダーの大河内さんは脳梗塞で障害の残る夫と、心臓の弱い九二歳の母親の面倒を見ている。メンバーの鳥塚さんは歩行が困難な父親を介護し、難病で病院に寝たきりの母親を見舞う毎日である。家族の世話や介護に追われる主婦たちが、「どうしてドーバー海峡なんかに行かなきゃならないんだ」と戸惑いをみせる夫や家族もいる。大河内さんは「介護があるから遠泳ができる、遠泳があるから介護ができる」と反論する。どういうことか?

親の介護や家族の世話を抱える主婦のメンバーたちが、自分のためだけにやるという小さな目標や非日常の夢を持つこと。そうすれば、日常のやらなくてはならないことも続けていけるというのだ。この目線の近さが共感を呼ぶところであろう。彼女たち「チーム織姫」はその後、山形県の酒田—飛島間の三九キロ横断の遠泳に挑戦し、次は対馬から韓国の釜山までの五〇キロに挑む予定らしい。おばさんパワーに限界はないのである。

人々の生や記憶——『水になった村』

かつて岐阜県揖斐郡に徳山村という村があった。だが一九五七年、日本最大級のダム建設が決まり水底に沈むことになった。この山村に住んでいた約一六〇〇人は長年、反対運動を続けたが、結局、八九年にすべての村民が移住し、村はとなり村に吸収合併され、消滅した。ドキュメンタリー映画『水になった村』(二〇〇七年、大西暢夫監督)の物語は、その三年後の九二年に始まる。

誰もいなくなったはずの徳山村に、「村が沈むまで、できるかぎり暮らしたい」と町から戻ってきた高齢者が数家族いる。揖斐郡出身の大西暢夫が、その生活をヴィデオで撮りはじめる。当時七七歳の徳田さんは、畑であらゆる野菜を育て、山で梨や柿を拾い、山奥でワサビを収穫するひとり暮らしの自給自足生活。監督が足繁く訪ねるうちに、徳田さんは山のご馳走をたっぷり用意し、監督を若い恋人のようにもてなすようになる。電気、ガスのない掘っ立て小屋で暮らす廣瀬ハツヨさんは、山菜を収集し、焚き木で野天の風呂を沸かして入るワイルドな生活ぶり。小西夫婦は小魚や蛇を食べて精をつけ、マタタビの蜂蜜漬を飲み干すなど、昔から伝わる知恵が紹介される。村に残ったおばあさんおじいさんは誰もがよく働き、よく食べ、よく笑う。先祖から受けついだ山や村が、彼らには地上の楽園であり、カメラはその幸福の時間を淡々と記録していく。

だが映画の白眉は、一五年かけて撮影された「時間」を映画の中で感じさせることにある。やがて亡くなる人、家を取り壊される人がいて、二〇〇六年にはついにダムへ水が入る。そして町中に移住し、九〇歳を越えた徳田さんを監督が訪ねるシーンは凄まじい。恋人のように生き生きと輝き、観ている者が思わず惹きつけられたおばあちゃんが、山と断絶されて年老いている。楽園的な山の生活からの激しい変化は、「時の流れ」を実感させる。はたして、ダムの底に沈んだのは、村や土地ではなく、人々の生や記憶ではなかったのか、と心を揺さぶられるラストなのである。

親しい人の死――『ヤング@ハート』

来日公演も果たして、日本でも話題になった平均年齢八〇歳のコーラス・グループ「ヤング@ハート」。その名もずばり「心の中は若い」というグループ名だ。三〇年前、アメリカのマサチューセッツ州の小さな町で、指揮を担当するボブ・シルマンが地元の公営住宅に住む高齢者を集めて、ロックを歌ってもらうというコンセプトで結成した。そのポジティヴなエネルギーが評判を呼び、いまでは世界中をツアーしてまわる人気グループである。

本作では、ヤング@ハートが年一回のコンサートを行なう七週間前から、撮影クルーが密着する。リハーサルスタジオに椅子をならべ、指揮者のボブがメンバーに新曲を教えていくのだが、みんな物覚えはよくない。クラシックやオペラ好きの高齢者に、ソニック・ユースやジェイムス・ブラウンの曲を教えるのだから簡単ではないが、それが目的でもある。一人のメンバーいわく「新しいものを学ぶことで脳を活性化できる」のだ。

コンサートで、九二歳の女性がパンクバンドの名曲『ステイ・オア・ゴー』を「私は行くべき、残るべき?」と歌う。もとは男女の別れの曲だが、彼女が歌うとまったく別の光景が目に浮かんでしまう。最初はそのズレを笑い、舞台上でデタラメに踊りまくるメンバーに腹を抱える聴衆も、次第にその世界に魅せられていく。刑務所のコンサートで受刑者たちが、グループの歌と演奏に涙するシーンも印象的だ。その感動はどこから来るのか? 実は、この映画『ヤング@ハート』(二〇〇七年、ステファン・ウォーカー監督)の撮影中に、練習に打ち込んでいたメンバーが亡くなってしまう。それでも女性メンバーのひとりは「私が舞台で倒れても、袖に運んで、みんなに歌い続けてほしいと思う」といい、グループはコンサートを目指す。持病をおして練習に参加し、親しい人の死を冷静に受け止め、だからこそ音楽で今日の生を充実させる。当たり前だが、誰もが忘れがちな大事なものを示してくれるからこそ、グループも映画も輝いて見えるのだ。

スペイン現代史の暗部――『蝶の舌』

『蝶の舌』

物語の舞台はスペイン北西部、自然豊かなガリシア地方にある小さな村。ぜん息持ちで人見知りのモンチョは、他の子より遅れて小学生になり、学校の初日、緊張のために教室でおしっこを漏らしてしまう。だが、担任の老教師グレゴリオ先生が心優しいうえに、子どもたちを森へ連れていき、自然の神秘を通して教育をする先生だったので、少年はだんだん学校生活に慣れていく。特に少年が魅了されたのは蝶の舌についての秘密だった。

しかし、時代は一九三六年というスペイン内戦の勃発の年を迎え、小さな村にも混迷の時代が訪れる。ある日、広場に集まった群衆の前でファシズムに反対する共和派の人たちが逮捕されて、モンチョ少年の目前で、両手を縛られて罪人のように一人ひとり連行される。その中にグレゴリオ先生の姿があったのだ。家族を守ろうとする母親に命じられ、意味もわからず、みんなと同じように先生へ「不信心者、アカ」と罵声を浴びせる少年だったが……。

少年とおじいさん先生の心の交流を描く感動作のようでいて、その実、スペイン現代史における暗部を扱った本作を読み解く鍵はふたつあるだろう。ひとつは、リベラルな教育方針を持つグレゴリオ先生の人物像である。詩や自然観察を愛し、子どもの自発性に委ねる先生の教育方針は自由主義的だが、農民、神父、音楽家、町長といった村人たちは、当時のスペイン社会を象徴するように左派の共和派と保守派の真っ二つに割れている。その中で、グレゴリオ先生のリベラルであろうとする立場が、悲劇を招くことになる。

もうひとつには、この内戦の後、ガリシア地方出身の独裁者フランコが、四〇年近くスペインで独裁権力を握ったという歴史の事実がある。本作にフランコは登場しないが、自分たちの身を守るために、モンチョ少年やその家族が愚かな嘘をつかざるを得ない状況が、軍事政権による圧政の予兆となっている。時代の荒波に飲まれていく少年の瞳に、いったい何が映ったのか。それを簡単にいえないところが、本作『蝶の舌』（二〇〇一年、ホセ・ルイス・クエルダ監督）に深みと余韻を与えている。

脱力系ミュージカル――『いい爺いライダー』

最初は北海道の穂別町（現むかわ町）の高齢者たちが、町へ講演会に来た映画監督に映画づくりの楽しさを教えてもらったのがきっかけだった。二〇〇二年に高齢者の映画制作グループ「田んぼ de ミュージカル」が発足。最高年齢九〇歳、平均年齢は七九歳。監督、脚本、カメラマン、出演まですべてを町の高齢者と町民が行う試みとして始められた。本作『いい爺いライダー』（二〇〇八年、伊藤好一監督）は『田んぼ de ミュージカル』（二〇〇三年）、『田んぼ de ファッションショー』（二〇〇五年）に続く三作目である。

合併問題にゆれる山彦町と海彦町が舞台。財政難を切り抜けるために合併に賛成する人、合併で町名が変われば故郷を奪われてしまうと反対する人。町民は真っ二つにわかれてしまう。主人公の幸《コウ》が率いる、山彦町のお年寄りライダー軍団は合併反対を叫び、「ふるさとを守れ」と爆走する。そしてライダー軍団は、昔から行われている海彦町との旗取り合戦で若者たちと競い、合併論争で荒れる町議会へも乱入するが…。

グループの代表で主演を務めるのは、大正一四（一九二五）年生まれ、八七歳の元気のいいおじいちゃん、原田幸一さん。人口わずか三四〇〇人あまりの過疎の村で、お年寄り同士の交流や地域の活性化を目的に映画制作をはじめた。ところが完成してみると、映画作りに本気で取り組む高齢者たちのひたむきな姿が評判を呼び、スポニチ文化芸術大賞を受賞し、テレビや新聞、海外メディアでも紹介され、NHKでも放映された。

お年寄りや町民ら素人が出演しているのでセリフは棒読みだが、それぞれの特技や見せ場があるのが特徴だ。また、物語がセリフよりもミュージカルシーンで進められるので、歌あり笑いあり涙ありの脱力系ミュージカル映画となっている。何よりも、みんなで楽しく作ったことが伝わってくる。新作『赤い夕陽の爺 Julie（ジュリー）』（二〇一一年）もクランクアップして完成を控えており、まだまだ、ご老体にムチを打ちながら市民映画を牽引してくれそうだ。

群像劇の醍醐味――『大鹿村騒動記』

二〇〇〇年代に『木更津キャッツアイ』（二〇〇三年、金子文紀監督）や『下妻物語』（二〇〇四年、中島哲也監督）など、マイナーな地名を冠する映画やドラマがヒットした。実際にある土地に、風変わりな登場人物や虚構のストーリーを重ねることの妙味が受けたのだろう。この『大鹿村騒動記』（二〇一一年、阪本順治監督）という映画では、南アルプスの実在の村を舞台にするだけでは飽き足らず、すべてのロケを村で行い、さらに三〇〇年伝わる村歌舞伎を物語に組み入れているのだから、そんなご当地映画の一本だといえよう。

大鹿村で鹿料理の店を営む初老の男（原田芳雄）は、村歌舞伎の花形役者。実生活では女房に逃げられ、独り暮しの身。歌舞伎の公演を数日後にひかえたある日、一八年前に駆け落ちした妻（大楠道代）と、幼なじみ（岸部一徳）が村へ戻ってくる。そして、認知症で記憶を失くしかけた妻をいきなり「返す」といわれ、いい年をした男女の珍騒動が持ちあがる。公演日が近づくなかで台風も上陸し、はたして無事に歌舞伎の公演は行われるのか？

本作の魅力は、実在の村を舞台にした群像劇のなかで、豪華な俳優陣たちが共演するところにある。主演三人の絡みのほかに、バス運転手の佐藤浩市と松たか子の恋物語があり、石橋蓮司が扮する有力者がリニア中央新幹線を村へ通そうと目論む逸話があり、三國連太郎が演じるシベリア抑留経験を持つ老人の一幕もある。それぞれの見せ場を大切にしつつ、物語がクライマックスの村歌舞伎の舞台へと収斂していく、群像劇の醍醐味があるのだ。

もうひとつには、奥三河から下伊那にかけての天竜川の上流地域が、有数の芸能ロードだという、舞台になった土地自体の魅力がある。大鹿村の歌舞伎に留まらず、この地域には人形芝居や念仏踊り、東栄町や豊根村の花祭り、新野の盆踊りなど民俗的に興味深い古い芸能が残されている。『大鹿村騒動記』の登場人物たちが、村歌舞伎のセリフに自分たちの心情や人生を見るのは、そのように芸能と人とが深い関係を持つ土地柄だからなのだ。

「家」の構造の崩壊――『わが母の記』

小説家の井上靖は『天平の甍』（一九五七年）や『敦煌』（一九五九年）などの歴史小説の大家として知られる一方で、芥川賞作家であり、自伝的な小説にも定評があった。井上は明治時代の終わりに軍人の長男として生まれたが、五歳で親元を離れて曾祖父の妾に育てられた。このほど映画化された『わが母の記』（二〇一一年、原田眞人監督）は、幼少時代に母親に捨てられたと思っていた小説家が、認知症となった老母と自分の確執に向き合い、心のなかで和解にいたるまでの自伝的な物語である。

小説家の伊上洪作（役所広司）は、家庭の事情から山奥の土蔵に住む妾に預けられて育ち、母親（樹木希林）から捨てられた恨みを小説の原動力にしていた。父の亡き後、湯ヶ島の実家に住む母の物忘れがひどくなり、手を焼いた妹から度々東京の家へ預かることになる。だが母の認知症は進行して徘徊するようになり、家族や息子が誰かもわからなくなってしまう。洪作は母の介護をしていて、ふと自分を捨てた真意を母に訊ねてみるが……。

認知症になった老母の介護がテーマの映画だが、主人公の周囲を妹たちや娘三人が囲み、女系家族の華やいだ雰囲気を醸している。また、六〇代であるはずの樹木希林が九〇歳近い三國連太郎の妻役として、本物かと見まがうほどの老婆を演じ切るところが見所である。老婆の子どものようなわがままさ、呆けたふりをしていう当てこすりなど、巧みなアドリブを交えて観客の笑いを誘う。まさに樹木希林のはまり役となっている。

映画は一九五九年から七三年までの年号を字幕で見せることで、「昭和」という時代を強調している。そこから逆照射されるのは、『わが母の記』で描かれるような、女性ばかりの家族を大黒柱の長男が筆一本で支えるといった「家」の構造が、現代では完全に崩壊したということのほうだろう。老人介護においても、家族みんなで負担し、お爺さんお婆さんの人生と向き合うことは現代では難しくなっており、一抹の羨ましさを覚えさせる映画である。

旧共産圏の亡霊――『人生に乾杯!』

ハンガリーという東欧の国は身近な存在ではなく、これまで日本で公開されたハンガリー映画の数も多くはない。すぐに頭に浮ぶのは、ハンガリー動乱を扱った『太陽の雫』(一九九九年、サボー・イシュトヴァーン監督)や『君の涙 ドナウに流れ』(一九五六年、二〇〇六年上映、クリスティナ・ゴダ監督)などの歴史物くらいだろう。ハンガリーは映画大国ではないが、このアメリカン・ニューシネマのパロディのような、一風変わった犯罪ドラマ『人生に乾杯!』(二〇〇七年、ガーボル・ロホニ監督)を観ると、なかなかバラエティに富んだ映画づくりが行われていることがわかる。

かつて運命的な出会いをして結婚した、エミルとヘディもいまや八一歳と七〇歳の老夫婦。年金の受給だけでは生活が苦しく、家賃の取り立てに追われるなかで、ふたりの思い出のイヤリングが借金のかたに取られてしまう。ふがいなさを恥じたエミルは古い拳銃を持って、郵便局で紳士的な強盗をする。妻のヘディはいったん警察の捜査に協力するが、夫が奮闘する姿を見て、かつての愛情を取り戻し、夫と一緒に逃避行の旅へ出るのだった……。

エミルは郵便局、銀行、宝石店で強盗をくり返すのだが、彼が拳銃を出すときに、相手が「え？」と驚く姿が妙に笑いを誘う。八一歳のおじいさんと強盗犯というギャップのせいである。また、逃避行を続ける老夫婦はマスコミに取り上げられ、模倣犯も現れる。高齢者に冷たい社会にたいして立ち上がるふたりに、多くの老年者が共感し英雄視するさまは、大恐慌時代の強盗犯ボニーとクライドを描いた『俺たちに明日はない』（一九六七年、アーサー・ペン監督）の物語を思わせる。

その一方で、現代史への皮肉も効いている。ふたりが結婚した頃に起きたハンガリー革命はソ連に鎮圧され、エミルは共産党要人の運転手を長年勤めたという設定。退職時に貰った旧ソ連製の車とトカレフの拳銃で強盗をするのだが、その逃避行を助けるのはカストロと共にデモをしたキューバ人移民の友人だ。まるで現代のハンガリーを旧共産圏の亡霊が強盗して歩くような話であり、そこに大国に翻弄された歴史への風刺を込めているのだろう。

素人の演技の力――『晴れ舞台はブロードウェイで！』

大阪の箕面市のアマチュア劇団『すずしろ』（「大根」の意）は、同市の生涯学習センターにおける市民講座「六〇歳からの演劇入門」がきっかけになって発足した、シニア劇団である。団員は六〇歳から八四歳までの元教師、元サラリーマン、主婦などさまざまな顔ぶれの人たちが集まっている。それぞれが自分の楽しみのためや、夢中になれる生きがいを見つけるために始めた、素人ばかりで成っている高齢者の劇団だった……。

ところが、そんな彼らが「どうせやるなら、ブロードウェイを目指したらどうか」という提案を受けて、本場ニューヨークのブロードウェイの舞台を目指すことになる。それぞれが高齢者としてさまざまな事情を抱えるなかで、英語という言葉の壁の問題、渡航費用の問題など、山積する難問を一つひとつクリアして初の海外公演を目指す。『晴れ舞台はブロードウェイで！』（二〇一一年）は、そんな彼ら／彼女らの挑戦を、劇団の演出家である倉田操が記録・監督したドキュメンタリーである。

世界中でシニア劇団がブームで、日本にも一〇〇以上のグループがあるという。本作を見ると、市民演劇歴を持つリーダーの秋田さんといい、八四歳の帰国子女で英語が堪能な小林さんといい、女性のキャラが立っている。女性のほうが人数も多いし、外国でも元気に適応している。男性は余暇の楽しみをも仕事のように背負いがちだが、女性は平場の関係のなかでひとつの目的にむけて協力するのに慣れている、という老後の傾向が見てとれる。もうひとつには、倉本聰が主宰する「富良野塾」の役者で、演出家としてシニア劇団を率いる倉田操の存在感がある。彼は団員の子どもか孫ほどの年齢であるが、素人の演技をじっと見つめて、その力を引き出している。葬儀場の待合室を舞台にした戯曲の内容は、笑って泣けるウェルメイドの作品である。団員の演技力はアマチュアだが、ちょっとした動作に人生経験を持った人のリアリティがあり、それが映像でも充分に伝わってくるのだ。

真のヒーローとは――『改造人間哀歌 THE MOVIE～曼珠沙華の詩～』

一九七〇年代初頭に東映が製作した特撮テレビドラマ「仮面ライダー」の二号、一文字隼人の変身ポーズで一世を風靡した俳優・佐々木剛。彼は三四歳のときに火事で大やけどを負い、引退してしまった。何度も顔への皮膚移植をくり返し、一時はホームレスにまで身を落としたというが、佐々木が六四歳になり、東北を襲った大震災と原発事故を一つの契機に、再び改造人間としてスクリーン上に蘇ったのが、本作『改造人間哀歌 THE MOVIE 曼珠沙華の詩』（二〇一二年、目黒圭一監督）である。

四〇年前の「仮面ライダー」のように再び悪の組織が、人類を破滅させるために動きだした。それを察知した特殊部隊が組織の壊滅を狙うが、怪人たちの力の前に太刀打ちできない。組織に体を改造されながらも、手術中に逃走した改造人間の男（佐々木剛）は六〇代半ばになり、バーに入り浸る毎日。ある日、改造人間に襲われたらしい、若い女性に出会う。年甲斐もなく、娘ほども年の離れた女性とデートをする改造人間の男だったが……。

元はヒーローショーの舞台の演目であり、佐々木剛がベルトを装着する変身ポーズや、改造人間たちのコスチュームが凝っている。映画版では、多数のエキストラを使った戦闘シーン、アクションの振り付け、火薬や血のりを使った銃撃シーンも安っぽさを感じさせない、見ごたえのある仕上がりだ。特筆すべきは、悪の側にも理由があることを描いた平成仮面ライダーにもない、戦うこと自体を否定する改造人間の新しいヒーロー像である。その代わり『改造人間哀歌』では、悪の怪人が放った蠢動波によって引き起こされた、大地震と原発事故がヒーローの真の敵となる。その内容を反映して、本作はサイン会と共に全国の公共施設を行脚するチャリティ上映の形態をとっている。七月には東北を巡回上映する予定だ。この映画を見ることは、子どもだけではなく大人にとっても、「真のヒーローとは何なのか」を考える良い機会になるのではないか。

最も有名なアイオワ州の人間――『ストレイト・ストーリー』

一九九四年の『ニューヨークタイムズ』に、ひとりの老人が農作業用のトラクターで一カ月半の旅をして、長年音信不通だった病気の兄に会いに行ったという記事が出た。その記事を読んだ映画プロデューサーと脚本家が老人の旅の道すじをたどり直し、その実話をもとに映画用のシナリオを作成した。そして、その物語に感動したデイヴィッド・リンチが監督を買って出て、この映画『ストレイト・ストーリー』（一九九九年）が作られることになったのだという。

アイオワ州の田舎町に住む、七三歳のアルヴィン・ストレイトは家で転倒してしまい、杖がないと歩けなくなってしまう。そこへ一〇年前にケンカ別れをして以来、会っていない兄が心臓発作で倒れたという知らせが入る。兄が住むとなりのウィスコンシン州まで、車でなら一日で行ける距離だが、アルヴィン老人は車の免許を持っていない。それでも自力で兄を訪ねると決めた頑固なアルヴィンは、娘の反対を押し切り、免許の必要ない芝刈り機に荷車を引いて出かけるが、その旅は失敗におわる。時速八キロしか出ない農作業用のトラクターをアルヴィンは購入し、六週間かけての長い旅へと出るのだった……。

デイヴィッド・リンチは実験的な作風で知られる監督だが、本作ではアルヴィンの旅を温かい視線と強い共感をこめて撮りあげている。タイトルの「ストレイト・ストーリー」とは、アルヴィン・ストレイト老人の物語という意味であると同時に、「まっすぐなお話」という意味でもあるのだ。実話に対する脚色は、前半のアルヴィンと娘の関係を描くドラマ部だが、シシー・スペイセクが年を老いた父親を心配する吃音症の女性を好演している。この新聞記事で注目されたアルヴィンに、有名テレビ番組から出演依頼がきたが、「自分は注目されるような人間ではない」と断ったという後日談がある。しかし、この映画によって「最も有名なアイオワ州の人間」のひとりとして、彼の旅は人々の心に刻みこまれている。

伝説の滝へむかう――『カールじいさんの空飛ぶ家』

『カールじいさんの空飛ぶ家』（二〇〇九年、ピート・ドクター／ボブ・ピーターソン監督）の冒頭のシークエンスには、誰もがギュッと心を摑まれてしまうだろう。冒険好きの少年カールと少女エリーが近所の廃屋で出会い、ふたりは若くして結婚し、その廃屋を改築して新居にする。それから数十年。夫婦は子どもを授からなかったものの、ときどき南米にある伝説の滝について語り合い、慎ましくも仲睦まじくその家で暮していく。やがてエリーが病に倒れ、ふたりのあいだに悲しい別離が訪れてしまう。

ここまで、カールとエリーの愛に満ちた数十年の夫婦生活を、短い導入部として映像と音楽だけで見せている。ネクタイの模様の入れ替えで日々の移り変わりを示し、キャラクターの外見や表情で長い時間経過を絵的に知らせる。ピクサーや親会社ディズニーのアニメーションは、台詞に頼らなくても視覚で理解させてくれる。この導入部はそのひとつの到達点となっており、小さな子どもから大人までを魅了する映像表現になっている。

本編の物語もまた、妻エリーとの思い出が詰まった家からはじまる。街の開発計画で立ち退きを迫られて、七八歳のカールじいさんは家に籠って偏屈になっている。そんななか、小太りで孤独な少年ラッセルと知り合うが、じいさんの老人ホーム行きが決定。彼は亡き妻が残した「冒険ブック」を開いて、ついに決心し、妻と過ごした思い出の家に膨大な量の風船を結びつけて、伝説の滝へとむかう一世一代の冒険に飛び立つのだった……。

居心地のいい我が家にいながら冒険へ出られたら、どれだけいいことか。カールじいさんはベネズエラにある伝説の滝へむけて、それを実行するが、やがて大事な思い出の家を失ってしまう。しかし、同伴者であるアジア系の少年との交流を通して他者と出会い、徐々に自分を開いて、殻に閉じこもることの無意味さを悟っていく。そして、亡き妻からのメッセージを受けとって、ついには「たかが家じゃないか」と言えるまでに成長するのだ。

東洋的な気品と強さ――『桃《タオ》さんのしあわせ』

ある家に家政婦として六〇年間奉公してきた桃《タオ》さん（ディニー・イップ）と、幼少の頃からごく当たり前のように世話をしてもらっていた雇い主の息子ロジャー（アンディ・ラウ）だったが、ある日、桃さんが脳卒中で倒れてしまう。体に麻痺が残るので家政婦を辞めるという桃さんのために、ロジャーは老人ホームを探すことになる。そして彼は老人介護にかかる法外な費用に驚き、親代わりに育ててくれた桃さんの面倒をみようと心に決める。ロジャーの昔なじみの手配で、桃さんは何とか老人ホームに入ることができたが、個室といっても衝立で仕切られているだけの古い施設だった。また、介助を必要とするお年寄りの人数にたいして、スタッフの数はまったく足りていない様子。そんななかで、ロジャーは老人ホームに足しげく通い、桃さんの部屋の掃除を手伝ったり、散歩に連れ出して外で食事をさせたり、本当の息子のように「親孝行」を重ねていくのだが……。

心に残る映画だと思うと、実話を基にした作品だったということがたびたびある。『桃さんのしあわせ』（二〇一一年、アン・ホイ監督）もまた、本作のプロデューサーの個人的な経験がベースにあるという。中国の人々にとって重要な徳のひとつである「孝行」の物語だが、桃さんとロジャーが親子の関係ではなく、家政婦と雇い主というところに捻りがある。血縁ではない女性に本当の母親以上の愛情を感じ、それを看とっていく主人公のあり方が現代的で、静かな共感を呼ぶのだ。

中国もまた高齢化社会へと急速にむかっており、本作にはそのシビアな社会背景も反映されている。病気になって、奉公先に迷惑をかけずに老後を送ろうとする桃さんの姿勢には、慎ましくも一本筋の通った東洋的な気品と強さがうかがえる。むろん虚構にすぎないが、このような映画を観て、市井の人々の考え方や慣習に触れるのは大切なことだろう。たとえ国家同士が諍いを起こそうとも、庶民レベルでの感情の交流に国境はないはずだから。

沖縄戦の歴史──『歌えマチグヮー』

沖縄の那覇市にある栄町市場には、狭い土地に一二〇もの商店がひしめいている。昆布やわかめを切って売る海草問屋さん、豚の顔の皮をぶら下げて肉をさばくお肉屋さんなど、さまざまな店が軒を連ね、懐かしい路地裏の風情を残す沖縄のマチグヮー（市場）なのだ。しかし近年は大型スーパーの進出で活気がなくなり、シャッター商店街のようになっていた。そんな市場の元気を取り戻そうと、おばぁたちと若い人たちが協力して動きはじめる。

内地から帰ってきて居酒屋を経営するミュージシャンの「もりと」を中心に、お祭りとライブ音楽で市場を盛りあげようと計画する。そして介護施設で働くカメさん、八百屋のハイサイ食品の多美子さん、リサイクルショップ経営の美佐子さんの三人は、ウチナーグチ（沖縄言葉）でラップをする「栄町おばぁラッパーズ」を結成する。屋台祭りにむけて「おばぁラップブギ」など市場について歌った曲をつくり、その練習に明け暮れるのだが……。

市場の音楽仲間でCDをリリースし、いまや「日本一元気な商店街」とまでいわれるようになった栄町市場。『歌えマチグヮー』（二〇一二年、新田義貴監督）というドキュメンタリーを見ると、おばぁたちが若い音楽家やラッパーの娘に教えを乞うシーンがあって、また本州出身の若いペアが経営する珈琲豆店を、まわりの旧住民が支える姿も記録されている。栄町市場が活性化した秘密が、世代間のコミュニケーションと外部の人の受け入れにあったことが良くわかるのだ。

一方で、映画は沖縄の悲痛な過去をも想起させる。実は栄町市場がある土地には、戦前は「ひめゆり学徒隊」で知られる女学校があった。それが戦災で焼け落ちて、戦後に市場が作られた歴史がある。唯一の本土決戦となった沖縄戦では、三〇万人の住民のうち一〇万人近くが亡くなったといわれる。そのような土地だからこそ、マチグヮーに生きる人々は、歌と音楽と笑いを大切にしているのではないかと、二度考えさせられる作品であるのだ。

水の循環に寄りそう繊細な手つき――『天のしずく 辰巳芳子〝いのちのスープ〟』

近年には輸入牛肉のBSE問題や食品の偽装問題があり、また福島の原発事故でこの列島の食物が放射性物質に汚染される未曾有の事態も起きてしまい、人びとの「食」への関心は日増しに高まっている。そんななか、土地の風土を活かした「農」の営みによる食材と、素材を生かす「食」のあり方の見直しを提案する料理家・辰巳芳子の活動が注目されている。

『天のしずく 辰巳芳子〝いのちのスープ〟』（二〇一二年、河邑厚徳監督）は八八歳になった彼女の人生と、そのスープの力に迫るドキュメンタリーである。料理研究家の草分けであった母・辰巳浜子に家庭料理を学んだ芳子だが、その後、独自にヨーロッパ料理の腕を研鑽していった。本作によれば、彼女がより根源的な食の力へと関心を向けるようになったのは、父が嚥下障害で病床に伏してからだった。何も食べられなくなった父を癒すため、母と芳子は工夫を凝らしたスープを毎日作って、父の病床へと運ぶようになり、いつしかそれは

「いのちのスープ」と呼ばれるようになったのだ。

ふつう料理家の活動やスープの調理法というものは、映像的に動きのあるものではなく、ドキュメンタリーで見せるには難しい種類のものだ。その点、本作の作り手は工夫をしている。そのひとつは、食材の生産者である農家、料理家の辰巳芳子と料理学校の生徒たち、そして「いのちのスープ」が病院や老人施設で提供されるボランティア活動をつなげて見せることで、社会的な広がりのなかで「食」のあり方を再考することに成功している。

辰巳が梅干の漬け汁をつくるため、庭で摘みたての紫蘇を水で揉んで、「お店のものだと黒くなるけど、新鮮だと紫色になるのよ」というシーンがある。振り返れば、人間の体の大半は「水」でできている。この世に生をうけて母親の乳を飲むときから、終わりに末期の水に唇を湿らすときまで、生命はこの惑星を循環しつづける水の流れにのっている。本作で披瀝される汁やスープの作り方はどれも、辰巳が紫蘇を揉むときのような、水の循環に寄りそう繊細な手つきで示されている。

原爆体験と宗教的な風土――『夏の祈り』

長崎市にある「恵の丘長崎被爆ホーム」は、原爆投下のときに生き残ったカトリックのシスターが立ちあげた施設であり、ナガサキで被爆した高齢者のための特別養護老人ホームである。このホームに暮らす高齢者の人たちは、自由がきかない体にムチを打ちながら、子どもたちに直接自分の体験を語りつぐ活動や、ホームを訪ねてくる小中高生のために「あの夏の日に遭遇した自らの体験」を劇にして上演する啓蒙活動を行っている。入居者たちは長いあいだ、社会的な偏見にさらされてきた関係で、滅多に取材を受け入れないのだが、今回はじめてホーム内での長期間の撮影が許されることになった。その背景には、入居者たちが段々と高齢になってきて、戦争の記憶を語りつぐ人たちが年々亡くなっているという、時間との戦いがある。「いまのうちに私たちの本当の姿、声、思いを遺しておきたい」。そんな彼らの切実な思いによって『夏の祈り』(二〇一一年、坂口香津美監督)という作品はつくられたのだ。

一九四五年八月九日に、アメリカ軍は長崎へ原爆を投下したが、そこは歴史上多くのキリスト教徒が弾圧を受けてきた土地で、日本におけるキリスト教の聖地としても知られている。崩壊した浦上天主堂や純心女子学園では、原爆で多くの命が犠牲となった。本作の舞台である老人ホームもカトリック系で、日常生活における祈りの習慣や聖歌が丹念に記録されており、改めてナガサキという土地を独特の宗教的な風土から再考するきっかけを与えてくれる。原爆症で家族を失った村上さん、被爆して児童養護施設で育った本田さん、背中一面に大やけどを負った谷口さん。『夏の祈り』に登場する高齢者のすべての人が生き証人であり、彼ら/彼女たちの体験と人生の語りに心を動かされずにはいられない。「二度と戦争をしてはいけない。このホームに住む方々の生活そのものが、平和への祈りではないかなと思います」というシスターの言葉に、本作に込められたメッセージの重さが要約されている。

削ぎ落としてたどり着く「原形」——『二郎は鮨の夢を見る』

東京の銀座にある鮨屋「すきやばし次郎」は小さな店だが、『ミシュランガイド東京』では五年連続で三つ星を得る栄誉を獲得し、世界中の食通をうならせている。この店ではにぎり鮨がひとり三万円からという高価格にもかかわらず、予約が一カ月先まで埋まっている状態だという。戦後に鮨職人としての修業を積んで出発し、八七歳の現在も鮨をにぎり続け、世界最高齢の料理人としてギネスの認定を受けた八七歳の店主は小野二郎である。

『二郎は鮨の夢を見る』(二〇一一年)が監督デビュー作となるデビッド・ゲルブは、小野二郎の鮨の芸術性に出会い、それに魅了されて映画制作を希望した。ところが、職人としての技と日々の仕事に打ちこむために、小野二郎はあらゆる取材を断っていた。本作は初めてカメラでの撮影を許された若手監督が、足かけ二年、小野二郎とその店に取材して彼の職人芸の秘密にせまり、後継者で弟子でもあるふたりの息子との関係を撮った正統派の人物ドキュメンタリーである。

鮨という私たちの身近な題材を扱っているが、外国人監督が焼き海苔のあぶり方から、卵焼きをめぐる厳しい修業、タコを茹でる前に何十分も揉む作業を驚きながら撮っているのが印象的で、独特の視線でその奥行きの深さを改めて再発見させてくれる。鮨がにぎられる映像にクラシック音楽をあてており、「おまかせ」コースの鮨二〇カンを順番にフルコースのように出す小野二郎の方法を、音楽の楽章構造と対比しているところも興味深い。

本作を見るかぎり、小野二郎の職人芸に目新しさは見あたらない。築地で手に入るなかで最高の食材を調達し、それにたいして可能なだけ手間暇をかけて鮨に仕立てているだけである。彼の鮨は贅をこらすものではなく、余計なもの削ぎ落としてたどり着く「原形」であるように見える。それは食を大量消費し、安価に提供して利益をうみだす現代社会の対極にある何かであり、段々と実現が難しくなっているからこそ価値があるのかもしれない。

同時代の心の呟き――『オース！バタヤン』

「バタヤン」の愛称を持つ田端義夫が亡くなった。九四歳。戦前から活躍して九〇歳まで現役を貫き、『かえり船』、『島育ち』、『十九の春』といったヒット歌謡曲を歌いつづけた歌手だった。それ以上に、水平に抱えるトレードマークのエレキギターや、そのギターを弾きながら歌う演奏スタイル、そして右手をあげて「オース！」という威勢のいい挨拶など、バタヤンならではの親しみやすいキャラクターによって庶民に愛されてきた人物だった。

『オース！バタヤン』（二〇一三年、田村孟太雲監督）は、二〇〇六年に大阪の鶴橋小学校の体育館で行われたライブの模様を中心に構成したドキュメンタリーである。田端義夫のインタビューに加えて、妻と娘、そして立川談志、浜村淳、千昌夫、寺内タケシ、小室等らのインタビューと豊富な映像フッテージで、バタヤンの歌の魅力とその稀有な人生を振りかえる。そこからレリーフのように浮かびあがるのは、戦前から戦争をこえて

『オース！バタヤン』

現代へといたる日本の基層文化の歴史ではないだろうか。

　映画によれば、田端義夫は三重県で一〇人兄弟の九番目として生まれ、幼い頃に父親を亡くし、母親と大阪に出てきてそこを第二の故郷としたという。栄養失調で片目を失明した話や、板きれで音のでないギターを作って「イター」と呼び、河原で歌の練習をしていたという挿話、そして彼の歌声は同じ貧しい時代を生きた多くの庶民の琴線にふれるものだろう。本作では、バタヤンが歌う『赤とんぼ』に涙する聴衆の姿にそれが見てとれる。

　そしてまた、バタヤンの「ズンドコ節（街の伊達男）」には戦後の開放感が、ラスベガスで大金を当てて『ツキツキ節』をリリースした話には、経済成長下の浮かれた世相が反映されている。生前の田端義夫が「戦前、戦中、戦後といい時代を生きてきたもんやな」とインタビューの中で呟くが、それは彼ひとりの実感ではないのかもしれない。建物や道路が新しくなっても変わらない、同時代の庶民全体の心が漏らした言葉のように聴こえるのだ。

魂の苦難――『ポエトリー アグネスの詩』

時代劇から現代のラブロマンスまで、すっかりお茶の間に定着した感のある韓国ドラマであるが、その一方で芸術的な韓国映画の力作もつくられている。往年の大女優ユン・ジョンヒ（尹静姫）が一六年ぶりにカムバックして、『オアシス』（二〇〇二年）や『シークレット・サンシャイン』（二〇〇七年）など骨太の人間ドラマで知られるイ・チャンドン監督がメガホンをとり、カンヌ映画祭で脚本賞を受賞した映画『ポエトリー アグネスの詩』（二〇一〇年）は、その筆頭にあげられる作品であろう。

ミジャ（ユン・ジョンヒ）は訪問介護の仕事をする六六歳の女性である。彼女はプサンで働く娘のかわりに、中学三年生の孫息子のジョンウクを育てているが、近ごろ物忘れがひどくなっており、病院へ精密検査を受けにいく。すると、川に身投げした女子中学生が救急車で運びこまれるところに出くわし、その前で崩れ落ちる母親の姿を目撃してしまう。その帰り道でミジャは、ふと「詩作教室」の募集広告に目をとめる。子どもの頃、教師に「将来は詩人になる」と才能を買われながら、一度も詩を書いたことがなかったミジャは詩作教室を受講する。「詩は自分で探すしかない」と先生にいわれ、はじめて詩作とむき合い、普段からメモをとるようになる。ある日、孫ジョンウクの仲間六人組の保護者たちに呼びだされて、自殺した少女の死に孫たちが関わっていたことを知らされる。そのアグネスという洗礼名をもつ、少女の慰霊ミサを訪れるミジャだったが……。

子や孫といった次世代の者を育てながらも、彼らが理解不能な怪物に見えるときがある。美しいものを詩に書こうとするミジャだが、自殺事件のためにさまざまな苦痛を経験し、ついに死んでしまった少女の苦痛を自分のものとして受け入れたとき、一篇の詩を書きあげる。魂の苦難を乗り越えてはじめて、世代をこえて少女の心と交感し美しいものに辿り着くという物語は、万人受けはしないだろうが、強い説得力をもって見る者に迫ってくるのだ。

凄まじい舞台の姿――『そしてAKIKOは…～あるダンサーの肖像～』

このドキュメンタリー映画を制作した羽田澄子は八七歳であり、現役バリバリの映画監督である。岩波映画製作所という文化映画の会社を定年退職した後も、『平塚らいてふの生涯』(二〇〇一年)、『嗚呼 満蒙開拓団』(二〇〇八年)、『遥かなふるさと 旅順・大連』(二〇一一年)など力作を発表し続けている。本作は羽田監督が一九八五年に完成した『AKIKO～あるダンサーの肖像～』の続編で、日本のモダンダンス界を代表するアキコ・カンダを撮った最新作である。

アキコ・カンダは渡米してマーサ・グレアムのカンパニーで修業し、帰国後に日本で活躍した舞踏家・振付家である。前作ではアキコ・カンダという「ダンスの他に何もできない」、だが芸術にすべてを捧げた人の生活と独特の世界を、アキコ自身と周囲で支える家族を中心に描いた。しかし、今回ひょんなことから撮影が再開された『そしてAKIKOは…～あるダンサーの肖像～』(二〇一二年)は、七〇代半ばにさしかかったアキコに寄りそうのだが、彼女自身が肺癌で入院してしまう……。

本作のひとつの魅力は、アキコ・カンダのモダンダンスの世界を、彼女のダンスカンパニーが記録してきた映像フッテージを駆使して、年代順に見せてくれるところにあるだろう。世評の高いダンス作品を中心に選ばれており、公演を見たことのない人でも、彼女の芸術の変遷を体験できるようになっている。それゆえに、彼女が死の直前まで闘病を続けながら、やせ細った体で舞台にあがる姿をとらえた映像が一段と凄まじく感じられる。

羽田監督は「映画をつくることはその人たちと一生の付き合いをすることだ」という。アキコ・カンダが闘病生活の細部にいたるまで、プライベートをカメラの前で曝けだすさまに、監督との信頼関係の強さがうかがえる。もしかして彼女は自分の死を意識して、最後の公演を羽田監督に撮らせたのではないかと思えてくるほどだ。癌に侵されながらも、最後までダンスに身を捧げた人を撮ったラストシーンに心を動かされない人はいないだろう。

カンフー俳優の俳優人生――『燃えよ！じじぃドラゴン 龍虎激闘』

香港のカンフー映画のひとつの黄金時代は一九七〇年代であったが、その当時に活躍した往年の名優たちが集結したのが、『燃えよ！じじぃドラゴン』（二〇一三年、デレク・クォック／クレメント・チェン監督）である。本作には『帰って来たドラゴン』（一九七四年、ウー・セイ・ユーエン監督）のブルース・リャン、『嵐を呼ぶドラゴン』（一九七三年、チャン・チュー監督）のチェン・カンタイ、『ツイン・ドラゴン』（一九九二年、ツイ・ハーク／リンゴ・ラム監督）のテディ・ロビンなど知る人ぞ知る顔ぶれが集結している。そして邦題からもわかるように、香港のカンフー映画のパロディに満ちた喜劇的なシーンをまじえつつ、それへの愛情たっぷりにつくられている。

不動産会社ではたらく冴えない若い男チョンは、立ち退きを迫るため、辺鄙な村のさびれた喫茶店にやってくる。そこを経営しているのは、ソン（ブルース・リャン）とセン（チェン・クァンタイ）というふたりの初老の武術家だった。この店は、かつて師匠のロー（テディ・ロビン）が指導するカンフー道場だったのだが、ローは三〇年間、昏睡状態で眠っているのだ。ところが、ローがひょんなことをから目をさまして、病院から自分の道場へともどってくることに。なんとか、さびれた喫茶店を道場としての見かけにもどしたソンとセンだったが、ふたりとも年をとってしまったため、師匠のローには誰だかわからない。あわてものの師匠ローは、その場にいたチョンを自分の弟子だと思い込み、ソンとセンは孫弟子ということになる。そこへライバル道場の男たちが立ち退きを求めてくる。彼らが開催される武術大会で決着をつけることになり、ソンとセンは老体にムチを打ち、チョンと共に師匠の鬼のような特訓を受けることになるのだが……。

ブルース・リャンとチェン・クァンタイは、カンフーなどできそうにない体型になっていて、役柄においても持病や不自由な部分を抱えているのだが、カンフー場面になると急に往年の輝きを取りもどす。物語も昔ながらのカンフー映画のように、「師匠が殺されて、弟子たちが奮闘して仇をとる」という王道パターンになっていてうれしい。年をとった武術家の役柄を、実際の往年のカンフー俳優たちが演じているので、彼らの俳優人生に重ねながら見ることができるところもファン泣かせである。

それぞれの記憶をたどり直す――『百年の時計』

ゆるキャラからB級グルメまで、空前のご当地ブームである。映画では『木更津キャッツアイ 日本シリーズ』（二〇〇三年、金子文紀監督）や『下妻物語』（二〇〇四年、中島哲也監督）あたりから、ローカルさを売りにする傾向が目立つようになったが、『男はつらいよ』シリーズをあげるまでもなく、もともと地域の活性化と映画やドラマのロケ誘致は強い繋がりをもってきた。だが、それとは違い『百年の時計』（二〇一二年、金子修介監督）は、先に香川県の観光資源と琴平電鉄を舞台に製作すると決めたかのような、徹底した「地産映画」なのだ。

高松市美術館の学芸員・涼香（木南晴夏）は、ポップアートやインスタレーションで世界的になった現代アートの巨匠・安藤行人（ミッキー・カーチス）の回顧展を、地元で開催するまでにこぎつける。ところが、数十年ぶりに帰郷した行人には新作をつくる創作意欲がなく、回顧展をやめるとまでいいだす。彼は古い懐中時計を見せて、琴平電鉄で見知らぬ女性から貰ったものだと打ち明け、創作をするために、その女性をさがしてほしいと語る。母親が亡くなってから関係がぎくしゃくしていた父（井上順）、幼なじみで琴平電鉄の運転士の彼氏（鈴木裕樹）らの助けをかりて、涼香は行人の人さがしを手伝う。そこから次第に明らかになってくるのは、半世紀の昔に、若き頃の行人と許されない恋におちた女性の存在だった。ふたりの初恋の顛末を明らかにしつつ、百年の歴史をもつ琴平電鉄のレトロ電車をつかった、行人のインスタレーション作品は、それぞれの思いをのせて走りだす……。

カーチスが演じる架空の現代美術家は、ヨーコ・オノ、草間彌生、荒川修作といった海外帰りの芸術家像を思わせる。ふたりが出会う安保闘争直後という時代設定も、そのあたりから来ているのだろう。行人の作品はレトロ電車が一定区間を走る行為を、それぞれの鑑賞者が記憶を思い起こす営みに変えていく。なるほど、映画スクリーンも列車の窓に近いのかもしれない。なぜなら、観客もまた本作を見ながら、それぞれの記憶をたどり直すであろうから。

ブリコラージュの人――『ソレイユのこどもたち』

『ソレイユのこどもたち』（二〇一一年、奥谷洋一郎監督）は、多摩川が東京湾に流れこむ河口で、船上暮らしをするホームレスの老人を撮ったドキュメンタリーである。老人はモーターボートの修理を請け負いながら、橋の下に捨てられた船の上で数匹の犬を飼っている。彼は気さくな人柄なのか、昼間は子どもたちから遊ぼうと声をかけられ、お年寄りの話し相手にもなる。ところが、近隣の一部や役所の人のなかには、河岸を不法占拠していると、彼の存在を嫌がる人たちもいる様子なのだ。老人は飼い犬の一匹に「ソレイユ」という名前をつけている。

ソレイユとはフランス語で「太陽」という意味で、野天に暮らす彼はソレイユを家族のように慈しんでいる。そんなある日、老人が河に転落してしまうという事故が起き、犬たちは船上に取り残される……。ほんの数メートル低いだけの、水上の世界におきるできごとを静かに記録し、その世界から、日常生活の空間である東京

の街や風景を見つめ直すことを迫ってくる好編である

文化人類学に「ブリコラージュ」という用語がある。未開社会の人たちがありあわせの材料で、生活に必要なものを器用につくり出すことを指す言葉である。この老人はまさにブリコラージュの人で、がらくたを拾ってきて生活用品に変え、水上で古くなったボートのエンジンを器用に直してくれる。世のなかから捨てられた犬を面倒見る老人の姿には、商品を次々に使い捨て、生き物の命すら軽んじる消費社会とは一線を画す生活のあり方が見られるだろう。

本作において興味深いのは、川に住む移動民の老人と、近隣に住む定住者の関係性である。船上で暮らすホームレスの老人と会話をするとき、近所のお年寄りや子どもは堤防の上から話しかける。老人に石を投げる少年や、彼の行動を見張る自警団も、橋の欄干の上から威嚇する。定住者の人たちは、船上に住むホームレスをやや見下しながら、移動と自由に根ざしたその生活をうらやみ、怖れと憧憬の入り交じった視線を送っているのかもしれないのだ。

「尊厳死」と「安楽死」――『母の身終い』

ひとり息子のアラン（バンサン・ランドン）は四八歳のトラック運転手で、ケチな犯罪に手を染めて服役し、出所後に母の家に身を寄せている。アランは年老いた母親イヴェット（エレーヌ・バンサン）が暮らす実家で人生をやり直そうとするのだが、几帳面な母親と折り合いが悪く、長年にわたる確執のせいか、すぐに口論になってしまう。彼はボーリング場で知り合った女性と恋愛におちるも、無職で実家に暮らす身だといいだせずにいる。

そんなある日、アランは母親の薬が入った引きだしのなかに、見慣れない書類を見つけて愕然とする。母親の脳腫瘍が進行しており、彼女はスイスの自殺を幇助する協会と契約し、尊厳死を実行しようとしていたのだ。病気が進行し、自分が自分でなくなる前に「自分らしい人生の終え方をしたい」と望み、決意を固めている母親。ひとり息子と母親は一緒に買い物に行き、食事をし、ふたりで片づけをして、ようやくいたわり合える関係になるだが……。

ステファヌ・ブリゼ監督のインタビューによれば、フランスとスイスでは病気の末期症状に苦しむ人に医師が安楽死を施すことは禁じられているという。だが、スイスでは利己的ではない動機である場合、自殺を望む人を幇助することが許されている。そのような背景によって、映画に登場するような「扶助自殺協会」の存続が可能なのである。実在するスイスのNPO（いわゆる「看取りの家」）は、一五年間で二〇〇〇人の自殺幇助を手がけたとされる。

そもそも「尊厳死」は患者の苦しみを長引かせないために延命治療を中止することで、「安楽死」は患者を苦痛から解放するために死を招く措置であり、両者のあいだには大きな隔たりがある。フランスでは前者が認められ、後者の安楽死は認められていない。そこで、老母がスイスの看取りの家へ行くという物語になっているのだ。その人らしい最後の迎え方があるべきであり、この映画『母の身終い』（二〇一三年）が終末ケアや安楽死の進まぬ議論にたいし、一石を投じることは間違いない。

美の探求にすべてを捧げた人――『ビル・カニンガム&ニューヨーク』

ビル・カニンガムは八二歳のファッション写真家であり、長年『ニューヨークタイムズ』紙で、自身の写真を使ったファッションコラムを担当している。彼はファッションモデルや有名人だけでなく、半世紀ものあいだニューヨークの街角に出て、道行く人たちのトレンドを撮り続けているのだ。いわばストリートファッションの生き証人のような存在であり、彼にスナップを撮ってもらい、新聞に掲載されることは、ニューヨーカーたちの誇りとなっている。

そんな花形の業界で活躍するビル・カニンガムだが、対照的にその人物と生活はいたってストイックな職人気質。「どうせカメラと擦れてすぐにダメになるから」とブルーの作業着をきてニューヨークの街へ出ていき、自転車に乗ってファッションショー、イベント、街頭デモなどを次から次へと渡り歩く。撮影対象との客観的な距離を保つために、パーティ会場ではまったく飲食をとらず、夜はスタジオ兼アパートの部屋にある簡易ベッドへ戻って眠る。

『ビル・カニンガム&ニューヨーク』(二〇一三年、リチャード・プレス監督)は、ビル・カニンガムというファッション写真家の日常を追いながら、人間が天職に就き、何歳になってもその仕事を続けられることの幸福がいかに大きいものであるかを教えてくれる。雨や雪が降れば「街のファッションががらりと変わる」と言い、彼はポンチョを着て大喜びでストリートへと出ていく。そして、結婚や恋愛をしたことはないのかというインタビューアーの質問には、「仕事に忙しくて、そんな暇はなかった」と答えるのだ。

「半年に一度はパリへ行き、自分の目を鍛えるんだ」というビル・カニンガムが、実際にパリへ出かけるシーンがある。彼はパパラッチが大物女優を囲んで撮影していても関心を示さない。そんな彼がフランス文化省から芸術文化勲章を送られ、壇上でするスピーチが傑作だ。「着飾った有名人には何の興味もありません。主役は洋服です。有名人でも派手なショーでもないのです」。ここに、美の探求にすべてを捧げた人の潔さを誰もが見ることだろう。

英国的な階級社会のギャップ——『あなたを抱きしめる日まで』

田舎住まいで善良なアイルランド人主婦のフィロミナ（ジュディ・デンチ）は、ある日、半世紀のあいだ隠していた秘密を娘に打ち明ける。彼女は五〇年前に未婚のままで妊娠し、厳しいカトリックの家であったため修道院に入れられた。そこで同じような境遇の少女たちと共に奉公をして暮らし、アンソニーという息子を出産した。ところが息子は三歳のときにアメリカへ養子に出され、「息子のことを捜さない」という誓約書に署名させられた。

フィロミナは息子の五〇歳の誕生日に、兄の存在を娘へ明かしたのだ。娘はパーティで知り合った元ジャーナリストのマーティン（スティーヴ・クーガン）に、記事にしてもらえないかと持ちかける。「三面記事は書かない」と一度は断ったマーティンだが、再起のチャンスだと思い直す。そして、質素で信心深いアイルランド人の主婦と、贅沢な暮らしに慣れたイギリス人の政治記者という対照的なふたりが、過去の養子縁組の真実を突きとめる旅に出る……。
主婦のフィロミナも記者のマーティンも実在の人物なのだが、ほとんど数奇なミステリー小説のような物語である。実の母と息子が養子縁組によって生き別れた背景には、当時のアイルランドのカトリック修道院が、未婚で出産するような少女を「堕落した女」と見なした厳しい道徳観念があったようだ。それゆえ修道女は、子どもたちを金銭と交換に勤勉なアメリカ人へ養子に出すことを厭わず、無責任な家族生活からの救済だと肯定できたのである。

『あなたを抱きしめる日まで』

また、この『あなたを抱きしめる日まで』（二〇一四年、スティーヴン・フリアーズ監督）のフィロミナとマーティンの噛み合わない笑いを誘う会話には、労働者階級出身で長年看護婦だったアイルランド人主婦と、オックスフォード大学出のイギリス人のエリート記者という、英国的な階級社会のギャップが活用されている。そして、息子の方はワシントンでそれなりの名士となっているのだが、同じ英語を話すのに歴史的にも社会文化的にも異なる三つの国をめぐり歩く旅が、この感動の実話を劇的にする大きな要素となっているのだ。

「キネマ旬報」邦画第一位――『ペコロスの母に会いに行く』

長崎に暮らす岡野ゆういち（岩松了）は還暦すぎのサラリーマンだが、マンガを描いたりギターを片手にライブ活動したり、本業はそっちのけ。ハゲ頭のせいで、ペコロス（小タマネギ）の愛称で親しまれている。母のみつえ（赤木春恵）と息子のまさき（大和田健介）と暮らしているが、母は亡くなった夫のために酒屋へ出かけたり、一日じゅう駐車場で息子を待ち続けたり、箪笥に汚れた下着を大量に隠したり、日に日に認知症が進行している様子。ゆういちは悩みながらも、母のみつえをグループホームに預けることにする。そこには認知症になりながら、個性豊かに暮らすお年寄りが集まっていた。最初は自分の部屋にこもり、一〇人兄弟の長女として育った原爆投下後の子ども時代の苦労を反芻するみつえだったが、徐々に施設での暮らしに慣れていく。ときどき息子の顔を忘れても、ハゲ頭を見ると思いだす母を見て、ゆういちは「ボケることも悪かことばかりじゃなか」と思いはじめるのだった。

『ペコロスの母に会いに行く』は、長崎市のマンガ家・岡野雄一が、八五歳になる認知症の母を描いた介護日誌マンガが原作である。同じく長崎県出身で、庶民のバイタリティを描いてきた森崎東が監督をした。映画を撮ったときに監督自身が八五歳で、認知症を発症していたというから驚きだ。それゆえ認知症のお年寄りたちの描き方は明るくユーモラスであり、当事者ならではのリアリティもみられ、映画は評判を呼んで、二〇一三年の「キネマ旬報ベスト・テン」において邦画一位になった。

主演の岩松了も長崎出身で、映画やテレビドラマの脇役でお茶の間でもおなじみの俳優、劇作家、演出家であり、それとわかるハゲ頭のカツラをかぶって軽妙な演技を見せている。母親役の赤木春恵は脇役として活躍してきた俳優であるが、八八歳にして「世界最高齢で映画初主演」でギネスブックに登録されたという。原作マンガはテレビドラマ化も果たし、元気なお年寄りたちが作った認知症を明るく前向きに受け止める映画は、今後もますます快進撃が期待されるのである。

音楽の力を描いた老年讃歌――『カルテット!人生のオペラハウス』

イギリスの田園地帯にある「ビーチャム・ハウス」は、引退した音楽家たちのための老人ホーム。ところが、このホームでは資金難に陥ったため、存続をかけたコンサートを開く準備が進められていた。音楽の普及に没頭するレジー、キュートさを保ちながらも痴呆症が進行しているシシー、ホームに入っても女好きが変わらないウィルフは、むかし一緒にオペラを歌っていたカルテット（四重唱）のメンバーであり、老人ホームで平和に暮らしていた。

ところがある日、新しい入居者がやってくる。彼ら三人とオペラのカルテットを組んでいたが、持ち前の野心とエゴでみなを傷つけて去ったプリマンドナのジーンであった。特にジーンと結婚したことのあるレジーは気が動転する。そんなジーンも過去の栄光にとらわれ、人前では歌えない状態だった。イギリスのオペラ史に残る四人の歌手は、ホームで共に過ごすことで互いを許しあい、再びコンサートの舞台へ立つことができるのか……。

『カルテット！人生のオペラハウス』（二〇一二年）は、五〇年以上、俳優としてのキャリアを重ねてきた七六歳のダスティン・ホフマンが、はじめてメガホンを持った初監督作品である。本人こそ出演しないものの、二度アカデミー賞を受賞した七八歳のマギー・スミス、七五歳のトム・コートネイ、七二歳のポーリーン・コリンズ、七〇歳のビリー・コノリーといった監督と同世代の、四人あわせて三〇〇歳近いイギリスの名優が勢ぞろいした。ほかにも、世界的に名高いソプラノ歌手やピアニストらが脇を固めている。

もう一つの主人公は、本物の音楽家たちによる歌声と演奏である。ヴェルディ作曲の『リゴレット』、プッチーニのオペラである『トスカ』、シューベルトの歌曲『シルヴィアに』などクラシックの名曲が満載だ。本作の物語は、一九世紀にヴェルディが私費を投じてミラノに創設したという、実在した音楽家のための老人ホームを翻案にしているという。何歳になっても変わらない人間関係のいざこざと、それを越える音楽の力を描いた老年讃歌だといえよう。

思いこみや偏見からの解放――『アンコール!!』

閉鎖される炭坑町を舞台にブラスバンドの人間模様を描いた『ブラス！』（一九九六年、マーク・ハーマン監督）や、鉄工所の失業者たちが男性ストリップショーに出演するまでを描いた『フル・モンティ』（一九九七年、ピーター・カッタネオ監督）など、イギリスのコメディ映画はハリウッドのそれとはひと味違っている。なにか深刻な現実に直面した登場人物たちが、皮肉や風刺を交えた笑いを通じて、自分の思いこみや偏見から解放され、本当の気持ちや素朴な真実に気づくという定石めいたものがあるのだ。
『アンコール!!』（二〇一二年、ポール・アンドリュー・ウィリアムズ監督）のアーサー（テレンス・スタンプ）も、典型的なイギリス・コメディの登場人物である。彼は七三歳の頑固じいさんであり、近所の人たちや息子とギクシャクした関係にある。そんな彼も、陽気で寛容な妻のマリオン（ヴァネッサ・レッドグレイヴ）の前でだけは、時折笑顔を見せる。だが、その病弱な妻がロックやヒップホップに挑戦する風変わりな高齢者コーラス団「年金ズ」の活動に夢中になっていて、体を壊さないかと心配している。そんなある日、「年金ズ」が国際コンクールのオーディションに出場することになる。その練習に張り切りだした矢先に、妻マリオンのガンが再発してしまう。余命数カ月の告知をされて、最後の日々を大好きなコーラスに参加して過ごしたいと望むマリオン。渋々とそれにつき合うアーサーは、音楽教師のエリザベス（ジェマ・アータートン）や個性派の面々と出会うなかで、自分自身や過去と向きあい、頑固に閉ざした心を段々と開いていく……。

　本作の魅力は、コーラス団が歌うポップスの名曲の数々にある。スティーヴィー・ワンダーの『サンシャイン』やビリー・ジョエルの曲ならまだしも、モーターヘッドのヘビィメタル曲やソルトン・ペパーのヒップホップ曲『レッツ・トーク・アバウト・セックス』までもが合唱用にアレンジされて歌われる。その選曲は、何でも前向きに受けいれる妻のオープンな性格を象徴しており、アーサーが周囲と和解する物語の中で重要な役割を果たしているのだ。

抑えた演出が効果的――『八月の鯨』

姉のリビー（ベティ・デイヴィス）と妹のサラ（リリアン・ギッシュ）は、長い人生のほとんどを一緒に過ごしてきた老姉妹。第一次大戦でサラが夫を亡くしたとき、リビーは妹の面倒を見た。反対に、病で目が不自由になった姉のことを、サラはここ一五年というもの世話をしている。そんな二人は夏がくると、メイン州にある小さな島の別荘に滞在する。その入江には八月になると鯨がやってくるので、少女の頃からよく鯨を眺めていた場所なのだ。

別荘には、幼なじみのティシャ（アン・サザーン）や、近くに住むロシア紳士のマラノフ氏（ヴィンセント・プライス）らが訪問する。家事をこなして庭で絵筆をとり、生き生きと暮らすサラと比べて、妹に依存して生きるリビーは偏屈でわがままになり、訪問客がきても無愛想に振るまってばかり。ある夜、マラノフ氏を食事に招待するか否かで姉妹は言い争い、おまけにリビーは刺々しい言葉で、訪ねてきたマラノフ氏を傷つけてしまうのだった……。

この『八月の鯨』がつくられた一九八七年当時、『イントレランス』（一九一六年）に主演した無声映画の大スターであるリリアン・ギッシュは九一歳、『イヴの総て』（一九五〇年）などでハリウッドの黄金時代を築いたベティ・デイヴィスは七九歳、往年のミュージカルスターだったアン・サザーンが七八歳だというから、年齢に反した若々しさと演技の充実ぶりに驚かされる。それが、老後のささやかな日常生活を描いたこの映画において、姉妹のいさかいと和解という繊細なドラマに奥行きを与えている。

監督のリンゼイ・アンダーソンは記録映画から出発し、一九六〇年代に怒れる若者たちを撮った『孤独の報酬』（一九六三年）や、カンヌ国際映画祭グランプリを受賞した『if…もしも』（一九六八年）で知られるイギリスの名匠である。本作では、小さな島の別荘に流れるゆっくりとした時間を描き、五人の人物によって丁寧に織りなされるドラマは舞台劇のようですらある。年輪を重ねてきた名優たちが存分に力を発揮できる場を用意して、静かな感動を呼ぶ、抑えた演出が効果的である。

神様が与えてくれた贈り物
――『毎日がアルツハイマー2～関口監督、イギリスへ行く編』

オーストラリア在住の関口祐加監督が、アルツハイマー型認知症と診断された七九歳の母・宏子さんの介護のために帰国したのは二〇一〇年のこと。それから母と暮らす日常をビデオ撮影し、Youtubeへの投稿をはじめた。二〇一二年にそれらを編集した長編動画を『毎日がアルツハイマー』として劇場公開したところ、多くの人の共感を呼んで大ヒットした。『毎日がアルツハイマー2～関口監督、イギリスへ行く編』（二〇一四年）では、母親の閉じこもりと家族のケアがテーマになった前作から一転、認知症のセカンドステージが扱われている。

母・宏子さんを介護するために共同生活をはじめて、早くも四年が経とうとしていた。かたくなに閉じこもりを続けていた宏子さんの生活に、少しずつ変化が見えるようになる。前作『毎日がアルツハイマー』のラストシーンではイケメン介護士の手をうれしそうに握っていた宏子さんだったが、ついにデイサービスに出かけ、嫌がっていた洗髪をするようになる。だが調子が悪いときは、突然怒りだしたり、相変わらずベッドから丸一日出なかったりの毎日だ。関口監督が順天堂大学の先生にお話を聞きにいくと、「認知症の初期は本人にとって辛い時期があるが、症状が進んでセカンドステージに入ると、辛さが薄れてきて本人なりに日常を満足して生活できる時期がくる」とのことである。あけすけな性格へと変貌した母との生活のなかで、パーソン・センタード・ケア（認知症の本人を尊重するケア）という言葉に出会った関口監督は、最先端の認知症の介護を学ぶために、イギリスへと旅立つのであった……。

『毎日がアルツハイマー』は監督自身の私生活や家族にカメラを向けた小さな作品である。そのような日常生活を撮った映画がヒットしたのは、認知症患者とその介護という重いイメージのできごとを、抱腹絶倒の人間コメディとして描いたからだった。『毎日がアルツハイマー2』は前作と同様、母親をチャーミングに描いている。人生の晩年に嫌なことをも忘却させてくれる認知症が、神様が与えてくれた贈り物ではないかと、そのポジティブな面に気づかせてくれる作品になっている。

ディテールが物語に説得力――『クロワッサンで朝食を』

アンヌ（ライネ・マギ）は、エストニアで暮らす中年の女性。ろくでなしの旦那と離婚し、子育てと老母の看病に追われていたが、ついに母親を看取る日が訪れてしまう。放心して抜け殻のようになっているアンヌのところへ、パリで家政婦として働かないかという仕事のオファーが舞いこんでくる。ちょうどいい人生の転換期だととらえて、悲しみを振り切り、かねてより憧れていたパリへと旅立っていくアンヌであった。

ところが、パリで待っていたのは高級アパルトマンで暮らす、気むずかしい老婦人のフリーダ（ジャンヌ・モロー）だった。フリーダはクロワッサンの買い方も知らない田舎者のアンヌを、冷たく追いだそうとする。だが、昔に故郷エストニアを捨てたはずのフリーダも段々と心を開くようになり、アンヌにパリジェンヌらしい作法を教えるようになった。そんなある日、アンヌは新聞記事でフリーダの意外な過去を知ることになる……。

この『クロワッサンで朝食を』（二〇一四年、イルマル・ラーグ監督）では、『死刑台のエレベーター』（一九五七年、ルイ・マル監督）や『突然炎のごとく』（一九六一年、フランソワ・トリュフォー監督）などの名作に出演し、『雨のしのび逢い』（一九六〇年、ピーター・ブルック監督）でカンヌ国際映画祭の主演女優賞に輝いたフランスの名優ジャンヌ・モローが、撮影当時八四歳という年齢でありながら健在ぶりをアピールしている。生来の頑固さと過去のできごとによって極度の人ぎらいになり、孤独に暮らす老婦人というハマり役であるが、そのフリーダが少しずつ他人と打ちとけていくプロセスを緻密に計算された演技で見せる。

映画では、フリーダがエストニア移民のアンヌに心を許すきっかけがふたつ描かれている。ひとつは、フリーダ自身が過去に故郷エストニアから女優を目指して出てきた女性であり、アンヌに自身の姿を重ねて見るということ。もうひとつは、アンヌが作るエストニア料理である。本作で長編映画デビューをした監督のイルマル・ラーグもエストニア出身であり、パリで暮らす異邦人だからこそ描けたディテールが物語に説得力をもたせているのだ。

圧巻のラストシーン――『サンシャイン／歌声が響く街』

ロブ（ピーター・ミュラン）とジーン（ジェーン・ホロックス）は、スコットランドの小さな町リースで暮らす老夫婦。長年、港湾労働者として働いたロブは引退し、ジーンは公立美術館の職員をしている。そこへ、アフガニスタンでの兵役を終えた、息子のデイヴィー（ジョージ・マッケイ）と親友のアリー（ケヴィン・ガスリー）が帰郷して大喜び。病院で看護婦をする娘のリズは、兄と恋人のアリーに再会して心が浮き立つばかりだ。帰還兵のデイヴィーたちが新生活をはじめるなか、ロブとジーンの結婚二五周年を祝う銀婚式が、港湾労働者のクラブで盛大に催される。ところが、その席でロブに二四歳の隠し子がいたことが発覚し、評判の仲良し夫婦に最大の危機がおとずれる。さらに、パーティ会場でリズに求婚したアリーも、アメリカに渡ってキャリアアップしたいと考えていたリズに「結婚はまだ考えられない」と断られ、それぞれが人生の岐路に直面する……。

そんな風に物語だけを説明すると、再び家族が一緒になった幸せムードから一転、いろいろなトラブルが振りかかる人間ドラマのように聴こえる。だが、そこは歌あり音楽ありダンスありのミュージカル映画なので、ポジティヴな空気に満ちあふれている。特に銀婚式のパーティでロブがバンド演奏にあわせて、長年連れそった妻の名前にかけて「ああ、ジーンよ」を歌う場面は、役者としてのピーター・ミュランの渋みと相まって魅力的だ。

この『サンシャイン／歌声が響く街』（二〇一四年、デクスター・フレッチャー監督）の原題の『サンシャイン・オン・リース』はリース出身のバンド、ザ・プロクレイマーズのヒット曲から取られた。そこからもわかるが、本作はイングランドとはまた違うスコットランド色を前面に出している。冒頭シーンでは、空撮でリースの町をとらえて地形や風景の美しさをゆったりと見せ、エジンバラの歴史ある街なみを映画の舞台としている。また、群衆によるフラッシュモブを取り入れた、実際の通りを使ったラストシーンも圧巻である。

喜劇のポジティヴな力――『100歳の華麗なる冒険』

『100歳の華麗なる冒険』(二〇一三年、フェリックス・ハーングレン監督)は、スウェーデンのヨナス・ヨナソンの小説『窓から逃げた100歳老人』(二〇〇九年)を映画化し、北欧でヒットした奇想天外な冒険コメディである。見どころは、なりゆきまかせに生きる老人の一〇〇年分のエピソードで、彼はスペイン内戦ではフランコ将軍と、第二次大戦ではトルーマン米大統領やソ連のスターリンと交流し、冷戦時代には米ソの二重スパイになってしまう。その荒唐無稽なメタ歴史的な物語は『カメレオンマン』(一九八三年、ウディ・アレン監督)や『フォレスト・ガンプ/一期一会』(一九九四年、ロバート・ゼメキス監督)といった名作を思いおこさせる。

スウェーデンの老人ホームに入所しているアラン(ロバート・グスタフソン)は、一〇〇歳の誕生パーティの日、ひょっこりホームの窓から逃走する。近くの駅で若いギャングから大金の入ったスーツケースを預かったことをきっかけに、ギャングや警察から追われる身となってしまう。「人生なんて、何とかなるさ」と楽観主義のアランは、行き当たりばったりの旅先で、さまざまな社会のはみ出しものたちとめぐり会っていく。

そんなロードムービー調の現代パートの間に、アランが二〇世紀の激動の時代をいかに生きたかが描かれる。ウォッカ好きで、ただのノンポリの爆弾好き男が行きがかり上、歴史上の要人たちと親交をもち、二〇世紀における国際情勢の節目節目に居あわせていたのである。そして、彼はロシア革命やスペイン内戦、第二次世界大戦、パリの五月革命、東西冷戦時代において、歴史を左右するような「重要人物」だったことが判明してくる……。

ひょうひょうとして憎めない、人を食ったような天然ボケを連発するアランのキャラクターが魅力的である。そんな脱力したアランが自然体のままで、波瀾万丈の時代を乗りこえていく姿に、笑いをおさえることができない。世界は広しといえども、喜劇表現をもたない国はない。それは喜劇というものが、深刻に見える社会や人生の問題を、風刺の精神によって笑い飛ばすポジティヴな力をもっているからではないだろうか。

韓国の画家と日本人妻の愛──『ふたつの祖国、ひとつの愛〜イ・ジュンソプの妻〜』

韓国は近くて遠い隣国である。港町の釜山は対馬から五〇キロ程度しかなく、天気が良ければ目視できる。福岡からは二一五キロで、フェリーでは三時間で着く距離だ。しかし、韓国と日本の近現代史は決して平穏とはいえなかった。一九一〇年から三五年間つづいた朝鮮半島の日本統治、五〇年にはじまった朝鮮戦争とその後の南北朝鮮の分断……。『ふたつの祖国、ひとつの愛〜イ・ジュンソプの妻〜』(二〇一四年、酒井充子監督)は、激動の時代に運命を左右された、韓国の画家と日本人の妻の人生を描くドキュメンタリーである。

太平洋戦争が勃発した一九四一年に、山本方子は文化学院という美術学校において、先輩で韓国留学生のイ・ジュンソプに出会い、ふたりはデートを重ねていった。四三年にソウルで展覧会をひらいたジュンソプだったが、戦況が悪化して東京へ戻れなくなる。そこで四五年三月に方子は、福岡と釜山の連絡船がアメリカの攻撃で沈没したばかりのところを命がけでわたる。そして釜山からソウルへ移動し、ふたりは再会して結婚した。

ところが、ふたりの幸福は長く続かなかった。朝鮮戦争の戦火をのがれて難民になったジュンソプと方子は釜山と済州島で暮らすが、画家として目がでないジュンソプに収入はなく、五二年に極貧のなか方子は子どもを連れて日本へ戻ってくる。当時の日本と韓国には国交がなく、人の行き来が制限されていた。そのためジュンソプと方子は二〇〇通におよぶ手紙をやりとりするが、病気のジュンソプは三九歳の若さで亡くなってしまった…。

本作は、九二歳になった妻の方子がソウルや済州島など、夫のイ・ジュンソプとの思い出の地への旅に寄りそいながら、ふたりの愛の記憶を掘りおこす。「韓牛」の絵をよく描いたジュンソプが国民的な画家として評価されたのは七〇年代に入ってからで、彼は初めてニューヨーク近代美術館に作品が収蔵されたアジアの芸術家となった。生前の不遇のなかで画家を支えた、国境をこえる日本人妻との愛の物語に心を動かされざるをえない。

他人とのやり取りから詩は生まれる――『谷川さん、詩をひとつ作ってください。』

八二歳の谷川俊太郎は、日本でもっとも有名な詩人である。日常的で平明な表現をつかって、みずみずしい言葉をつむぐその詩は、世代をこえて多くの人に読まれている。それと同時に、谷川の活動は詩集や文芸誌にとどまらず、アニメ『鉄腕アトム』の主題歌から、子どもむけの絵本、CMのナレーションにいたるまで、とても幅が広い。『谷川さん、詩をひとつ作ってください。』（二〇一四年、杉本信昭監督）は、谷川が震災後に書いた詩を足がかりにして、その言葉が生まれてくる背景を描いた作品である。

八〇歳をすぎた谷川俊太郎は、ますます元気に活動している。松本市で詩の朗読とオーケストラの共演をすれば、地方のスクールで小さな子どもたちを相手に朗読し、スイスでは日本語とドイツ語の連詩をつくって観衆の前で詠むといった具合だ。漠然と谷川の映画をつくりたいと追いかけるドキュメンタリーの監督は、「人の内面が撮れるなら別だが、詩人を撮っても外面はパソコンにむかっているだけだ」と言われ、谷川にいったん出演を断られてしまう。

そこで監督が考えたのは、谷川俊太郎に詩をひとつ作ってもらうことだった。谷川が詩を創作しているあいだ、制作者のカメラは自分らしい言葉を発しようともがく、相馬市の女子高校生、釜ヶ崎の日雇労働者、東京の農家の親子、諫早湾の漁師、青森のイタコといった世代も生きる場所もちがう人たちの姿を追う。そして彼らが苦しみを乗りこえた末に、自分の言葉を発する瞬間をとらえたうえで、彼らに谷川さんの詩を朗読してもらうのだ。

本作は、谷川俊太郎の詩の言葉が広がり、さまざまな人の喜怒哀楽のなかに溶けこんで、そこからまた新しい詩が生まれてくるという、言葉が連関するさまを描いている。どんなに優れた詩人でも言葉を所有することはできない。同じ言語をつかう他人とのやり取りのなかからこそ、詩は生まれるのだ。だからこそ、何歳になっても谷川が積極的に人々と接触し、平明な言葉で詩を書こうとしていることが自ずと伝わってくる作品なのである。

繊細なタッチと深みのある人間喜劇――『しわ』

本作の原作は、スペインのマンガ家パコ・ロカが描いた『皺』という作品だ。二〇一一年に日本でも翻訳出版されてマンガファンのあいだで反響を呼び、海外作品としては初めて「メディア芸術祭」マンガ部門の優秀賞を受賞している。宮崎駿監督をリスペクトするスペインの若手アニメーター、イグナシオ・フェレーラスがアニメ版を監督し、日本では「三鷹の森ジブリ美術館」が配給して公開したのが、アニメーション映画『しわ』（二〇一一年）である。

長いあいだ銀行の支店長をしていたエミリオだが、年をとって認知症の症状がみられるようになり、息子夫婦から養護老人施設へ預けられることになる。同室のミゲルはお金に細かくて抜け目がない性格だが、施設の中を案内し、他の入居者に紹介してくれる。そこには、孫のために紅茶やバターをためているアントニアや、アルツハイマーの夫モデストとその世話を焼く妻のドローレスなど、個性豊かな面々が暮らしているのだった。朝、目が覚めるたびに財布や時計がなくなっており、エミリオは同室のミゲルを疑うようになる。ところが、間違ってモデストの薬を介護人から手渡されたことで、エミリオは自分がアルツハイマーであることを悟ってしまう。そのショックでエミリオの症状は進行し、彼が施設の二階にある重症者病棟へ送られる日が近づいてくる。したたかに見えて、本当は心のやさしい社交家のミゲルは、友人エミリオのために或る行動に出るが……。

どのように家族や友人の「認知症」と向きあえばよいのかは、日本のみならずヨーロッパでも大きな関心となっている。そのような重いテーマが深刻になりすぎないように、本作ではぬくもりのある手描きアニメーションの手法を使って、一人ひとりのお年寄りのキャラクターをコミカルに描きわけている。日本のアニメーションを見て育った海外のつくり手が、そのお家芸である繊細なタッチと深みのある人間喜劇に挑戦した意欲作である。

模索する人たちを勇気づける人生讃歌——『陽だまりハウスでマラソンを』

一九五六年のメルボルン・オリンピックのマラソン競技。ゴール直前でライバルをかわし、世界中をわかせた西ドイツ出身のパウル。第二次世界大戦の敗戦後、重い空気におおわれていた西ドイツに希望をもたらして、みんなの記憶に焼きついていた。選手人生を支えてくれた愛妻とともに、のんびりした隠居生活をしていたパウルだった。ところが妻の病気をきっかけに、ひとり娘に頼るわけにもいかず、渋々と老人ホームへ入居することになる。そこでパウルが目にしたのは、個性的な人柄ながら、日々を無気力にすごす高齢者たちと、施設のルールばかり気にするスタッフたちだった。入居者むけの子どもだましのレクリエーションに業を煮やしたパウルは、ランニングシューズとジャージを取りだし、老人ホームのまわりでジョギングをはじめる。パウルの過去に気づかない入居者やスタッフは失笑するが、そのうちパウルが「ベルリン・マラソンに出場する！」といいだして……。

四万人が参加した実際のベルリン・マラソンに、パウル役の俳優がまざって撮影した臨場感あふれるレース場面が見事だ。実際の大会で、ランナーはポツダム広場やベルリン大聖堂の前を通り、ブランデンブルク門をくぐってオリンピアスタジアムのゴールへと達する。ベルリンの街を走るパウルを、実在の人物かと錯覚してしまうかのようなシーンである。

世のなかの多くの人は、なぜか「お年寄りにはお年寄りらしくしていてほしい」と思うものらしい。『陽だまりハウスでマラソンを』（二〇一四年、キリアン・リートホーフ監督）のおもしろいところは、パウルという元金メダリストがそのようなあり方に耐えきれなくなり、自分らしく生きるために再びフル・マラソンを目ざすところにある。最初は懐疑的だった妻や他の入居者たちも、次第に考えをかえて、彼を支援したり応援団を結成したりすることになる。人は何歳になろうが、それぞれに生き甲斐や目標を持っているのであり、本作はそれを模索する人たちを勇気づける人生讃歌なのである。

映画も人生もひとつのお芝居にすぎない——『愛して飲んで歌って』

『愛して飲んで歌って』

『愛して飲んで歌って』（二〇一四年）は、『二十四時間の情事』（一九五九年）や『去年マリエンバードで』（一九六一年）といった不朽の名作で知られるアラン・レネの遺作である。レネは芸術派として名高いフランスの映画監督だが、一九八〇年代から戯曲を原作とする軽いタッチの作品が増え、近年の『恋するシャンソン』（一九九七年）や『巴里の恋愛狂騒曲』（一九九七年）、『風そよぐ草』（二〇〇九年）では、好んで恋愛喜劇を撮りつづけてヒット作を連発し、七〇代や八〇代になっても旺盛に新境地を開拓し続けた。

舞台はイギリスのヨーク市郊外の片田舎。風景イラストにカメラが寄っていくと、フランスの漫画家が描いた書き割りのセットがあらわれる。その人工的な空間のなかで、三組の熟年夫婦のあいだにおかしな恋愛騒動がおこっていく。開業医のコリンはおしゃべりな妻カトリーヌに、教師のジョルジュが病気で余命半年ほどしかないことをもらす。すると、そのニュースは、瞬く間にジョルジュの親友ジャックと良妻賢母の妻タマラの耳にも入る。

一方、ジョルジュの元妻であるモニカは、浮気症の夫を捨て、実直な農夫シメオンと新生活をしていた。地元の素人劇団で芝居をしているカトリーヌとコリンは、降板した俳優の代役にジョルジュを引っぱりだし、元気づけようとする。人のいいジャックは「ジュルジュの最後を看取ってやってほしい」とモニカに懇願する。ふしぎな魅力を放つ教師ジョルジュによって、女性陣はおかしな方向へとむかい、男たちは右往左往することに……。

田舎で暮らす熟年夫婦三組を描いた恋愛喜劇だが、映画はそれほど単純ではない。肝心のジョルジュが画面に登場することはなく、脇役もほぼ登場しない。六人の男女の会話で話は進行するが、すべて書き割りセットの前で行われる。晩年の作品では、シャンソンや演劇といった映画以前の芸能を取りこんだアラン・レネだが、本作はその到達点であろう。あたかも「映画も人生もひとつのお芝居にすぎないんだ」といっているかのようなのだ。

生かされて生きる命の確かなり――『61ha 絆』

瀬戸内海に浮かぶ大島。ここにある国立ハンセン病療養所「大島青松園」では、今でも一〇〇人近くの人たちが暮らしている。東條高さん（七八歳）と康江さん（七五歳）の夫婦も、一九五三年に制定されて現在は廃止されている「らい予防法」によって、一〇代のときにこの島へ連れてこられた人たちだ。そしてさまざまな事情があって、六〇年以上にわたり、このわずか六一ヘクタールしかない島から出ないで生活を続けているのである。

だからといって、この『61ha 絆』（二〇一二年、野澤和之監督）というドキュメンタリー映画は、何かを告発したり社会問題を提起をする類のものではない。目が見えなくなり、病気のせいで不自由になった体のリハビリを続ける妻に、夫がやさしく寄りそう日常生活が淡々と描かれる。そんな夫婦の共通の趣味はカラオケで、熱心に歌の練習を行っている。なぜなら熊本の療養所で開かれるカラオケ交歓会に出るため、ついに島を出る日が近づいているからだ。

夫は土いじりが趣味で、さまざまな野菜を育てている。妻は教会の礼拝で賛美歌を歌う。そんなどこにでもありそうな老夫婦の日常なのだが、妻は転ばないために足へワセリンを塗ったり、失明しているために義眼を着用したり、病気の苦労がしのばれる描写もある。そんな妻のために毎日料理をして食べさせて、遠慮のない冗談を言いあい、歩くときにやさしくエスコートをする夫の姿に、素朴な感動をおぼえない人はまずいないだろう。

妻の康江さんは、ふだんの生活で覚えた感興を短歌にしており、夫への感謝の気持ちも歌にして伝える。この夫婦の生活の記録を、その時々の短歌にたくくして構成する編集も効いている。「生かされて生きる命の確かなり　沈む夕日も朝日とならん」という妻の作は、長いハンセン病の歴史をかいま見させる。それと同時に、愛情豊かに生きる夫婦の誠実さを理屈抜きで感じさせてくれる歌であり、この映画のあり方を象徴するものとなっている。

男女五人のシニアが送る共同生活――『みんなで一緒に暮らしたら』

医療や健康への関心が高まるなか、日本や中国にかぎらず、世界的に高齢化社会が進んでいるという。そこで、いかに自分らしく人生の晩年を送るかは、誰もが向きあわなくてならない最後の選択となっている。それはフランスでも変わることのない、大きな問題であるらしい。『みんなで一緒に暮らしたら』(二〇一一年、ステファン・ロブラン監督)は、老後の人生を共同生活で送ることにした五人の男女が、パリの一軒家で新生活をスタートする模様を、恋愛と友情とユーモアで描くフランス映画である。

アルベールとジャンヌの夫婦、ジャンとアニーの夫婦、ひとり暮らしのクロードの五人は、パリの郊外に住む四〇年来の友人同士である。それぞれ健康の問題や家庭の事情などを抱えており、クロードの七五歳の誕生パーティも、早めに切り上げる始末だ。そんななか、クロードが心臓発作で倒れて、老人ホームに入れられてしまう。「大切な友だちをこんなところで死なせられない」と決意した五人は脱出計画を実行して、パリの一軒家で共同生活をはじめるのだが……。

ジェーン・フォンダやジェラルディン・チャップリンら、ベテラン名優陣五人の平均年齢は七四歳。だが、軽妙なタッチで、エスプリの効いた会話をまじえた演技はすばらしく、フランス映画らしい魅力にあふれている。また、五人の共同生活を世話するアルバイトに、老人問題を研究するドイツからの留学生を世話役に雇う、という設定も効いている。外からの視点を入れることで、男女五人のシニアが送る共同生活が、絵空事に見えてしまわないように工夫をしているのだ。

この映画に登場する人物たちは、人生の黄昏をむかえて、誰もが何かしらの問題を抱えている。それは認知症であったり、持病であったり、夫婦間の諍いであったり、子どもや孫との家族関係であったり人それぞれである。そして何歳になったとしても、異性との恋を謳歌したい気持ちはあるし、女遊びだってやめられない。本作では、そんな完璧さからはほど遠いシニアの男女が立ち迷い、争ったりしながら、互いの欠落を補いあっていくからこそ、笑いと静かな共感を呼ぶのである。

第六章　背徳の書棚《ブックシェルフ》

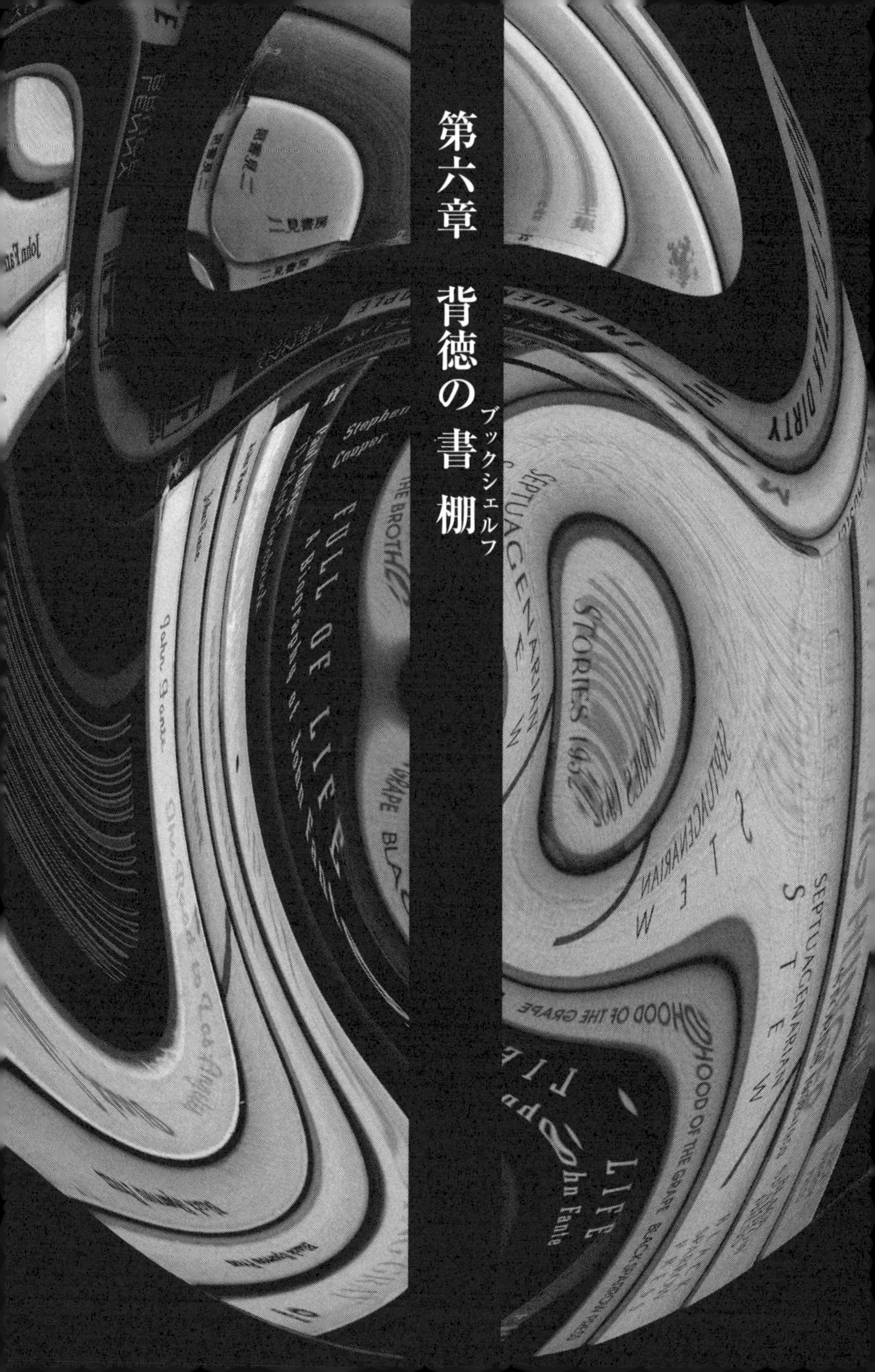

天使よ、故郷を見よ――『異邦のふるさと「アイルランド」』佐藤亨

現代アイルランドを代表する劇作家、ブライアン・フリールの『廃墟のなかで』という短編小説が本書『異邦のふるさと「アイルランド」』（二〇〇五年、新評論）で紹介されている。ジョーという名の二児の父親が、ゲール語の響きをとどめる故郷の土地を家族で訪ねる物語である。車内で子どもたちは父母に行き先を尋ねるが、父親からコウラディーナといわれても、英語の普及により耳慣れないらしく、「変な名前」と呟くだけである。目的地に到着しても家の廃墟しかなく、その土地は子どもたちの興味を引かない。ところが、息子が行き先不明になるという小事件が起きる。父親が方々を探したところ、息子はウサギの穴の前で土に小枝を差しこむ遊びに夢中になっていた。何をしているのかという父親の問いに、息子は「塔をドングしているんだよ」と答える。

著者によれば「ドング」（dong）という言葉は英語でもゲール語でもなく、息子のなかで自然発生的に生まれた遊び言葉である。実はコウラディーナという地名も小説内で設定された架空のものであり、ドングと同様に共有的な意味から浮遊した音声にすぎない。こうした「遊び言葉」は人間の成長にともなう言語習得の過程で失われていくものだが、同様に、ゲール語の地名も英語化によって消えていく運命にある。ところで、物語にはまだ続きがある。父親はドングという語の響きによって幼年期に姉と言葉遊びをしていたことを思い出す。そのときにも、「シガログ」とか「スクーカルック」なる土着語的な造語を編み出しては楽しんだ。父親は自分の過去における無垢が息子にそのまま引き継がれていることを知り、その土地に見出せなかった故郷という

ものの持続性をようやく造語表現の中に確認するのである。

英国による北アイルランドの植民地支配は一八世紀初頭に始まったという。一九世紀には地方税の不均衡を是正するために陸地測量が行われ、ゲール語地名の英語化が近代化の旗のもとに推し進められた。アイルランドの人々は、英国人の入植によって土地を、植民地語としての英語の使用によって土着語を、英語化によって地名を強制的に奪われてきた。しかし、植民地経験は土着語を完全に消滅させることはできなかった、と著者はいう。父親の「シガログ」や息子の「ドング」といった土着語の響きを宿した遊び言葉のように、ゲール語は人々の発声器官に染みついた記憶として身体感覚に残っている。英国の植民地支配を内側から支えてきた制度的な言語の力でも及ばない領域が確かに存在する。遊び言葉や造語表現は土着語の語感を軽やかになぞりながら、制度を嘲弄するようにして、易々と植民地語の網目をすり抜けていく。一見、故郷は廃墟と化したように見えるが、廃墟まで追い詰められてから、やっと首をもたげてくる故郷の回復のあり方というものがあるのだ。

であるから、ポール・マルドゥーンやシェイマス・ヒーニーら現代詩人の翻訳者でもある著者は、文学と現実社会の間を往還しながらアイルランドの「現在」に肉薄しようとする。およそ研究書の類とは似つかない複眼的な章立てによる構成は、そのままアイルランドが抱えている問題の異種混淆性を表しているようでもある。たとえばニューヨークで同時多発テロが起こったとき多数の警察官や消防士が犠牲になったが、彼らの多くはアイルランド系であった。二〇〇二年の段階でアイルランド島の人口は約五六〇万人に過ぎないが、米、英、カナダなどを中心に本島以外に住む移民系の人口は約七〇〇〇万人にも及んでいる。だから著者が故郷というとき、それは単純にある人の生まれ育った土地を指しているとは限らない。世界に拡散して暮らす移民の末裔にとって、アイルランド島は、「故郷」であると同時に見果てぬエメラルドの島としての「異邦」でもあるのだ。

島内に視点を移せば、故郷を見えにくくしてきた要因として、一九六〇年代後半に勃発したアイルランド紛争が挙げられる。アイルランド共和国独立後も九七年に至るまでＩＲＡの完全な停戦は実現しなかったし、停戦が持続したのは移民問題を抱える米国の後押しがあってのことであった。著者のいうとおり「故郷」と「異邦」とを布置してみると、政治・宗教的にまだら模様のようになった北アイルランドの交雑した「現在」の見取り図が作れるようになる。英国から入植してきたプロテスタント系の住民にとって北アイルランドは異邦であったが、いまとなっては自分たちが生まれ育った土地でもある。一方、先住者側のカトリック系の住民にとって北アイルランドは祖先の土地であったが、いまでは英国の一部をなす異邦でもある。アイルランド島の外部に住む移民の前にも、内部に居住する住民の前にも等しく「異邦のふるさと」という矛盾した問題が横たわっている。

このような精確な認識に著者を導いていくのが、現代詩人による詩作品の読解であることは興味深い。これは土着語の上に英語が積層し、時おり地肌を覗かせているようなアイルランド島の植民地化後の言語状況を摑むためには有効であろうし、故郷と異邦とが混在する島の住人の精神の大地を穿つためには唯一の方法かもしれない。ヒーニーの「掘る」という詩は、島の七分の一を覆うボグ（炭地）の地層からピート（泥炭）を掘りだす祖父や父親の農作業の営みに、自らの詩を書く行為を重ね合わせ、自分はペンで大地を掘るのだという決意を固める作品である。なるほど本書の著者の姿も、詩人がアイルランドの大地に思い思いに掘っていった鉱坑を調べてまわる測量士に似ている。それは英国が植民地支配のために行った陸地測量とはコントラストをなす。そのような意味では、著者のアイルランド巡礼が終章で「東北」という自らの故郷の再発見に接続しているることを見過ごしてはならない。異邦の土地で物事を掘り下げて考えることは、自己の中にある鉱脈を探り当てる行為と等しいのであり、これは洋の東西を問わず不変なことなのである。

横田基地、アメリカ――『静かなアメリカ』吉増剛造

『静かなアメリカ』（二〇〇四年、書肆山田）には、吉増剛造のここ十余年にわたる詩、散文、対談が収録されている。本書の対談で石川九揚がいうように「詩が今の時代のなかで非常に苦しい局面に来ていて、それを突破するためにはあらゆる手法を総動員し、あらゆる持ち駒をもって書かなければ、詩は成り立たないんだ、そういう意識的な実験で詩を尖端で支え」ているのが、吉増という詩人であろう。そのような苛烈さをもって疾走を続ける彼の詩の行為において、わかりやすい主題系を見いだすことは難しい。ところが、本書では例外的に「アメリカ」というものがフッと頭をもたげているのである。

本書の肝にあたるのは『荒馬《あらうま》、赤馬《あかうま》、静かに（be quiet please）アメリカ』という詩篇であろう。ここでは吉増剛造の他の詩と同様、ルビや割注の手法が駆使され、言葉が言語化される以前の音やざわめきの方へと開かれている。詩の言葉が遠近や強弱をもって立体的に書かれているうえに、詩人にも意識されないという多くものが流れこんでおり、安易な読解を許さないところがある。試しにルビや括弧の箇所を度外視して、普通の詩のように読んでみたが、まるで感触が違ってしまった。吉増の書かれた詩には楽譜のような性質もあるので、この詩が朗読されるシーンを『熊野、椥《なぎ》の葉、……』（二〇〇六年）という彼の映像作品で見て、声や音の塊として耳で聴いてみると少し辿りやすくなった。

そうすると、やはり印象的なのは「荒馬、赤馬、……静かに、アメリカ」という一節のリフレインに込められた、声が擦れてしまうような深い念である。以前、吉増にインタビューしたときには、中上健次との交友や

熊野へ渡った友人のアメリカ人女性の逸話を聞いたが、割注を読むと、アイオワ大学に半年滞在したときの亡き恩師ポール・エングルへの哀悼がこの詩に込められていることもわかる。また、本書の対談では、「幼いときに洗礼を受け、聖書を読み、賛美歌を歌っていた、しかし贋クリスチャンだった自分の子供の頃の名状しがたい子供の「贋もの」性みたいなものにぶつかった」と発言している。そのようにさまざまな思念が詩へと流れこみ、作者にもわからないような無意識なものと混交し、幾重にも折り重なって、「静かに、アメリカ」という言葉を重層的に響かせているのだ。

わたしの臓腑を抉ったのは、吉田喜重論において、「私はちょうど敗戦の時は国民学校の一年生で、教育勅語とかご真影とかは頭を上げて見てはいけないと強く言われていたんですね。そのことが下を向いて文字を書くという性癖に、感受性の抜き差しならないところに居座っているのかも知れないのです。見てはいけない。空を閉鎖されたような感覚が子供の頃からありました。それが八月一五日を境に頭を上げてもよくなったんですね」と語る箇所である。無意識よりもさらに深い層に潜む「下を向く」という身体記憶が、実は自分の詩を書く行為における「姿勢」に関わっているかもしれないという。そうなると、占領軍としてやって来たアメリカは、少年の空を解放した存在であったことになるか。

実際に、吉増剛造は横田基地の傍にある福生の町で育ったのだが、三二歳でアイオワに滞在したときには、「あこがれが熾烈で、純粋で、強烈であればあるほど、失意は深く、そこに巨大な悪夢が生まれる」（『航海日誌』一九七三年）と書いている。アメリカで一種の失語状態に陥り「身体が赤ん坊に戻された」ような経験をしたという。そして、帰国後に空虚を埋めるように書かれた大作が詩篇『王國』である。「米國《アメリカ》／死滅した狂馬《クレージー・ホース》よ、赤い流星よ／死滅した黄金のインディアン、赤い岩《レッド・ロック》よ／死滅した槲《かしわ》の木よ、ラッキーストライク／〈米國《アメリカ》、理想境《アルカディア》、米國《アメリカ》、理想境《アルカディア》〉」とある。詩人の「書き尽くそう」という熾烈な力によってとらえられた、敗戦への思いや複雑なアメリカへの愛憎がここに見てとれるだろう。

『王國』を書いた後、吉増剛造は「赤」や「馬」といった言葉に導かれるようにして、国家や文化としての米国ではなく、新大陸の古層に眠るもう一つのアメリカへ、「静かなアメリカ」の方へむかっていく。つまり『静かなアメリカ』は、八一年の『静かな場所』を召還するのだ。この写真と詩文から成る著書で、詩人はアメリカ文明の喧騒から逃れて、ニューメキシコのインディアン居留地がある荒野を「耳をすまし」て旅をする。「なにか書けそうな静かな場所」を探して、サンタフェ、下北半島、デトロイト、荒川を歩行していく。それはシーッと声に出すことなく、ただ耳に手を当てて、アメリカ文明の笊から漏れてしまう小さな物を採集して歩く「姿勢」だったのではないか。

吉増剛造が西表島の炭鉱、奄美のウリカー、アイヌの聖地といった地下世界を執拗に訪ね歩き、詩を書くことは、さまざまな迂回路や小径に分け入りながら、普遍的な価値としてのアメリカに対抗できる何かを掘り起こそうとしてきた軌跡だと考えられる。前出のインタビューの折、吉増が映像作品『まいまいず井戸』(二〇〇八年)に撮った、螺旋状に降りる井戸と横田基地のフェンスについて訊ねてみた。すると「米軍によって全滅近くまで壊された敗戦の経験から、横田基地をどのように解釈するか、もし基地がなくなったら、その後のヴィジョンをどうするか」が潜在的なテーマとしてあると率直に答えてくれた。「『石狩シーツ』という詩は、実は横田基地論でもあったのです」と。そうしたら横田基地のすぐ横に「まいまいず井戸」という、女性が頭に桶をのせて水汲みをしていた場所をぽっと見つけたというのだ。『ガンジス河デ、横田基地ハ、アッタノデハ、ナカッタノカ、……』という詩が『静かなアメリカ』の末尾には置かれている。その詩の言葉は、横田基地のある土地の古の姿を透視したヴィジョンであるか、あるいは、基地がなくなった後の未来を幻視する言葉であるかのように、わたしの耳には響いてくるのである。

住みつき味わうこと──『わたしたちは難破者である』今福龍太

一九九〇年代なかばに、大学で今福龍太の著書『クレオール主義』の主題を中心とする講義をうけて以来、二〇年近くその著書を読みつづけてきた。そのあいだに今福の自己規定も文化人類学者、批評家、文化詩学、群島思想家といったように変遷してきた。それは今福が横断的に知の領域を越境してきたからだけではなく、人類学徒でありながら若い時節にそのドグマティックな学問のあり方に別れを告げ、人類学的な叡智の森のなかでみずから道なき道へ踏み入り、そのなかで立ち迷うことのほうに生の恩寵を見いだそうとしてきたからではないかと思う。『わたしたちは難破者である』(二〇一五年、河出書房新社)は、そのような長い探求の末に今福が行きついた『群島─世界論』(二〇〇八年)の、世界を群島の連なりとして認識するヴィジョンと響きあう哲学的エッセイを集めた書物であるが、とくに冒頭の「群島響和社会〈平行〉憲法」には、その思想のエッセンスが短いなかによく要約されている。

この思考実験としての憲法は、現実的な国家共同体の法秩序から決別し、それと平行してあるより高次の自然法に服する。たとえば、尖閣諸島や竹島のような島も大陸的な国家原理に領有されるべきものでなく、島には島の感情がある。そのため「群島響和社会〈平行〉憲法」では、全生命と全物質の共鳴体である「島宇宙」の意志が優先され、それが具現化されたものとして人類、動物、鳥類、昆虫、植物、菌類、鉱物が存在する。そこには生命と非生命、有機物と無機物の区別はなく、おなじ船にのった一員としてあつかわれる。今福龍太が「共和」ではなく「響和」という造語を使うのは、エドゥアール・グリッサンが世界の多様な関係性を示すためにつかったエコー・モンド（反響―世界）という言葉をこだまさせているからだ。また、この憲法の条文は条《すじ》ではなく縞《こう》で分節され、どこにも起点や中心や階層のない縞模様《しま》で編むことの喩えになっている。

ここでは何がいわれているのか。単に大陸性とくらべた海洋性の優位がとかれているのではない。大陸がもつ普遍性にたいして、島嶼や群島の周縁性が強調されているのでもない。「島は大陸を守るための堡塁では断じてなく、むしろ大陸（＝現代人）の横暴を本質的に批判する無人称の拠点である」のだ。ここから群島の島宇宙の感情に未来をゆだね、領土的な主張を放擲し、群島がさまざまな位相であげる声と響きをとらえるための五官の鍛錬がはじまる。その先覚者として召還されるのは高良勉、ホセ・ガルシア・ビリャら越境的な詩人であり、ラフカディオ・ハーンやル・クレジオといった旅の文学者であり、グリッサンやフェルナンド・オルティスら群島の思想家である。彼ら一人ひとりは、いつか死すべき人間の条件を受けとめたうえで、自分の生死を自然の偶然性に寄りそった貴重な恩寵であることを島宇宙から聴きとり、学びとった人間たちとして描出される。

そのようなことは、学問と文筆のなかだけで発見されるものではないだろう。フィールドにおいて出会い、見て聴き、触れて、食べて味わい、唄って踊る経験から導きだされるところに、今福龍太の思考のしなやかさと強靭さの秘密がある。何度か今福の奄美通いに同伴した者として、本書で今福が「住みつき、味わってみること」というフィールドの真実にたどり着いたことに筆者は感銘をおぼえる。人類学という学問がそれを成立させるために隠蔽してきたのは、調査や記述の対象になる現地民やそれに関わるできごとの背後にある、世俗的な協力者との関係やその土地における生活の感触なのだ。みずからの過去や故郷への想いにすがりつくのではなく、世界中のどこへいっても住みつき、難破者であることを引き受けられるような倫理的態度。本書で示されるのは、そのような一人ひとりの人間が生を全人的にまっとうするための叡智であり、その蜜の味わい深さなのである。

死刑執行人もまた死す――『小説家が読むドストエフスキー』加賀乙彦

加賀乙彦の『宣告』（一九七九年）という長編小説の舞台は、拘置所のなかでもゼロ番区と呼ばれる、死刑や無期懲役刑が確定した囚人ばかりが収容されている区画である。法務大臣が死刑の執行を命じるまで死刑囚はそこで何年も待つことになるが、実際にその宣告が本人に伝えられるのは二四時間前と決まっている。死刑囚はたいていが処刑への恐怖から拘禁ノイローゼになり、看守の足音を聞くだけで「お迎え」を連想して極度の緊張状態に陥る。主人公には眩暈で立てなくなる症状が出るが、夜な夜な床を転げまわって叫ぶ者もいれば、一心不乱に声を張りあげて読経する者もいる。『宣告』ではそんな死刑囚たちの凄惨な生の実態が、拘置所の医官である精神科医の冷静な視線を交えて描かれる。加賀自身が拘置所で勤務した経験があり、正田昭や若松善紀など実在の死刑囚がモデルになっているという。とはいえ、加賀の『死刑囚の記録』（一九八〇年）という多くの死刑囚と面接した経験を書いた著書と較べると、『宣告』の世界が現実とは別物の虚構として打ち立てられていることがわかる。「私たちの未来に確実におこる出来事は死だけである。とすれば、死刑囚と私たちとは、時間のあり方の本質においては同じだと考えられないか」と加賀はいう。『宣告』はゼロ番区という限定された空間を描きつつも、わたしたちが住む外側の世界の本質を映し出す鏡ともなっており、加賀の文学的な動機に内側から強く支えられている。

『宣告』を書くときに加賀乙彦の頭にあったのは、むろんドストエフスキーの『死の家の記録』（一八六二年）であっただろう。広く知られるように、ドストエフスキーはペトラシェフスキー事件で死刑を宣告され、刑の執行直前に恩赦によってシベリア流刑を言い渡された。聖書一冊を懐中にオムスク要塞監獄に着き、そこで四年間徒刑囚として服役したが、そのあいだに獄中で見聞したことが『死の家の記録』という凄まじい小説に結実した。最初の構想では監獄の記録だけではなく、妻殺しの苦悩を抱えた男の物語になる予定であったが、いつしかその主題が脱落して監獄の記録とそこの住人たちに関する一連のスケッチだけが残った。そのことが逆に効を奏したのか、ロシア・リアリズムの伝統に連なる緻密な観察に基づく作品として、当時のロシア文学者や批評家から高く評価されたという。

しかし、この『小説家が読むドストエフスキー』（二〇〇六年、集英社新書）を「書き手の側からドストエフスキーを読み直す」試みとして書いた、加賀乙彦の見方はそれとは少し違っている。『死の家の記録』は一〇年間監獄に入っていた人間の手記という設定だが、実際のドストエフスキーは四年間拘禁されて、その後の五年間はシベリアの小さな町で兵役を務めながら小説を書いていた。つまり、自分の四年間の監獄体験をそのまま書いたのではなく、体験を最も力強く読者に伝えるにはどうしたらよいかを五年ほど考えながら虚構化して書き進めていった。加賀がそこから導き出すのは、「フィクションのほうが、本当のことを書いたよりも遥かに真実を伝える文学になる」という確信である。また、『宣告』という小説の「閉ざされた場所の時間」の描出に苦悩した書き手ならではの視点にも独自性がある。『死の家の記録』は監獄での一〇年を描いているが、よく読むと最初のひと月がすごく長く、最初の一年が過ぎるまでに小説全体の約五分の四の分量が使われている。閉ざされた空間を描く工夫として、最初を濃密に書いて必要な人物を出しておき、後で物語が進む節目で人物たちを再登場させていかないと、読み手が長い時間の経過を実感できない、と加賀が指摘しているところが非常に興味深い。

病跡学的な見地から書かれた前著『ドストエフスキイ』（一九七三年）との最大の違いは、本書が加賀乙彦のキリスト教受洗の後に書かれたという点であろう。「キリスト教の知見からドストエフスキーを読み直す」という新たな観点が加わっているのである。『死の家の記録』で主人公の大切な聖書を盗む人物が出てくるが、実際は盗まれずにドストエフスキーは監獄で聖書だけを読んでいた。そんな人間が書いた『罪と罰』を、江川卓や小林秀雄のように信仰の観点を抜きにして読解するのはおかしいと加賀はいう。では、ラスコーリニコフは犯行を告白する場面で、なぜ聖書のラザロの復活の部分をソーニャに読ませるのか。「ヨハネ福音書」の一二章一節は腐って臭いを発していたラザロの死骸が生き返る場面である。加賀の考えでは、「死んだ人間が復活するなんて信じられない人は、キリスト教者にはなれない」のだから、死者の復活はキリスト教信仰のなかでは躓きの石である。同時に、この部分はドストエフスキーが流刑中に何度も読んで涙を流した箇所であり、彼は『罪と罰』（一八六六年）の核心部分でラザロの復活を延々と引用した。ラザロの復活が、人間の魂が一度死んで、また生き返ることの象徴としてあるからこそ、死刑執行の直前に許されたドストエフスキーにとっては感動的だったのであり、『宣告』の書き手がこだわる部分でもあるのだろう。

本書ではあまり触れられていないが、『死の家の記録』の大きな魅力のひとつとして「ロシアの民衆」の生き生きとした姿が挙げられる。これら囚人の一人ひとりが原型となり、後のラスコーリニコフやスタヴローギンに発展していったことは定説である。だが一口にシベリアの監獄の住人といっても、その構成員はロシア貴族からチェチェン人、東欧系ユダヤ人、タタール人まで多種多様である。死の家には酒が飲まれ、毒舌合戦があり、囚人芝居が催され、ユダヤ人が金貸しを営む濃縮した生の世界がある。加賀がパスカルの言葉を借りて言うように、「人間はすべて死刑囚であって神にいつ殺されるかわからない」のであれば、個の消滅まで限りある時間を十全に生きたいと願うのもまたわたしたち死刑囚であろう。『宣告』が長尺を読ませるのは、登場する死刑囚が短く苦しくも充溢した生をいきているからで、それこそ加賀が他ならぬドストエフスキーから受け取ったものではないか。

物語られる殺人の魅惑――『犯罪者の自伝を読む』小倉孝誠

子どもに「どうして人を殺しちゃいけないの」と訊かれて、即座にその理由を説明できる親がどれだけいるだろうか。純文学、ミステリー、ノンフィクション、映画、漫画などジャンルを問わず、わたしたちは殺人という究極の犯罪を娯楽として大量消費しつつ、現実の社会ではそれを最大の禁忌と見なして極刑を与える。数人の人間を殺したら殺人鬼だが、戦場で数十人を殺したら英雄であると皮肉をいったのは誰であったか。殺人が許されない場と奨励される場とがあり、人を殺したいという裏暗い欲望は、わたしたち人間の本能の一部に根ざしたものであろう。それゆえに、わたしたちは『犯罪者の自伝を読む ピエール・リヴィエールから永山則夫まで』（二〇一〇年、平凡社新書）で扱われる家族殺し、人肉食事件、連続射殺魔ら殺人犯の自伝にこうも惹きつけられるのではないか。

フランスの映画作家ニコラ・フェリベールに『かつて、ノルマンディーで』（二〇〇七年）というドキュメンタリー作品がある。三〇年ぶりに田園地帯のノルマンディーを訪ね、そのときに助監督として関わった映画『私、ピエール・リヴィエールは母と妹と弟を殺害した』（一九七六年、ルネ・アリオ監督）に出演した地元の農民たちにインタビューをしてまわる。彼らは日々の静かな暮らしを営みながら、映画に出演したときの大切な思い出を語る。牧歌的な風景と人々の暮らしが記録されていくのだが、同時に三〇年前に撮影した映画の残虐な殺人シーンが差し挟まれる。人々の記憶に長く刻まれる陰惨な殺人事件は、得てしてノルマンディーのような平和な土地で起きるものだ。

『犯罪者の自伝を読む』の著者・小倉孝誠が指摘するように、マスコミで派手に報道される無差別殺人はめったに起こらぬもので、「殺人事件の多くは、子による親殺し、親による子殺し、夫婦間あるいは恋人どうしでの殺人」がほとんどである。殺人は無関係な人間にたいしてではなく、近親者との関係のなかで起きる。本書によれば、一八三五年、ノルマンディーに住む二〇歳の農民ピエール・リヴィエールは鉈で母、妹、弟の三人を殺害した。最初は神の摂理のためにやったと供述し、後に父を迫害する母とそれに味方する妹と弟を殺したとの動機を述べたわたし語りの手記を執筆した。この例外的ともいえぬ事件が長く記憶されたのは、この手記の存在があり、それを取り上げて一冊の研究書にしたミシェル・フーコーらの『ピエール・リヴィエールの犯罪』（一九七三年）があるからだ。

「物語られる殺人」という論評でフーコーが喚起するのは、当初リヴィエールが両親の生活を物語り、母を殺害する動機を手記に書きつけてから、殺人を実行しようと計画していたことだ。つまり、リヴィエールの事件では殺害＝物語（言語表現）であった。確信犯であるリヴィエールの手記は自白や弁明や特赦を求める場ではない。「語る主体は明白に殺人の刻印をおされており、自分自身の中に弧絶して、法の裁きを求め、死後の名声とともに呪詛をも祈願する」のである。フーコーはこの手記を「殺害する主体の抒情的な位置」としての犯罪者の「哀歌」と呼んだ。犯罪者は短く自分の生涯を省み、自分の経験から教訓を引き出し、死刑の瞬間に自分に対する恐怖と憐憫を人々に起こさせる。犯罪者のわたし語りは歌詞のように広がり、多くの人に歌われるように定められているのだ。

『犯罪者の自伝を読む』において、殺人の形態や動機では凡庸ですらあるリヴィエールの事件の対極におかれるのが、永山則夫による無差別な連続ピストル射殺事件である。幼少の頃から極貧生活を余儀なくされ、津軽地方から集団就職で東京へ出てきた当時一九歳の永山則夫は、一九六八年の一〇月から一カ月ほどのあいだに、横須賀基地で盗んだ拳銃で東京・京都などの縁のない市民を四人殺害した。この事件が注目されたのは、理由や動機のない殺人だったからである。周知のように、逮捕されて獄中の人となってからの永山は「憑かれたように本を読み、辞書を片手に文字と文章を学び、思索するようになった」。獄中でマルクス、エンゲルス、ドストエフスキー、フランツ・ファノンらの書物を読み漁り、逮捕されてから三カ月後には「ノート君」と呼びかける擬人法でノート一〇冊に手記を書いていった。それが作家・永山則夫を誕生させ、文学賞を受賞した小説『無知の涙』(一九七一年)である。

本書で指摘されるように『無知の涙』は他の殺人者の自伝とは違っている。この日記文学では、永山則夫がどうして無差別殺人を犯したのか、被害者の遺族にたいしてどのような罪の意識を感じているのか、開示されることはない。むしろ「なぜ自分のような人間が生成したのか」と実存的な問いがなされ、その自己探求で浮上するのは彼のごとき貧困層を生み出した資本主義社会への怒りである。後に日本赤軍と合流することになった映画作家の足立正生は、北は網走から西は京都まで永山が見たであろう風景を撮影した『略称連続射殺魔』(一九六九年)を発表し、撮影に同行した評論家の松田政男は「風景論」を提唱した。それによれば、東京オリンピック以降の日本列島は、土木と建設を管理する国家権力によって隅々まで風景の均質化が進んだ。「何処まで行っても、何処にでもある風景のみに突当らざるを得ず、したがって永山則夫は、ついにこの風景を切り裂くために弾丸を発射せざるをえなくなった」のだと、松田は永山事件を積極的に評価した。獄中で綴られるわたし語りの言葉が、実社会に生きる人々の思想にまで影響を及ぼすという、ほんの一例である。

かつてフランスの哲学者パスカルは、わたしたち人間存在を指して死刑囚のようなものであるといった。いつか必ず死ぬとわかっているのだが、それがいつなのかわからず、常に待機している状態にある。人間の生も現世における肉体という、一時的な牢獄に囚われているだけの存在かもしれない。だからこそ、犯罪者が牢獄で書きつけるわたし語りは、わたしたち自身の実存を映し出す鏡のようなものとして強く惹きつけてやまないのではないか。

視覚的欲求の歴史――『映画の考古学』C・W・ツェーラム

初版から三〇年が過ぎ、『映画の考古学』(月尾嘉男訳、一九七七年、フィルムアート社)が版を重ねている。ドイツの考古学者C・W・ツェーラムが、影絵からはじまり連続写真へといたる映画技術の成立史を書いた名著である。本書は一八九五年に映画が誕生する前の「前史」について、七割強の分量を割いている。映画はさまざまな異才が切り拓いた発明品なのだが、この本の豊富な写真図版をめくっていると、映画が人間の欲求とテクノロジーの交差する場に生まれた歴史的必然だったことが見えてくる。その技術発展の裏には、知覚をより拡充したいと願う人類的な要請があったようなのだ。ここでは「視覚系」、「光学系」、「化学系」の三つの欲求が合流し、映画への流れを形成する「欲求の歴史」の観点からたどり直すことで書評の責を果たしたい。

まず「視覚系」の欲求は残像の発見にはじまる。眼の網膜に映ったものは、それがなくなったあとも数分の一秒のあいだ残って見える。この発見は、動く絵を見たいという眼の欲求を引きだした。そして一八二五年、最初の映画的な玩具であるソーマトロープが生み出される。円い紙の両面に絵を描き、両側から糸で引っぱって回転させると、二つの絵が重なって一つの絵になる。いわばアニメーションの祖先である。元々アニメーション（動画）はラテン語のアニマ（霊魂）が語源で、生命のないものに動きを与えることをいうらしい。つづいて現れたストロボスコープも、連続する絵を描いた円板を鏡の前で回転させて、絵のあいだの切り込み越しに反射像を見るものだった。連続する動きの絵が次々に眼に映れば、残像によってそれは実際に動いているように知覚される。後続のゾーアトロープも同じ原理を使っており、回転する円筒の内側に絵を貼りつけて、外側の切りこみから覗くものであった。視覚系の欲求で興味深いのは、静止画から動く生命を取りだすときに「回転させる」という映画的な運動を、すでにこれら玩具の時点で生みだしていることである。

「光学系」の主眼は、像を投影することの欲求にあるといえる。中国のすかし彫りの玉は内側の蠟燭によって、日本の銅鏡は光を当てることで裏面の模様を壁に映しだした。中国、ジャワ、トルコの影絵劇はスクリーンに像を投影し、物語を展開するという意味で「文化史上もっとも映画に近い」とツェーラムはいう。ヨーロッパでは一七世紀になって幻燈機が生まれ、一八世紀以降は街頭影絵劇や影絵劇場ができ、幽霊のトリックを使った幻燈ショーが礼拝堂の廃墟などで行われた。また同時期に「のぞきからくり」が街頭や遊園地のありふれた娯楽になり、生き生きとした語りによる説明が入った。レンズや光源を使った光学的な力でスクリーンに像を投影する行為は、非日常的なスペクタクルを求める人々の欲求に結びついていた。だから、見世物小屋と映画館の同根性は、この時代にまでさかのぼることができるのだ。『月世界旅行』（一九〇二年）の幻想怪奇的な作風で知られるメリエスも映画以前は影絵芸人だったという。幻燈機ものぞきからくりも照明やスライドで動的な効果を出したが、その先には投影した絵自体を動かしたいという欲求が待っていた。初めて幻燈機で動画をスクリーンに投影した「生動画輪」は、名が体を表すように、視覚系の回転運動と光学系の投影技術を融合した、映画的な欲求の最初の実現であったといえるだろう。

視覚系と光学系の欲求に、世界の精巧な写し絵を獲得するという「化学系」の欲求が流れこみ、映画技術は成立する。一五世紀にはカメラ・オブスクラが考案されていたが、写真術の発明は一八三九年のダゲレオタイプを待たねばならない。一八五〇年には幻燈機に写真スライドを使う試みも登場する。ここまで来れば、あとは静止した時間の記録をいかに運動に変えるかである。一八八〇年、一列に並べたカメラで次々に連続写真を撮影し、動物の動きのイメージを連続的に映写することに成功する。近年、この手法は『マトリックス』(一九九九年、ラナ・ウォシャウスキー／リリー・ウォシャウスキー)で有名になったマシンガン撮影にも応用された。一八八二年には、鳥類の動作の記録のためにE・J・マレイが発明した、レボルバー式の銃を模した「写真銃」が一秒間に一二コマを撮影した。映画を撮影するときは撃つ(shoot)といい、撮影した最小単位をショット(shot)というが、これは物事の運動を自らの手に所有するという人間的な欲求の現れだといえるか。そして、静止写真を動く写真(motion pictures)に変える最後の欲求は、運動を生み出す「爪」の発明によって実現される。ル＝プランスはリュミエール兄弟より五年早く、フィルムに送り穴を開け、歯車でフィルム送りをする毎秒二〇コマの撮影機兼映写機を作ったのである。こうして見てくると、映画の考古学的な地層を掘り起こすことは、その時点における人間の眼の欲求を解剖することを意味し、それに加えて、現代人には映画の新たな可能性を開拓するためのヒントをも提供してくれるようである。

映像批評の新機軸――『イメージの進行形』渡邉大輔

一九六〇年代の初頭に、映画理論家の松本俊夫らは、それまでの「映画」の枠から逸脱する先鋭的な作品の存在を示すために、映画よりも拡張的な「映像」という概念を積極的に批評の言葉へ導入していった。それから半世紀。「映像」は映画芸術の先端を切り拓いていく概念というよりは、むしろ後発のテレビやヴィデオを包括する利便性の高い言葉として一般化していくことになった。そして二〇一〇年代の現在、批評家の渡邉大輔は本書『イメージの進行形 ソーシャル時代の映画と映像文化』（二〇一二年、人文書院）において、携帯電話やスマートフォン、種々のビデオゲーム、インターネットの動画やライヴ映像、防犯カメラといったわたしたちの生活圏に氾濫し、情報ネットワーク社会のなかで第二の自然のように堆積している映像文化全体を「映像圏」と名づけている。そして、それをまっとうな映像批評の対象にしようと提案しているのだ。

映像圏とは聞き慣れない言葉だが、「スマホを使いこなし、w.i.i やニンテンドーDSで遊び、YouTube で分割アップロードされたドラマ原作の映画を鑑賞し、ニコ動のMAD動画に笑いころげ、ニコ生で踊り、ショッピングモールのシネコンで暇をつぶす」ような現代の日常を思い浮かべればいい。渡邉大輔はその主な特徴に、ツイッターやフェイスブックに代表されるようなソーシャル性と、観客同士の多様なやりとりや身体の能動性を迎え入れるコミュニケーション性をあげている。そのように書くと新しいもの好きの新思潮のようだが、日本映画史の研究者でもある渡邉は、黎明期のサイレント映画の常設館に、観客たちの双方向的で開かれた環境があったことを想起させる。そこでは映画上映だけでなく、活動弁士や楽士隊による演奏があり、幕間に軽演劇や奇術などの余興がセットで行われ、観客たちは銀幕の映画スターに大声で語りかけ、一緒に歌を歌い、飲み食いをしながら友人とおしゃべりを楽しみ、場内の暗がりで戯れていたのである。このような初期映画がもっていたカーニバル的ともいえる祝祭空間を、現代の映像文化圏の表象システムが反復しつつあるという指摘はとてもシャープである。

渡邉大輔が「自分たちがよく知る「映画」とは異なるアイテムをも、一種の「映画的なもの」としてその想像力のなかへ請けいれなければなるまい」というのは、映像文化圏の全体に批評のパースペクティヴを広げて、これまでの映画・映像批評の枠組みを更新しようという長期目標があるからだ。そこで八〇年代から九〇年代末頃まで強い影響力をほこった、蓮實重彥らによる「表層批評」が議論の俎上にあげられる。渡邉によれば、蓮實たちの批評は表層（表象可能性）へ過剰に拘泥するあまり、裏側から深層（表象不可能性）を絶えずネガのように呼びこんでしまう。つまり、逆説的に表象不可能性を担保してしまうという神秘性とあやうさを蓮實の批評は本来的に孕んでおり、そのことに蓮實自身も自覚的であるというのだ。この表層批評に対置させて、渡邉が自分の「映像圏」を置くとき、その現代的な特徴がはっきりする。それは映画館という場で一定の上映時間を持つ映画という制度ではなく、ソーシャルな映像環境において無数のコミュニケーションをフィードバックとして取り込み、ただひとつの作品として確定されないような何かなのである。ここに映画・映像批評の新機軸が近づいてくる靴音を聴くのは、よもやわたしだけではあるまい。

実存批評とは何か――『正義から享楽へ』宮台真司

『正義から享楽へ　映画は近代の幻を暴く』（二〇一六年、blueprint）は社会学者・宮台真司による三冊目の映画批評本である。無論、映画好きで知られる宮台が手遊びで書いた映画評を集めた書物などでは到底ない。「あとがき」に著者の思想や社会学が「映画批評」というかたちを取らざるを得ない、のっぴきならない理由が表明されている。小学生時代の宮台は毎年のように転校する環境のなかで、他者の挙動を注意深く観察する子どもだった。一九七〇年代初頭、麻布中学二年のときに学園紛争のあおりで半年間の学校封鎖を経験。その頃に新宿の「蠍座」で若松孝二や足立正生の映画を観て「学園紛争を生み出した社会」を理解するヒントを得た。大学卒業までに映画館で一〇〇〇本以上の映画を観たが、作品としてそれらを評価することに興味はなく、ひたすらに「映画を通じて登場人物の〈世界体験〉」を自らに転送し、世界に届こうと必死だったという。著者にとって映画は「世界」や「社会」を知るための窓であり、自分がそこで生き延びるための知恵を授けてくれる鍛錬の場であったのだ。

このことは、宮台が自身の批評スタイルを「実存批評」と呼ぶことと関係する。本書を映画批評本だと思って読むと、演出や映像に関する解読がごっそり抜けていることに驚かされる。表現者（監督やスタッフ）がどのように俳優を演出し、ショットのフレーミングやカメラワークにどんな意図を込めているかが分析されることはほとんどない。その代わりに、著者は映画のなかで物語や登場人物が「世界をどのように体験しているか」に注目し、自身の思考の軌跡を伝えるための例として映画の世界体験を使う。たとえば、岩井俊二監督の

『リップヴァンウィンクルの花嫁』(二〇一六年)は、世界に絶望した真白という女性(Cocco)が他人に依頼して心中してくれる相手を探し、その標的に七海(黒木華)がなるという物語である。著者はそこから「まゆづくり系」や「なりすまし系」の人物がこの社会を生きるうえで、無償の愛(贈与)とお返し(対抗贈与)を交換していき、最後には自死(対抗贈与なき純粋贈与)に至りつくという図式を見事な手さばきで抽出する。あるいは庵野秀明監督の『シン・ゴジラ』(二〇一六年)であれば、縦割り行政のせいで機能していない政治官僚に乗っとられた日本政治の欠点が、ゴジラ出現という未曾有の危機を前にして、縦割り行政のままで正しく機能しはじめる「日本の欠点がそのまま長所」になるファンタズム(幻想)が魅力になっていると喝破する。映画を通じて社会を解読するために、ギリシャ悲劇、社会システム理論、フロイトやラカンの精神分析などのおびただしい知識が動員されるスリリングな読み物になっている。

振り返ってみれば、二〇〇〇年代くらいまでの日本語圏の映画批評では、蓮實重彥らが主導したテマティスムが強い影響力を持っていた。それは作家の本心や背景にある時代や社会の分析に回避せず、スクリーン上に映された作品の細部に徹底的にこだわることから「表層批評」と呼ばれた。ところが激動を続ける世界や映画状況の変化に対応できず、DVDや動画の時代には誰にでもショット分析が可能になったこともあって廃れていった。宮台の「実存批評」は、テマティスムが抑圧したそれ以前の映画批評、つまり現実政治や時代状況に直接コミットしていた時代の批評を思いださせるが、その現代的にグレードアップされた最新版になっている。野放図なグローバル化のなかで「中間層が空洞化し、個人が分断され孤立した状態で、貧困化「しつつある」との脅えがある」現代の世界において、人々は「正義ならぬ享楽へコミットする」と著者はいう。欧米における排外主義や保護主義の席巻はその一例であり、映画を通じて世界で起きていることに肉迫する実存批評はそこまでを射程に入れる。ここに、現代の映画批評において可能である方法論のひとつの極点が示されているのだ。

ゼロ年代の記録映像——『セルフ・ドキュメンタリー』松江哲明

松江哲明の『セルフ・ドキュメンタリー　映画監督・松江哲明ができるまで』（二〇一〇年、河出書房新社）という著書では、彼が映画学校の卒業制作として在日コリアン三世の自分自身を撮った『あんにょんキムチ』（一九九九年）で劇場デューを果たし、職業的なアダルトビデオ監督として働きながら『童貞。をプロデュース』（二〇〇七年）のようなヒット作を飛ばして、『あんにょん由美香』（二〇〇九年）や『ライブテープ』（二〇〇九年）で自他ともに映画監督して認められるようになるまでの一〇年間が扱われている。その一〇年間は、実はビデオ・ドキュメンタリーが映画として社会的認知を得るまでの時期と期を一にしており、そのことが本書に社会的な文脈への広がりという豊かさを与えている。

「試写で『A』を観た僕は、当時好きだったAVと同様、ビデオでドキュメンタリーを撮るということの可能性と、主観で記録することの素材の強さに刺激を受けた」とある。確かに、森達也がオウム真理教を撮った『A』を発表した一九九七年、まだビデオでドキュメンタリー映画が撮られることは懐疑的に見られていた。九九年の『新しい神様』（土屋豊監督）で、雨宮処凛にカメラを預けて告白を撮らせた「託しカメラ」の手法は、まだ軽便なビデオカメラならではの機動性として見られていた。その時点では、ビデオ撮影のドキュメンタリー映画にたいして明らかな蔑視が存在していた。その後、ドキュメンタリー映画においてデジタルシネマ化が急速に進んだのは、撮影が個人や少人数で事足りるようになって利便性と機動力が上がり、製作費の低コスト化が進んだからである。また、ノンリニア編集がアマチュアにも普及し、二〇〇四年にテープを使用しないハードディスク記録がはじまったことは「ひとつの革新」だったといえる（「ビデオ・ジャーナリズムの現在」佐藤博昭『映画は世界を記録する』村上匡一郎編、二〇〇六年）。劇場のスクリーンにかけられる高品質の映像が個人の手によって制作できるようになったことが、ゼロ年代の背景にある最も大きな要因である。記録媒体がフィルムからDVテープ、ハードディスクへと変遷を遂げ、映画館のスクリーンをフィルム媒体の記録映画ではなく、ビデオ・ドキュメンタリー映画が支配するにつれて、同時にわたしたちの眼がそれに慣れていくという現象が起きた。「フィルムならではの緊張感には何ものにも揺るがせない強度がある」（本書）のだが、八ミリや一六ミリフィルムで撮影された映像をどこか懐かしいものと感じるように、三五ミリフィルムで撮られた記録映画をなぜか一時代前ものと感触するまでになっていった。ことドキュメンタリー映画に関しては、そのように視覚の歴史とイデオロギーにおいても変革が起こり、差別されていたビデオがフィルムに取って代わった一〇年だったといえる。

その一〇年間で『キネマ旬報』の文化・記録映画というジャンル区分は時代に合わなくなり、森達也や松江哲明のような意識的な作り手は、「映画」といわずに「ドキュメンタリー」と自作を呼ぶようになった。しかし、ドキュメンタリーという用語は直訳すれば「記録的・資料的」という意味であり、この用語を単独で使うのは不適切かもしれない。本来ならば、ドキュメンタリー映画、ドキュメンタリー作品と複合的に使うものであろう。そこにはフィルム作品を「映画」と呼び、テレビやビデオ作品を「映像」と呼ぶように、フィルムを使用しないことへの複雑なコンプレックスがまだ残っていた。二〇〇四年に松江が在日コリアンの男優と女優を撮った『Identity』がアダルトビデオとして制作され、山形国際ドキュメンタリー映画祭では再編集されて『アイデンティティ 特別篇』となり、最後にタイトルを変えて『セキ☆ララ』として劇場公開された、と『セルフ・ドキュメンタリー』の記述にはある。とりあえず、ポスト・ドキュメンタリー映画的な状況とでも呼ぶしかないゼロ年代を考察するときに、このような現象はとりわけ興味深いものとして映る。

　平野勝之やカンパニー松尾ら作家主義的な何人かの監督を除いて、アダルトビデオ作品が映画祭や映画館で「映画」として上映されるには、二〇〇四年の時点では、再編集やタイトルの変更のような作業が必要とされたのであろう。要するに映画のフォーマットに合わせ、映画らしくするプロセスが踏まれたのだ。そして、ゼロ年代のドキュメンタリー映画の状況を見れば、アダルトビデオ監督に限らず、テレビディレクター、ジャーナリスト、写真家、新聞記者ら異業種から来た才能で活況を呈している。ロマンポルノが名匠監督を輩出し、ピンク出身の監督がメジャー映画を撮るように、アダルトビデオの世界からも松江哲明という才能がちゃんと出てきた。アダルトビデオだろうがテレビ番組だろうが、映画館のスクリーンに投影し、作り手が自己申告すれば、それが「映画」と呼ばれるようになった。もっといえば、映画という確固たる台座が取り払われ、一本のドキュメンタリー作品が、越境的にアダルトビデオにもテレビ番組にも映画にもなり得る可変的なものとなり、その都度どのような媒体で公開されるかによって形式が決められるものになった。「ドキュメンタリー」という用語を意識的に使うことは、そこにフィルム映画への劣等感があったのではなく、ドキュメンタリーを「映画」という狭い境域から解放するという、ゼロ年代を貫いた大きな無意識的な潮流のなかから生みだされた発想なのかもしれない。

　ビデオカメラが生みだす独特の効果により、記録から虚構へむかうセミ・ドキュメンタリーや、虚構から擬似記録へむかうモキュメンタリーが数多く作られるようになり、何が事実か判然としない混沌としたポスト・ドキュメンタリー的な状況が、ゼロ年代には世界的な広がりを見せるようになった。そのなかで日本語圏の作家たちは、いま一度ドキュメンタリーという概念を問い返そうとしてきた。『セルフ・ドキュメンタリー』を読むと、「ドキュメンタリーは現実を再構成したフィクション」という佐藤真の言葉を、「ドキュメンタリーは現実を素材とする物語」と松江哲明は敢えていい直している。二者の差違はすなわち作家的な資質の差違であるが、どちらもドキュメンタリー作品が「ありのままの事実を提示する」という幻想を否定しようとしている。森達也がゴダールの言葉を引用して「すべての映像はドキュメンタリーである」といい、松江が「作り手がキャメラをどこに向け、フレームを選ぶかによって演出は存在する」というときも同様である。カメラの前で生起するできごとを記録するという点では劇映画もドキュメンタリーの一種であり、ひっくり返せば、元々ドキュメンタリーは演出や虚構を内包しているものだ。それはロバート・フラハティや亀井文夫の時代からそうであり、目新しいことではないが、彼らが殊更にそのことを強調したのは、長年支配的だった客観・中立性というイデオロギーの観点から見れば、演出や虚構は「やらせ」や「作り」に他ならないと考えられたからだ。

彼らが突き崩そうとしているのは、NHKがラジオ番組の構成の伝統から形作り、ジャーナリズムからテレビへと持ち込んだドキュメンタリーにおける客観・中立性という幻想である。放送法という法律には「意見が対立している問題については、できるだけ多くの角度から論点を明らかにすること」という条文がある（「私にとって記録とは何か」『大島渚著作集第1巻』大島渚）。ここで問題になるのは、作り手にとって制約に過ぎない両論併記などの客観・中立性が、ドキュメンタリー作品を見る人々の一般的な常識となっている可能性があることだ。作り手が虚構や演出はドキュメンタリーの一部だと考えるのに、見る人はそれを事実の集積だと思い込む。ここに認識のズレが生まれ、作り手が意図しなくても、実際には見る者の視点を操作してしまうような過誤が生まれかねない。だからこそ、ペドロ・コスタ、松江哲明、アピチャッポン・ウィーラセタクンのようなポスト・ドキュメンタリー的な作家たちは、最初から作品内で事実性や記録性を放棄しようとしているのに違いない。

『セルフ・ドキュメンタリー』という本は、それまで演出・構成としていた松江哲明が、初めて『ライブテープ』（二〇〇九年）で自作に「監督」のクレジットを入れた、という感慨深い一文で閉じられる。映画や映画監督というものに対する敬意や畏れが松江にそうさせたのだろうが、これでは「映画」の特権性をより一層高めてしまい、結局「ドキュメンタリー」が「映画」に吸収されることになるのではないか。セルフ・ドキュメンタリーの作り手は一発屋が多いといわれるなかで、作家として生き残り、映画監督になるのは確かに大変なことである。しかし、ヘンリー・ミラーの言葉をもじっていえば「どんな人の人生においても、映画を一本作るだけの出来事くらいは起きる」ものだ。ビデオカメラさえあれば、誰にでもドキュメンタリー作品が撮れるのではないかと思わせるところに、このジャンルの魅力と求心力がある。一〇〇万人の個人が、一〇〇万台のビデオカメラで、一〇〇万通りの真実を記録する。映画祭や映画館で上映される「映画」だけではなく、数秒から数時間までのさまざまな長さや規模を持つ作品が作られて、美術館、ギャラリー、学校、カフェ、路上などあらゆる場所でスクリーンに投影される。ゼロ年代のように、わざわざドキュメンタリーと映画のあいだに差別化を図らなくても、それらすべてが「映画になる」ことができると同時に、「映画ではない」という状態になることが可能な、領域横断的な時代に入ってきているのだ。それが現在、わたしたちが呼吸しているポスト・ドキュメンタリー映画的な状況であり、ゼロ年代を越えて、ビデオ・ドキュメンタリー作品は映画であって映画ではないものとして方々に拡散し、ますます生い茂ろうとしているように見える。

砂漠の思想──『モノローグ─戦後小学生日記』沖島勲

知人のプロデューサーから「沖島勲さんに映画を撮らせたいのでシナリオを書かないか」と頼まれたことがある。どうやってエッセイ集を映画にするのか疑問に思ったが、安部公房の『砂漠の思想』（一九六五年）のコピーがドサッと自宅に届いた。その後、話は立ち消えになって彼からの連絡は途絶えた。二〇一五年夏に亡くなった沖島監督の未映画化シナリオ集成を読み、映画作家の全体像は映画になった作品だけではわからないものだと思った。一本の成立した映画のうらには、没になった多くの企画やシナリオがあり、その作家のエッセンスが未成の作品に見られる場合も多々あるからだ。

沖島勲の映画といえば、二〇〇七年の『一万年後、・・・。』や二〇一〇年の『怒る西行』のようなカルト的な人気を誇る自主映画が思い浮かぶ。しかし本書を読むと、シナリオ作家としての沖島がピンク映画のフォーマットを自家薬籠中としていたことがわかる。たとえば「月光」では、野心的な脳外科医の中年男が大学病院での教授への昇進を前に、すべての歯車が狂いだして失踪する。彼は妻のみか愛人をも満足させる精力絶倫ぶりだったが、田舎で百姓として出直さなくては男の能力を取りもどせない。「やる人、見る人、聞く人──性の階級社会」はその舞台を商社に変えたもので、社長の未亡人とねんごろになって会社を支配した絶倫男の野心があえなく潰える姿を描く。これらの作品では、性描写を入れなくてはならないピンク映画の制約が自由奔放な沖島の発想を定型へと押しこみ、ウェルメイドな人間ドラマにしている。

本書をつらぬくのは、戦後の日本社会における立身出世や欲望に対する疑義である。沖島勲は近代人が「わたし」という個我にしがみつく自意識の病いを一蹴し、その生に大した意味はないとする無常観の持ち主だった。「虚数」では、女房を寝取られたふたりの男がタクシー運転手とその乗客という形で出会い、ひなびた温泉街へ旅にでる。そこで出会う西行《にしゆき》という老人の言葉をかりて、人の生はたまたま地球上にあるのにすぎず、土に還る死は自然の勝利に他ならないという沖島の死生観が表出される。

その思想の淵源にさかのぼる『モノローグ―戦後小学生日記――沖島勲未映画化シナリオ集成』（二〇一六年、書肆子午線）では、戦時中に大阪から母とふたりで岡山などの疎開先を転々としたイサオが「自分はいま、とんでもない、間違った場所にいる」という感覚を抱く。それを寛解する手段は、自意識の外で自然界が淡々と存在しているという少年に似合わぬ悟りを得ることだった。思えば『砂漠の思想』にも、満州で育って戦時中に青春期をすごした安部公房の、どんな人間の世界も砂のごとく確固たる形をもたないという思想が書かれていた。戦中に生まれ、戦後の新しい価値に引き裂かれたからこそ、世の移り変わりをよそ目に飄々と生きる人間を描いた沖島勲。彼が『砂漠の思想』を撮るというアイデアは的を射ていただけに、実現しなかったことは少し残念である。

【初出一覧】

第一章　欲望するアート

「フランシス・ベーコンとデイヴィッド・リンチ」フィルムメイカーズ⑦『デイヴィッド・リンチ』滝本誠編、キネマ旬報社、一九九九年

「北西部の風土をインスタレーションする」『INTO THE BLACK LODGE ツイン・ピークス読本』滝本誠監修、河出書房新社、二〇一七年

「武満徹とラフカディオ・ハーン　耳という身体器官」『Corpus 身体表現批評』第七号、二〇〇九年

「土方久功のフォークロア芸術」『TRANSIT』二九号、講談社、二〇一五年

「窃視者は蝶を夢みる　寺山修司の『蝶服記』」『別冊太陽　寺山修司　天才か怪物か』九條今日子・高取英監修、平凡社、二〇一三年

「圧巻のラストと脱出口の浮上」『デーリー東北』二〇〇八年一一月二八日

「フィルム・アンデパンダンの時代」『大林宣彦（KAWADE 夢ムック 文藝別冊）』河出書房新社、二〇一七年

「ニコトコ島はどこにあるのか？」映画『ニコトコ島／石と歌とペタ』プレスリリース、二〇一七年

「アピチャッポンのアートと映画」『ことばの映画館』第四館、二〇一六年

第二章　文学のタナトス

「キートンの身体、ベケットの沈黙」『Corpus 身体表現批評』第六号、二〇〇九年

「銀幕の上でデュラスと太宰が出会う美しさ」映画『女生徒・1936』プレスリリース、二〇一三年

「ジョナス・メカス　日記文学から日記映画へ」『ＡＡＣ』六二号、愛知芸術文化センター、二〇〇九年
「gozoCiné　妖精博士のマチエール」『現代詩手帖』二〇一一年八月号
「呪術と死人《しびと》」『詩の練習13　吉増剛造特集』ART SPACE出版部、二〇一四年
「憑《よ》り代《しろ》としての手書《しゅしょ》」『現代詩手帖』二〇一六年七月号
「燃えあがる映画へのファンレター」『星座　吉増剛造』矢立出版、二〇〇八年
「世界の開いた傷口」『現代詩手帖』二〇一二年三月号

第三章　映像のエロス

「監視映画というジャンル」『映画芸術DIARY』二〇〇八年
「女性の身体に刻まれた傷『ＬＩＮＥ』」『映画芸術DIARY』二〇〇八年
「灼熱の大地に刻まれたブラジル映画の現在」『映画芸術DIARY』二〇〇八年
「モダンボーイの憂鬱」『スタジオ・ボイス』一九九九年七月号
「共同体と鵺《ぬえ》的なもの」映画『犀の角』公式サイト、二〇一〇年
「柳田國男と六ヶ所村の映画」映画『へばの』公式サイト、二〇〇九年
「いかにデジタルシネマを「映画」にするか」『音から作る映画　全記録2014-2018』charm point、二〇一八年
「コラムニストの憂鬱」『週刊ＳＰＡ！』二〇〇五年〜二〇〇八年

第四章　リアルへの誘惑

「野性のアクティビズム　『罵詈雑言』と無責任の体系」『ドキュメンタリーマガジンneoneo』二号、二〇一三年

「横浜のチャイニーズ・クレオール」『映画芸術DIARY』二〇〇九年
「実験的な映像としてのドキュメンタリー」『スプートニク』山形国際ドキュメンタリー映画祭、二〇一五年
「映画のなかのヒトラーの肖像」『ザ・パーム』第一八号、二〇〇五年
「映画に描かれたチェチェン」『映画芸術DIARY』二〇〇八年
「パレスチナ紀行」『月刊レコンキスタ』二〇一二年〜二〇一三年
「奄美群島・徳之島紀行」『ザ・パーム』第一九号、二〇〇六年

第五章　老いの悦楽

「老いの悦楽」『月刊エルダー』高齢・障害・求職者雇用支援機構、二〇一一年〜二〇一四年

第六章　背徳の書棚《ブックシェルフ》

「天使よ、故郷を見よ――『異邦のふるさと「アイルランド」』佐藤亨」『三田文学』八三号（二〇〇五年秋季号）
「横田基地、アメリカ――『静かなアメリカ』吉増剛造」『三田文学』一〇一号（二〇一〇年春季号）
「住みつき味わうこと――『わたしたちは難破者である』今福龍太」『週刊読書人』二〇一五年一〇月二五日号
「死刑執行人もまた死す――『小説家が読むドストエフスキー』加賀乙彦」『三田文学』八五号（二〇〇六年春季号）
「物語られる殺人の魅惑――『犯罪者の自伝を読む』小倉孝誠」『三田文学』一〇四号（二〇一一年冬季号）
「視覚的欲求の歴史――『映画の考古学』C・W・ツェーラム」『映画芸術』二〇〇九年春号
「映像批評の新機軸――『イメージの進行形』渡邉大輔」『図書新聞』二〇一二年二月
「実存批評とは何か――『正義から享楽へ』宮台真司」『週刊読書人』二〇一七年三月一〇日号

「ゼロ年代の記録映像――『セルフ・ドキュメンタリー』松江哲明」『映画芸術』二〇一〇年秋号
「砂漠の思想――『モノローグ　戦後小学生日記』沖島　勲」『文藝』二〇一六年

金子 遊（かねこ・ゆう）
1974年生まれ。批評家、映像作家。著書『映像の境域』でサントリー学芸賞（芸術・文学部門）受賞。著書『辺境のフォークロア』（2015年、河出書房新社）、『異境の文学』（2016年、アーツアンドクラフツ）、『映像の境域』（2017年、森話社）、『ドキュメンタリー映画術』（2017年、論創社）、『混血列島論』（2018年、フィルムアート社）。共編著に『クリス・マルケル』（2014年、森話社）、『アピチャッポン・ウィーラセタクン』（2016年、フィルムアート社）、『映画で旅するイスラーム』（2018年、論創社）など。

カバー写真：沧源国际旅游度假区
撮影：金子遊

悦楽のクリティシズム　2010年代批評集成

2019年2月15日　初版第1刷印刷
2019年2月25日　初版第1刷発行

著　者　金子　遊
発行人　森下紀夫
発行所　論 創 社
〒101-0051 東京都千代田区神田神保町 2-23　北井ビル 2F
TEL：03-3264-5254　FAX：03-3264-5232　振替口座　00160-1-155266
装幀／奥定泰之
印刷・製本／中央精版印刷
組版／フレックスアート
ISBN978-4-8460-1783-5